基础会计教程

（第二版）

主　编　江　景

副主编　周　莉

立信会计出版社

图书在版编目(CIP)数据

基础会计教程 / 江景主编. —2 版 —上海：立信会计出版社，2008.3

ISBN 978-7-5429-1902-1

Ⅰ.基…　Ⅱ.江…　Ⅲ.①会计学—教材　Ⅳ.①F230

中国版本图书馆 CIP 数据核字(2008)第 033648 号

责任编辑　王斯龙

封面设计　周崇文

基础会计教程(第二版)

出版发行	立信会计出版社
地　　址	上海市中山西路 2230 号　　邮政编码　200235
电　　话	(021)64411389　　传　　真　(021)64411325
网　　址	www.lixinaph.com　　电子邮箱　lxaph@sh163.net
网上书店	www.shlx.net　　电　　话　(021)64411071
经　　销	各地新华书店
印　　刷	常熟市梅李印刷有限公司
开　　本	787 毫米×960 毫米　1/16
印　　张	22.75
字　　数	420 千字
版　　次	2008 年 3 月第 2 版
印　　次	2018 年 9 月第 8 次
印　　数	21 301—22 400
书　　号	ISBN 978-7-5429-1902-1/F
定　　价	33.00 元

再版说明

《基础会计教程》一书自2007年8月出版以来，得到广大读者的喜爱，编者为之深受鼓舞。

为了更好地方便教学，我们对教材的结构进行了更新。

一、在每章开始增加了“本章结构图”，使结构安排一目了然，以便读者从总体上把握教材的理论体系，理清各章节内容之间的逻辑联系。

二、在每章具体内容前面增加了“本章学习目标”，在阐述学习目标时，我们用了“掌握、熟悉、了解”等程度不同的词汇，体现不同的教学要求，以便读者在系统学习会计原理和方法的过程中，把握学习重点。

三、在每章复习思考题前面增加了“本章小结”，归纳知识要点，帮助读者全面理解和掌握教材内容。

在对教材结构更新的同时，考虑到新的《企业所得税法》等法律的颁布和实施对会计界所产生的影响，为吸收法制建设的最新成果，我们对教材中所涉及的有关内容和习题部分作了适应性的修改和调整。

本着对读者高度负责的精神，再版时我们对全书再次进行了认真的校对、勘误。由于时间和水平有限，书中难免仍有疏漏和不当之处，敬请读者批评指正。

读者可登陆立信会计出版社网站(www. lixinaph. com)下载与再版教材配套的电子课件及习题参考答案。

编　者

2008年2月

前　言

会计史学家迈克尔·查特菲尔德曾指出:“会计的发展是反应性的。”为适应社会主义市场经济发展的需要,我国会计改革采取了一系列重大的战略性举措,特别是近年来我国会计进入了深层次的改革阶段。2006 年 2 月 15 日,财政部发布了《企业会计准则——基本准则》(财政部令[2006]第 33 号)和 38 项具体准则(财会[2006]3 号),又于 10 月 30 日,发布了《企业会计准则——应用指南》(财会[2006]18 号)。由此,我国建立了新的企业会计准则体系。我国企业会计准则体系的建立,适应了我国社会主义市场经济发展的要求,实现了与国际财务报告准则的实质性趋同,在许多方面有新的跨越和突破,是我国会计发展史上新的里程碑。我国企业会计准则体系的发布和实施,对会计理论和方法的发展产生了极其深远的影响,由此会计教材建设迎来了一个新的高潮。就有关会计原理的教材而言,它在会计专业所有教材中处于基础地位,是会计教材建设的重点,当前迫切需要进行观念和内容上的更新,于是我们着手编写了这本《基础会计教程》。

本书主要介绍会计的基本理论和基本方法,它具有以下特点。

一、内容新颖

本书适应新形势的要求,体现会计改革精神,无论是阐明会计理论,还是介绍会计方法,都力求体现“新”字。

1. 吸收了会计理论研究和会计法制建设的最新成果,体现了企业会计准则体系的新理念和新规定。例如,企业会计准则体系明确了较为完善的会计信息质量标准;谨慎地引入了公允价值的计量属性;在确认、计量和财务报表结构方面,确立了资产负债表的核心地位;在财务会计报告的目标方面,强化了会计信息对决策有用的要求等,这些企业会计准则体系的创新之处均成为本书的亮点。另外,本书在对主要交易和事项进行会计处理时,运用了《企业会计准则——应用指南》规定的会计科目和账务处理方法,旨在满足读者进行会计知识更新的需要。

2. 本书从实际出发,将会计控制列为会计的基本方法之一,并作了专门介绍,这是本书的特色所在。因为在会计电算化日益普及的情况下,会计核算的工作量已经大为减轻,而会计控制成为会计基础工作中一项极为重要的内容。在《基础会计教程》中阐明会计控制方法,旨在引起读者的重视。这对贯彻财政部加强单位内部会计控制制度建设的要求，有很强的针对性和重要的实践意义。

3. 本书最后一章，一方面介绍会计从业资格管理、会计职业道德和会计人员继续教育方面的有关新规定；另一方面介绍会计工作的电算化，提出加强会计工作的组织与管理，必须坚持以人为本的科学发展观，同时必须注重采用现代化技术手段，以这一见解作为全书的总结，这也是本书的独到之处。

二、结构安排具有特色

本书共十章，第一章阐明了会计的有关基本理论问题，第二章至第九章介绍了会计的基本方法，第十章简要说明了会计工作的组织与管理。本书重点突出，结构严谨，脉络清晰。

章节安排上的特色主要体现在：

1. 在第二章阐明设置账户和复式记账的理论依据和基本原理的基础上，紧接着在第三章第一节至第五节，以对工业企业资本运动中发生的主要交易和事项的会计处理为例，说明账户和借贷记账法的具体应用，在此基础上，用第六节总结在会计处理中建立起来的账户体系。这样安排有理论，有实践；先展开，后归纳，容易使读者形成一种完整的、而不是支离破碎的，清晰的、而不是混沌的印象，便于读者掌握和运用会计知识。

2. 在介绍了会计核算的七种专门方法以后，阐述账务处理程序，层次清楚，能够给读者以一气呵成的感觉。

3. 从第二章至第八章，用了较大的篇幅重点介绍会计核算的具体方法及其形成的账务处理程序，然后在第九章简要介绍会计分析、会计控制和会计检查的方法。对会计基本方法的介绍环环紧扣，详略得当。

三、注重实用性和基本技能的训练

本书在各章后面都配备了一定数量的复习思考题和习题，便于读者在学习过程中，能够从理论和实践的结合上，循序渐进，反复练习，巩固和消化所学知识，掌握基本的会计实际操作技能。

四、通俗易懂，便于教和学

本书在文字表达上力求言简意赅，避免冗长的叙述；在基本理论的阐述上力求通俗易懂，以便读者把握其精髓；在介绍基本方法时，深入浅出，逻辑严密，使读者比较容易领悟到各种方法之间的内在联系，便于教和学。

本书的出版，旨在为初学会计的人们提供一本入门的教材，为广大会计工作者、经济管理人员进行会计知识更新提供一本通俗读物。当前我国会计理论和方法的发展步入了一个崭新的阶段，进取和创新成为会计繁荣发展的源泉，我国会计事业前景喜人。我们以热切的心情期盼着读者能够通过阅读本书，正确地认识会计工作，理解并运用会计知识。同时，我们将继续努力，在会计教材建设方面不断创新，为会计理论和方法的发展作出积极的贡献。

为了方便教学，本书配有电子课件及习题参考答案，读者可登陆立信会计出版社网站(www. lixinaph. com)下载有关资料。

编　者

2007年6月

目　　录

第一章 总 论

本章结构图

- 总论
  - 会计和会计学
    - 会计的涵义和职能
    - 会计学及其会计学科体系
  - 会计规范
    - 会计法律
    - 会计行政法规
    - 会计规章和规范性文件
  - 会计核算基础
    - 会计核算的基本前提
    - 企业会计确认、计量和报告的基础——权责发生制
  - 会计信息质量要求
    - 可靠性
    - 相关性
    - 可理解性
    - 可比性
    - 实质重于形式
    - 重要性
    - 谨慎性
    - 及时性
  - 会计的基本方法
    - 会计核算程序
    - 会计核算方法体系

本章学习目标

- 了解会计产生与发展的历史
- 熟悉会计的涵义与特点
- 理解会计的职能
- 了解会计学科体系的组成内容
- 掌握我国会计规范体系的组成内容
- 熟悉会计核算的基本前提
- 掌握会计信息质量要求
- 掌握会计计量属性
- 熟悉对会计要素进行确认、计量、记录和报告的过程
- 了解会计核算方法体系

学习会计，首先要掌握会计的基本理论。本章从总体上阐述会计和会计学、会计规范、会计核算基础、会计信息质量要求以及会计的基本方法。

第一节　会计和会计学

会计理论和方法来源于会计实践。研究会计的涵义和职能，与人们从事讲求效果的经济活动有着十分密切的联系。研究会计学及其会计学科体系，对促进会计理论和方法的发展，有着十分重要的理论和实践意义。

一、会计的涵义和职能

（一）会计的产生与发展

会计的起源很早，人类社会在没有文字之前就有了“结绳记事”、“刻契记数”之类的符号记录活动。从埃及的纸草记录和我国的陶器兽骨记录中，我们可以了解到人类社会原始会计行为的一丝踪迹。会计是在管理经济活动中产生的。也可以这么认为，人类社会认识、管理经济活动就是从会计行为开始的。当然，最初意义上的会计行为属于生产职能的附带部分，即在生产时间之外附带地把收支、支付日等等记载下来，还没有成为一项专门的工作。只有当社会生产力发展到一定水平，出现剩余产品以后，会计才逐渐从生产职能中分离出来，形成特殊的、专门的独立职能，成为专职人员从事的一项经济管理工作。自从有了文字，会计便从“符号记

录”发展到“书契反映”。随着计算技术的产生和完善,会计反映经济活动的能力大大提高了,人类社会迎来了“簿记”时代,人们开始利用账簿对财物收支活动进行记录与计算。适应商业时代的到来,簿记从“单式簿记”——那种对经济活动采取序时流水登记的方法,逐步发展到“复式簿记”。“复式簿记”能全面反映经济活动的来龙去脉,人们通常把“复式簿记”视为现代会计的开始。

19世纪末20世纪初会计循环实务形成后,“会计”一词广泛应用于世界各国的会计理论和实践领域。随着社会生产日益发展,生产社会化程度不断提高,企业组织形式实现了革命性的变革。股份公司这种新的组织形式的出现,所有权和经营权的分离,对会计管理提出了新的要求,于是现代会计出现了两大分支,即财务会计和管理会计。财务会计主要向企业外部利害关系人提供有关企业财务状况、经营成果和现金流量等有关信息;管理会计侧重于向企业经营者和内部管理人员提供进行预测、决策、经营规划、经营管理等所需要的信息。随着电子技术的发展,手工簿记逐步被会计电算化所取代。这是现代会计发展的显著标志。

根据史书记载,在我国,“会计”一词的命名产生于西周(公元前1100年至前770年),这是我国会计发展史上的一个突出进步。西周时代,由于奴隶制经济的繁荣发展,生产经营和国家统治的需要,促使当时的会计行为跳出计量、记录的原始形态,并渐渐独立起来。那时会计的涵义主要是指对财物收支活动进行记录、计算,也有考核的意思。西周官厅委任专职官吏担任会计工作,并对财物收支采用了“月计岁会”的做法。对此,清代数学家焦循基于西周时人们对于会计概念的认识,将会计的原始涵义概括为“零星算之为计,总合算之为会”。从秦朝到汉朝也都设有“计相”的官吏,主管会计工作,并出现了名为“计簿”或“簿书”的账册,用来记载会计事项。以后各朝都设有官吏掌管钱粮、赋税和王朝财物的收支。这里值得一提的是宋代官厅中办理钱粮报销或移交,要编造“四柱清册”。所谓四柱是指“旧管、新收、开除、实在”。这四柱相当于现代会计术语中的“期初结存、本期收入、本期支出、期末结存”。它们彼此之间相互衔接,构成一个有机的整体,科学地反映了经济活动的内在联系,这是我国会计发展史上的一项重大成就。四柱清册的方法由官厅传入民间,为商人所用,不仅用于报销、移交,而且广泛用于月度、年终的结算,成为传统中式簿记的一大特色。

人类社会发展的历史证明,经济的发展推动了会计的发展和进步,而会计的发展和进步,又加强了对经济的管理,从而为经济发展提供了重要条件。经济越发展,会计越重要。会计就是适应社会生产的发展、科学技术的进步和经济管理的需要而产生和发展起来的。马克思曾指出:“过程越是按社会的规模进行,越是失去纯粹个人的性质,作为对过程的控制和观念总结的簿记就越是必要。因此,簿记对资本主义生产,比对手工业和农民的分散生产更为必要,对公有生产,比对资本主

义生产更为必要。”(《马克思恩格斯全集》第24卷第152页)

会计发展的历史非常悠久,从远古时期开始发展至今,大致可以分为符号记录—书契反映—单式簿记—复式簿记—现代会计这五个阶段。会计的技术和方法经历了一个由简单到复杂、从低级到高级、由不完善到比较完善的演进过程,即从简单地记录和计算财物的收支,逐渐发展到以货币为主要计量尺度,综合地反映和监督经济活动及其由经济活动而产生的各种经济关系。在其漫长、曲折的发展过程中,随着社会生产的发展,根据经济管理的不同要求,会计所记录、计算和考核的内容以及所要达到的目的在不断地发展变化,而进行记录、计算和考核所应用的原则、方法和技术,也在逐步发展并日臻完善,由此会计的内涵和外延在不断丰富。

(二) 会计的涵义与特点

对于现代会计,可以定义为:会计是经济管理的重要组成部分,它是通过收集处理和利用经济信息对经济活动进行组织、控制、调节和指导,促使人们权衡利弊、比较得失,讲求经济效果的一种管理活动。

会计是一种管理活动,这是会计的本质特征。会计作为经济管理的重要组成部分,具有以下主要特点。

1. 以货币作为主要的计量尺度

在会计核算中,通常采用三种计量尺度:实物量度、劳动量度、货币量度。实物量度如千克、件、台等。劳动量度如工时、工日等。显然,运用实物量度和劳动量度不能进行综合和比较,唯有货币量度具有统一性,因为它是衡量其他一切有价物价值的共同尺度,是交换的媒介物,价值的储藏物,清算债权债务的支付手段。它能将收入与活劳动和不同质的物化劳动消耗进行衡量比较,计算经营成果,提供综合可比的会计信息。因此,货币量度是会计核算的主要量度,而实物量度和劳动量度只起辅助作用。

2. 必须以真实、合法的凭证为依据

在经济活动过程中,经济业务发生以后,首先必须取得或填制原始凭证,根据审核无误的原始凭证编制记账凭证,然后登记账簿,进而编制财务会计报告,提供会计核算资料。可见,各单位每一笔经济业务的核算都必须以真实合法的原始凭证为依据;否则,会计核算工作就不能进行。

3. 运用一系列专门方法

会计运用一系列专门方法进行核算和监督,提供真实、可靠的会计信息,有效地发挥会计应有的作用。这在本书将用较大的篇幅作详细的介绍。

(三) 会计的职能

会计的职能是指会计在经济管理中所具有的功能,它体现会计的本质特征。马克思曾经把会计的基本职能归结为“过程的控制和观念总结”。我国的《会计法》

充分体现了马克思的这一观点，把会计的基本职能概括为核算和监督。

1. 会计核算职能

会计核算职能，是会计以货币作为主要的计量尺度，采用一系列专门方法，对经济活动进行记录、计算、分类和汇总，它是会计的首要职能。

会计核算职能的基本特点主要表现在以下三个方面：

(1) 会计核算主要从价值量上反映各单位的经济活动情况。由于经济活动的复杂性，会计主要利用货币进行计量，通过价值量的核算来综合反映经济活动的过程及其结果。

(2) 会计核算具有完整性、连续性和系统性。会计核算的完整性，是指对会计主体经济活动中发生的所有交易或者事项都必须办理会计手续，进行会计核算。

会计核算的连续性，是指对所发生的交易或者事项按时间顺序依次进行登记，从不间断。

会计核算的系统性，是指对各种不同类型的交易或者事项采用科学的核算体系，进行科学的分类、汇总，使得一个核算系统内的各个分系统提供的数据资料相互关联，保证所提供的会计核算资料能够成为一个有序的整体，从而揭示客观经济活动的规律性。

(3) 会计核算不仅有事后核算，还有事中、事前核算。会计核算首先是对已经发生的经济活动进行核算，即事后核算，它是会计最基本的工作。记账、算账、报账是会计执行事后核算职能的主要形式。但是，会计核算的职能不仅仅指对经济活动进行事后核算。为了在经济管理中加强计划性和预见性，会计利用其信息反馈，还对经济活动进行事中和事前的核算。事中核算的主要形式是在计划执行过程中，通过核算和监督相结合的方法，对经济活动进行控制，使经济活动按照预期的目标正常地进行。事前核算的主要形式是进行预测，参与决策和计划，为经济管理和决策提供有用的信息，更好地发挥会计管理的功能。

2. 会计监督职能

会计监督职能，是指以有关法律、政策、制度以及预算、计划为依据，运用一定的形式和方法，对各单位经济活动进行控制，促使经济活动按照规定的要求进行，做到合法、合理、有效，以实现预期的目的。会计监督是会计工作的灵魂，它贯穿于各单位经济活动的全过程。

会计监督职能的基本特点主要表现在以下两个方面：

(1) 会计监督主要利用价值指标来进行。会计核算是通过货币计量，提供一系列的价值指标，来综合反映经济活动的过程和结果。会计监督只有借助于这些价值指标，才能够全面、及时、有效地控制单位的各项经济活动。

(2) 会计监督既有事后监督，又有事中和事前监督。事后监督是对已发生的经济活动以及相应核算资料进行的审查、分析；事中监督是对正在发生的经济活动及取得的核算资料进行的审查，并以此纠正经济活动中的偏差及失误，将损失和浪费及时消灭在萌芽状态，发挥控制经济活动的作用；事前监督是在经济活动开始前进行监督，即审查未来的经济活动是否符合有关法律、政策、制度的规定，是否合理、有效，并据以施加限制或促进的影响作用。通过事前监督，引导人们在经济活动中权衡利弊，比较得失，努力争取获得最佳效益。

会计的核算职能和监督职能是相辅相成、紧密联系的。只有对经济活动进行正确核算，才能为会计监督提供可靠的资料依据；同时，也只有搞好会计监督，保证经济活动按照规定的要求进行，并达到预期的目的，才能有效地发挥会计核算的作用，提高会计核算的质量。

随着经济的发展、科学技术的进步，经济业务和经济关系日趋复杂化，会计职能的内涵和外延在发生变化，传统职能不断得到充实，新的职能又不断出现，各种职能之间还会产生新的分化组合，除了会计核算、会计监督职能以外，还有会计预测、会计决策、会计控制、会计分析等职能。因此，我们要密切关注会计实践中出现的新情况，注意社会环境对会计工作的影响，不断丰富会计的职能。

这里需要指出的是，会计自从与资本市场相联系之后，其职能就从单纯的会计个体延伸到整个宏观经济。会计的职能不应该从一个单位，一个企业的内部去理解，而必须与资本市场、宏观经济和社会的发展联系起来，从更高的层次、更宽的范围来理解、来考虑。

二、会计学及其会计学科体系

会计作为一种管理经济的活动，已经有了几千年的历史，但把会计作为一门专业知识来著书立说，最早可追溯到15世纪。1494年，意大利数学家卢卡·帕乔利(Luca Pacioli)公开出版了一本著作《算术、几何、比及比例概要》。在这本著作里，有史以来第一次系统地对借贷记账法进行了充分而广泛的论述。然而，那时的会计学还仅仅停留在“簿记学”阶段。直到20世纪初，英国出版了劳伦斯·狄克西(Lawrence Dieksee)的《高等会计学》(1903年)和乔治·利司尔(George Lisle)的《会计学全书》(1903年)，才标志着真正意义上的会计学的产生。

科学的会计理论来源于会计实践。为适应社会经济的发展和经济管理的需要，人们在长期的会计实践中，不断研究和总结会计实践的经验，使之上升为理论，从而形成了会计学，并反过来指导会计实践。随着会计实践不断丰富和发展，会计学研究的内容也在不断丰富、发展和完善。

会计学是社会科学的一个分支，属于经济应用科学，其各门学科构成了一个较为完整的会计知识体系，即会计学科体系。随着会计学研究领域的不断扩展，会计学科体系包括的内容也得到逐步完善。按会计学研究的内容来划分，有会计史、基础会计、财务会计、管理会计、成本会计、审计学等；按会计学研究的范围来划分，有宏观会计学和微观会计学，宏观会计学包括总预算会计、社会会计、国际会计等，微观会计学包括企业会计、非营利组织会计等。

了解会计学及其会计学科体系，便于我们把握会计研究的方向，了解会计研究的内容，并在会计实践中不断总结，不断创新，促使会计理论和方法的不断丰富、发展和完善。

第二节　会 计 规 范

会计规范是一个广义的术语，它包括所有对会计确认、计量、记录和报告具有制约、限制和引导作用的法律、法规、原则、准则、制度等。会计工作对价值运动全过程的核算应当遵循一定的规范，目前我国会计规范体系主要由会计法律、会计行政法规、会计规章和规范性文件组成。

一、会计法律

法律是由国家最高权力机关——全国人民代表大会及其常设机关全国人民代表大会常务委员会制定或批准的规范性文件。属于法律层次的会计规范主要有《中华人民共和国会计法》（以下简称《会计法》）和《中华人民共和国注册会计师法》。

我国《会计法》于 1985 年 1 月 21 日由第六届全国人民代表大会常务委员会第九次会议通过，自 1985 年 5 月 1 日起施行。此后，根据 1993 年 12 月 29 日第八届全国人民代表大会常务委员会第五次会议《关于修改〈中华人民共和国会计法〉的决定》修正，又于 1999 年 10 月 31 日由第九届全国人民代表大会常务委员会第十二次会议修订，自 2000 年 7 月 1 日起施行。

我国的《会计法》是调整我国经济生活中会计关系的法律规范，是我国会计工作的基本法，是指导会计工作，制定相应会计法规、规章制度的基本依据。新修订的《会计法》（中华人民共和国主席令[1999]第 24 号）共 7 章，52 条。其立法宗旨是为了规范会计行为，保证会计资料真实、完整，加强经济管理和财务管理，提高经济效益，维护社会主义市场经济秩序。国家机关、社会团体、公司、企业、事业单位和其他组织必须依照《会计法》办理会计事务。

《中华人民共和国注册会计师法》（中华人民共和国主席令[1993]第 13 号）于 1993 年 10 月 31 日由第八届全国人民代表大会常务委员会第四次会议通过，自

1994 年 1 月 1 日起施行。该法共 7 章，46 条。其立法宗旨是为了发挥注册会计师在社会经济活动中的鉴证和服务作用，加强对注册会计师的管理；维护社会公共利益和投资者的合法权益，促进社会主义市场经济的健康发展。

二、会计行政法规

行政法规是由国家最高行政机关——国务院制定的规范性文件。会计行政法规根据会计法律制定，是会计法律的补充和具体化。属于行政法规层次的会计规范主要有《总会计师条例》、《企业财务会计报告条例》等。

为了确定总会计师的职权和地位，发挥总会计师在加强经济管理、提高经济效益中的作用，国务院于 1990 年 12 月 31 日发布了《总会计师条例》(国务院令[1990]第 72 号)，自发布之日起施行。《总会计师条例》共 5 章，23 条，对总会计师的地位、职责、权限、任免与奖惩等作了明确规定。

为了规范企业财务会计报告，保证财务会计报告的真实、完整，国务院于 2000 年 6 月 21 日发布了《企业财务会计报告条例》(国务院令[2000]第 287 号)，自 2001 年 1 月 1 日起实施。《企业财务会计报告条例》共 6 章，46 条，对企业财务会计报告的构成、编制、对外提供等作了明确规定。

三、会计规章和规范性文件

规章是由国务院各部门和省、自治区、直辖市人民政府根据法律规定，就其所管理的某一方面，所制定的具有法律效力的规范性文件。会计规章主要是指由国家主管会计工作的行政部门——财政部以及其他相关部委制定的会计方面的规范性文件。制定会计规章必须依照《会计法》和会计行政法规的规定。

我国《会计法》第 8 条明确规定："国家实行统一的会计制度，国家统一的会计制度由国务院财政部门根据本法制定并公布。"《会计法》第 50 条第 2 款又进一步解释了国家统一的会计制度包括四个方面的内容："国家统一的会计制度，是指财政部门根据本法制定的关于会计核算、会计监督、会计机构和会计人员以及会计工作管理的制度。"其中，由财政部部长签署命令予以公布的属于会计规章，其他属于规范性文件。

(一) 国家统一的会计核算制度

国家统一的会计核算制度包括会计准则和会计制度。

1. 会计准则

会计准则是会计人员从事会计工作的规则和指南，主要规范会计确认、计量和报告的基本原则。目前我国主要有企业会计准则和事业单位会计准则。财政部于 1997 年 5 月 28 日发布了事业单位会计准则(试行)(财预字[1997]286 号)，自

1998年1月1日起执行。这里我们主要介绍企业会计准则。企业会计准则主要划分为基本准则和具体准则两个层次,还有与准则相配套的应用指南。

(1) 基本准则。基本准则在整个准则体系中起统驭作用,它是制定具体准则的主要依据和指导原则。1992年11月16日经国务院批准,1992年11月30日由财政部发布的《企业会计准则》(财政部令[1992]第5号)就属于基本准则,自1993年7月1日起施行。该准则的发布和实施,对于促进我国改革开放和社会主义市场经济体制的建立发挥了积极作用。但是10多年来,我国经济和法律环境等都发生了较大变化。为适应形势发展的需要,财政部对《企业会计准则》进行了修订,修订后的《企业会计准则——基本准则》(财政部令[2006]第33号)于2006年2月15日发布,自2007年1月1日起施行。本准则对企业会计核算的基本前提、会计信息质量要求、会计要素、会计计量以及财务会计报告等作出了原则性的规定。它适用于在我国境内设立的企业(包括公司),企业会计核算必须符合基本准则的要求。

(2) 具体准则。具体准则是以基本准则为依据,对有关业务的确认、计量或报告作出具体规定。它必须体现基本准则的要求,从而保证各具体准则之间的协调,体现其严密性和科学性。

为适应证券市场的发展,规范上市公司的信息披露,1997年5月22日财政部发布了第一项具体准则——《企业会计准则——关联方关系及其交易的披露》,至2001年11月9日财政部发布《企业会计准则——固定资产》和《企业会计准则——存货》止,陆续发布了16项具体准则。如表1-1所示。

表1-1

1997～2001年财政部发布的具体准则一览表

具体准则名称	发布时间	实施时间	修订时间	实施范围
企业会计准则——关联方关系及其交易的披露	1997/5/22	1997/1/1		暂在上市公司施行
企业会计准则——现金流量表	1998/3/20	1998/1/1	2001/1/18	所有企业(修订后从2001年1月1日起施行)
企业会计准则——资产负债表日后事项	1998/5/12	1998/1/1	2003/4/14	修订前暂在上市公司施行;修订后从2003年7月1日起在股份有限公司及执行《企业会计制度》或《金融企业会计制度》的其他企业施行

（续表）

具体准则名称	发布时间	实施时间	修订时间	实 施 范 围
企业会计准则——债务重组	1998/6/12	1999/1/1	2001/1/18	所有企业（修订后从2001年1月1日起施行）
企业会计准则——收入	1998/6/20	1999/1/1		暂在上市公司施行
企业会计准则——投资	1998/6/24	1999/1/1	2001/1/18	修订前暂在上市公司施行；修订后从2001年1月1日起暂在股份有限公司施行，鼓励其他企业先行施行，但国有企业有意先行施行的，应提出申请，待报经同级财政部门批准后施行
企业会计准则——建造合同	1998/6/25	1999/1/1		暂在上市公司施行
企业会计准则——会计政策、会计估计变更和会计差错更正	1998/6/25	1999/1/1	2001/1/18	修订前暂在上市公司施行；修订后从2001年1月1日起在所有企业施行
企业会计准则——非货币性交易	1999/6/28	2000/1/1	2001/1/18	所有企业（修订后从2001年1月1日起施行）
企业会计准则——或有事项	2000/4/27	2000/7/1		所有企业
企业会计准则——无形资产	2001/1/18	2001/1/1		暂在股份有限公司施行，鼓励其他企业先行施行，但国有企业有意先行施行的，应提出申请，待报经同级财政部门批准后施行
企业会计准则——借款费用	2001/1/18	2001/1/1		所有企业
企业会计准则——租赁	2001/1/18	2001/1/1		所有企业
企业会计准则——中期财务报告	2001/11/2	2002/1/1		上市公司
企业会计准则——固定资产	2001/11/9	2002/1/1		暂在股份有限公司施行，鼓励其他企业先行施行
企业会计准则——存货	2001/11/9	2002/1/1		暂在股份有限公司施行，鼓励其他企业先行施行

而后，在我国改革开放持续深入、经济市场化程度日益提高的情况下，根据我国经济发展的实际需要，按照国际趋同的要求，财政部加紧制定新的会计准则和修订现行会计准则，完善我国的企业会计准则体系。2006 年 2 月 15 日，财政部在发布《企业会计准则——基本准则》的同时，发布了《企业会计准则第 1 号——存货》等 38 项具体准则（财会[2006]3 号），由此，建立了新的一整套企业会计准则体系。我国企业会计准则体系的建立，实现了与国际财务报告准则的实质性趋同，是我国会计发展史上新的里程碑。

38 项具体准则自 2007 年 1 月 1 日起在上市公司范围内施行，鼓励其他企业执行。从具体准则项目看，由过去偏重工商企业的准则扩展到横跨金融、保险、农业等众多领域的准则，覆盖了各类企业的各项经济业务。它填补了我国市场经济条件下新型经济业务会计处理规定的空白，实现了我国企业会计准则建设新的跨越和突破。

具体准则包括一般业务准则、特殊行业的特定业务准则和报告准则三类。其中：一般业务准则规范各类企业一般经济业务的确认和计量要求，包括的准则项目有：存货、长期股权投资、投资性房地产、固定资产、无形资产、非货币性资产交换、资产减值、职工薪酬、股份支付、债务重组、或有事项、收入、建造合同、政府补助、借款费用、所得税、外币折算、企业合并、租赁、金融工具确认和计量、金融资产转移、套期保值、会计政策、会计估计变更和差错更正、资产负债表日后事项。

特殊行业的特定业务准则规范特殊行业的特定业务的确认和计量要求，包括的准则项目有：生物资产、企业年金基金、原保险合同、再保险合同、石油天然气开采。

报告准则规范各类企业的财务会计报告，包括的准则项目有：财务报表列报、现金流量表、中期财务报告、合并财务报表、每股收益、分部报告、关联方披露、金融工具列报。

此外，为了规范首次执行企业会计准则对会计要素的确认、计量和财务报表列报，准则体系中还包括过渡性准则《企业会计准则第 38 号——首次执行企业会计准则》。

我国企业会计准则体系，既科学规范，又在准则条款的语言表述上做到中国化和通俗化，还配有操作性强的《企业会计准则——应用指南》（财会[2006]18 号）。《企业会计准则——应用指南》由两部分组成：第一部分为会计准则解释，第二部分为会计科目和主要账务处理，便于理解和执行。

2. 会计制度

会计制度是处理会计事项的具体规范和标准，是有关单位进行具体会计核算的依据，主要规定统一的会计科目和会计报表。目前我国有企业会计制度、财政总预算会计制度(财预字[1997]287号,1997年6月25日财政部发布,自1998年1月1日起执行)、事业单位会计制度(财预字[1997]288号,1997年7月17日财政部发布,自1998年1月1日起执行)、行政单位会计制度(财政字[1998]49号,1998年2月6日财政部发布,自1998年1月1日起执行)、民间非营利组织会计制度(财会[2004]7号,2004年8月18日财政部发布,2005年1月1日起执行)、村集体经济组织会计制度(财会[2004]12号,2004年9月30日财政部发布,2005年1月1日起施行)等。这里我们主要介绍企业会计制度。

财政部于2000年12月29日发布了《企业会计制度》(财会[2000]25号),自2001年1月1日起暂在股份有限公司范围内执行,也鼓励其他企业先行实施。如果国有企业有意先行实施的,由企业提出申请,报经同级财政部门批准后可以先行实施。自2002年1月1日起,外商投资企业也开始执行《企业会计制度》。《企业会计制度》对会计要素的确认、计量、记录和报告进行了全过程规范。它主要由两个部分组成,第一部分:共14章,160条,对会计核算作了一般规定;第二部分:规定了会计科目和会计报表。为便于会计人员理解和实际操作,还附有主要会计事项分录举例。财政部又于2001年11月27日发布了《金融企业会计制度》(财会[2001]49号),自2002年1月1日起暂在上市的金融企业范围内实施;同时,也鼓励其他股份制金融企业实施。自2007年1月1日起执行38项具体准则及《企业会计准则——应用指南》的企业,不再执行《企业会计制度》和《金融企业会计制度》。财政部在陆续发布了《企业会计制度》和《金融企业会计制度》以后,于2004年4月27日发布了《小企业会计制度》(财会[2004]2号),自2005年1月1日起在全国小企业范围内实施。由此形成目前我国特有的企业会计核算制度体系。

(二) 国家统一的会计监督制度

现行的国家统一的会计监督制度主要包括:《财政部门实施会计监督办法》(财政部令[2001]第10号,2001年2月20日发布,自发布之日起施行)、《内部会计控制规范——基本规范(试行)》(财会[2001]41号),(2001年6月22日财政部发布,自发布之日起施行)等。

(三) 国家统一的会计机构和会计人员制度

现行的国家统一的会计机构和会计人员制度主要包括:《会计专业技术资格考试暂行规定》(财会[2000]11号,2000年1月1日财政部发布,自印发之日起施行)、《会计从业资格管理办法》(财政部令[2005]第26号,2005年1月22日财政部发布,自2005年3月1日起施行)、《会计人员继续教育规定》(财会[2006]19号,2006年11月20日财政部发布,自2007年1月1日起施行)等。

(四) 国家统一的会计工作管理制度

现行的国家统一的会计工作管理制度主要包括:《会计电算化管理办法》(财会

[1994]27号,1994年6月30日财政部发布,自1994年7月1日起施行)、《会计核算软件基本功能规范》(财会[1994]27号,1994年6月30日财政部发布,自1994年7月1日起施行)、《会计电算化工作规范》(财会[1996]17号,1996年6月10日财政部发布,自发布之日起实施)、《会计基础工作规范》(财会[1996]19号,1996年6月17日财政部发布,自公布之日起实施)、《会计档案管理办法》(财会[1998]32号,1998年8月21日财政部、国家档案局发布,自1999年1月1日起执行)、《代理记账管理办法》(财政部令[2005]第27号,2005年1月22日财政部发布,自2005年3月1日起施行)等。

这里需要说明的是,各国由于政治、法律、经济、文化等背景的不同,其会计规范也有所不同。当今世界,随着经济全球化和信息技术革命的加速,会计标准的国际化大势所趋,潮流所向,已成为世界各国都面临的共同课题。在会计标准国际化的大潮中,我们一方面充分借鉴国际惯例,另一方面也充分考虑我国特殊的会计环境和实务特点,制定我国会计标准,适时、有效地推进我国会计的国际化进程。与此同时,强化会计标准执行机制的建设显得尤为重要而且迫切。

第三节 会计核算基础

在当今社会,会计被称为企业的语言,它主要是用数据来反映企业价值运动的过程和结果。而这些数据的产生,必须基于一定的前提之下。会计的基本前提是指对会计资料的日常记录、汇集和定期总结、报告等工作所作的逻辑性控制。会计对象的确定、会计方法的选择、会计数据的收集等会计核算工作,必须要在一个统一的前提条件下才能进行。离开了会计前提,会计数据就无法产生,更无从解释和运用。会计核算的基本前提有四项,即:会计主体、持续经营、会计分期、货币计量。

企业会计确认、计量和报告的基础是权责发生制。

一、会计核算的基本前提

(一)会计主体

会计主体是会计为之服务的特定单位。我国《企业会计准则——基本准则》规定:“企业应当对其本身发生的交易或者事项进行会计确认、计量和报告。”显然,只有首先提出会计主体这一基本前提,才能使会计具有明确的核算范围。在会计实务中,只有那些影响企业本身经济利益的各项交易和事项才能进行会计确认、计量和报告,会计核算中涉及的资产、负债的确认、收入的实现、费用的发生等,都是针对特定会计主体而言的。这一基本前提的主要意义在于:将特定主体的经济活动与该主体所有者及职工个人的经济活动区别开来,将特定主体的经济活动与其他单位的经济活动区别开来，从而明确会计活动的空间范围。

应当注意的是，会计主体和法人并非是对等的概念，法人可以作为会计主体，但会计主体不一定是法人。例如，会计主体可以是一家股份有限公司，一家有限责任公司，也可以是由若干企业组成的企业集团，还可以是一家公司的某一特定部分，如分公司等，由自然人所创办的独资与合伙企业也是会计主体。

在企业会计工作中，通过会计主体这个前提，对会计活动的空间范围进行界定，才能够使会计主体的财务状况、经营成果和现金流量独立地反映出来，从而为企业的投资者、债权人、管理者和有关各方提供有用的会计信息。

（二）持续经营

我国《企业会计准则——基本准则》规定："企业会计确认、计量和报告应当以持续经营为前提。"

持续经营是假设企业在可以预见的将来不会破产清算，其生产经营活动将在目前的基础上持续下去，因而企业所持有的资产将在正常的生产经营活动过程中被耗用、出售或转换，而企业所承担的债务，也将在正常的生产经营活动过程中清偿，企业筹集的实收资本，在持续经营期间可以由投资者依照法律、行政法规以及企业章程的规定转让或者减少，投资者不得抽逃或者变相抽回出资。

持续经营这个会计前提对会计活动作出了时间规定，使财务会计工作既立足于现在，又着眼于未来，充分考虑企业的长期行为。它将会计确认和计量的原则建立在非清算的基础之上，从而为解决许多常见的资产计价和收益确定问题提供了前提。例如，对于企业的固定资产，它们的价值以计提折旧的方式分期转作成本费用，就是在持续经营前提下所能够采用的会计处理方法。正是在持续经营这一前提之下，在收集和处理经济信息时所使用的会计程序才得以保持稳定，才得以在持续的基础上恰当地记录和报告企业的生产经营活动情况，从而提供可以信赖的会计信息。

然而，在市场经济环境中，任何企业都存在破产、清算的风险。市场竞争必然导致优胜劣汰，有的企业在市场竞争中，可能会变得无力偿债，难以为继，不得不宣告破产清算。在这种情况下，持续经营就不存在了，此时，在会计核算上，就只能采用清算会计的处理方法了。

（三）会计分期

会计分期是对持续经营的必要补充。因为无论是企业的生产经营决策，还是投资者、债权人等的决策都需要及时的会计信息。会计分期是指将企业持续不断的生产经营活动过程人为地划分为若干个等距的期间，以便按期结算账目和编制财务会计报告，及时提供有关财务状况、经营成果和现金流量的信息。

由于会计分期，产生了当期与其他期间的差别，从而形成权责发生制和收付实现制的区别，进而企业采用了应收、应付、递延、预计、折旧、摊销等会计处理方法。

我国《企业会计准则——基本准则》规定："企业应当划分会计期间，分期结算账目和编制财务会计报告。会计期间分为年度和中期。中期是指短于一个完整的会计年度的报告期间。"

我国《会计法》规定："会计年度自公历1月1日起至12月31日止。"

（四）货币计量

我国《企业会计准则——基本准则》规定："企业会计应当以货币计量。"货币计量是指企业在会计核算中，以货币作为统一的计量尺度来量度一切经济业务。以货币作为统一的计量尺度，才能连续、系统、全面、综合地反映企业生产经营活动的过程及其结果。

我国《会计法》规定："会计核算以人民币为记账本位币。业务收支以人民币以外的货币为主的单位，可以选定其中一种货币作为记账本位币，但是编报的财务会计报告应当折算为人民币。"

货币计量还引申出一个假设，即假定货币的价值稳定不变，当货币本身价值波动不大或前后波动能抵销时，会计核算中可以不考虑这些波动，仍然认为币值是稳定的。但在发生恶性通货膨胀时，则需要考虑物价变动对会计主体资产、权益及经营成果的影响。

另外，以货币作为计量尺度，不能反映单位诸如人事方面的情况、企业经营战略、在消费者心目中的资信度、技术开发能力及发展前景、高层管理人员的健康状况等影响企业经济地位和处境的重要信息。为了弥补货币量度的不足，企业可以采用一些非货币性指标作为补充，以反映更为全面的经济信息。

上述会计核算的四项基本前提具有相互依存、相互补充的关系。会计主体规定了会计核算的空间范围，持续经营和会计分期设定了会计核算的时间长度，货币计量为会计核算提供了必要手段。

二、企业会计确认、计量和报告的基础——权责发生制

我国《企业会计准则——基本准则》规定："企业应当以权责发生制为基础进行会计确认、计量和报告。"采用权责发生制，凡是当期已经实现的收入和已经发生或应当负担的费用，不论款项是否收付，都应当作为当期的收入和费用；凡是不属于当期的收入和费用，即使款项已在当期收付，也不应当作为当期的收入和费用。由于以应否归属为标准来确定当期的收入和费用，因而两者之间存在合理的配比关系，有利于比较准确地计算各期的盈亏。

权责发生制是相对于收付实现制而言的。收付实现制是以款项是否实际收到

或付出作为确定本期收入和费用的标准。凡是本期实际收到的款项，不论其是否属于本期实现的收入，都作为本期的收入处理。凡是本期实际付出的款项，不论其是否属于本期负担的费用，都作为本期的费用处理；反之，凡是本期没有实际收到或付出的款项，即使应归属于本期，也不作为本期的收入和费用处理。例如，在行政单位，收入主要来自财政拨款，其业务活动是行使政府职能，具有明显的非营利性，不需要进行成本核算，因而行政单位采用收付实现制这种会计处理基础，用来反映预算的实际执行情况。

权责发生制为企业会计核算奠定了会计确认、计量和报告的基础。

第四节　会计信息质量要求

会计信息质量要求是使企业所提供的会计信息对财务会计报告使用者决策有用所应具备的基本特征。为了使企业提供的会计信息能够满足各有关方面的需要，我国《企业会计准则——基本准则》对会计信息的质量提出了一系列的要求，具体包括以下八项：可靠性、相关性、可理解性、可比性、实质重于形式、重要性、谨慎性和及时性。

一、可靠性

我国《企业会计准则——基本准则》规定："企业应当以实际发生的交易或者事项为依据进行会计确认、计量和报告，如实反映符合确认和计量要求的各项会计要素及其他相关信息，保证会计信息真实可靠、内容完整。"

可靠性要求企业必须做到"诚信为本，操守为重，坚持准则，不做假账"。如果会计信息不能真实客观地反映企业经济活动的实际情况，势必无法满足各有关方面的需要，甚至导致错误的决策。如果提供虚假或歪曲的会计信息，不仅不能发挥会计应有的作用，而且还会扰乱市场经济秩序。可靠性是会计信息的基础和生命，失去真实可靠，全部会计核算资料也就失去了存在的意义。

企业还应当在符合重要性和成本效益原则的前提下，保证会计信息的完整性。例如，编制的会计报表及其附注等应当充分披露与财务会计报告使用者决策相关的有用信息。

真实可靠、内容完整是对会计信息的基本质量要求。

二、相关性

我国《企业会计准则——基本准则》规定："企业提供的会计信息应当与财务会计报告使用者的经济决策需要相关，有助于财务会计报告使用者对企业过去、现在或者未来的情况作出评价或者预测。”

会计信息的价值在于其与决策相关，对决策有用。在会计核算工作中，坚持相关性原则，就要为有关方面提供有用的信息。如果会计信息提供以后，没有能够满足财务会计报告使用者的需要，对使用者的决策没有起什么作用，就不具有相关性。

要充分发挥会计信息的作用，就要使提供的会计信息与各方面使用会计信息的要求相协调，这就要求企业在收集、加工、处理、传递会计信息的过程中，必须考虑投资者、债权人、政府及其有关部门和社会公众等有关各方的需求，注意会计信息的相关性，以满足财务会计报告使用者的需要。

三、可理解性

我国《企业会计准则——基本准则》规定：“企业提供的会计信息应当清晰明了，便于财务会计报告使用者理解和使用。”

企业提供会计信息的目的在于有效地利用，而要使财务会计报告使用者能够有效地利用会计信息，必须使其能够弄懂会计信息的内容，清楚地了解企业财务状况、经营成果和现金流量等情况。这就要求企业提供的会计信息必须清晰明了，才有助于财务会计报告使用者准确、完整地理解和把握会计信息的内容，从而充分地利用会计信息，有效地发挥会计信息的作用。当然，会计信息能否被使用者理解和使用，不仅取决于信息本身是否易于理解，而且还取决于使用者理解信息的能力。使用者也应提高自身的业务水平，增强理解会计信息的能力。

四、可比性

我国《企业会计准则——基本准则》规定：“企业提供的会计信息应当具有可比性。”

为了便于财务会计报告使用者了解企业财务状况、经营成果等的变化趋势，从而客观地评价过去、预测未来，会计信息质量的可比性要求同一企业不同时期发生的相同或者相似的交易或者事项，应当采用一致的会计政策，不得随意变更。确需变更的，应当在附注中说明。采用一致的会计政策，不但能保证会计信息的连贯和可比，便于从纵向上对同一企业前后各期会计信息进行相互比较和分析，预测企业的发展趋势，而且还可以有效地防止企业通过随意改变会计处理方法，歪曲企业财务状况、经营成果和现金流量的真实情况的做法。当然，要求同一企业不同时期发生的相同或者相似的交易或者事项，应当采用一致的会计政策，不得随意变更，并不意味着所选择的会计政策不能作任何变更。在以下两种情况下，企业可以变更会计政策：一是法律、行政法规或者国家统一的会计制度等要求变更。例如，就上市公司而言，原来对固定资产、无形资产等计提的减值准备可以转回，而从 2007 年 1 月 1 日起开始执行《企业会计准则第 8 号——资产减值》的规定，对固定资产、无形资产等计提的减值准备不可以转回。这一会计政策的变更是国家统一的会计制度要求变更，当然不违背可比性原则的要求。二是会计政策变更能够提供更可靠、更相关的会计信息。这一情况是指由于经济环境、客观情况的改变，使企业原来采用的会计政策所提供的会计信息，已不能恰当地反映企业的财务状况、经营成果和现金流量等情况，在这种情况下，应改变原来采用的会计政策，按新的会计政策进行核算，以提供更可靠、更相关的会计信息。

为了便于财务会计报告使用者了解不同企业的财务状况、经营成果等情况，从而作出科学合理的决策。会计信息质量的可比性还要求不同企业发生的相同或者相似的交易或者事项，应当采用规定的会计政策，确保会计信息口径一致，相互可比。不同企业尤其是同一行业不同企业在选择会计处理方法时，应当选择采用国家统一规定的会计处理方法，财务会计报告的编制应当符合国家统一规定的要求，以便从横向上对同一期间不同企业的会计信息进行相互比较和分析，为管理和决策提供可比的信息。

五、实质重于形式

我国《企业会计准则——基本准则》规定：“企业应当按照交易或者事项的经济实质进行会计确认、计量和报告，不应仅以交易或者事项的法律形式为依据。”

随着经济的发展，经济现象越来越复杂，其表现形式也日趋多样化，因而要求会计人员在准确理解会计准则的前提下，应结合具体经济业务的特点，根据经济业务的实质作出会计处理。例如，关联方关系是否存在，应视关系的实质，而不仅仅是法律形式。也就是说，会计人员应当运用实质重于形式的原则，具体判断有关各方是否存在关联方关系。又如，企业将其按照销售商品、提供劳务的销售合同所产生的应收债权出售给银行等金融机构，在进行会计核算时，应按照实质重于形式的原则，充分考虑交易的经济实质，对于有明确的证据表明有关交易事项满足销售确认条件，如与应收债权有关的风险和报酬实质上已经发生转移等，应按照出售应收债权处理，并确认相关损益；否则，应作为以应收债权为质押取得借款进行会计处理。再如，企业在销售某商品的同时又与客户签订了售后回购协议。在这种情况下，就需要按照销售的经济实质来判断是否应当确认销售收入。如果企业已将商品所有权上的主要风险和报酬转移给购货方，满足了收入确认的各项条件，则销售实现，应当确认收入；如果企业没有将商品所有权上的主要风险和报酬转移给购货方，没有满足收入确认的各项条件，即使企业已将商品交付给购货方，销售也没有实现，不应当确认收入。通常应当将该售后回购协议作为融资协议来处理。

运用实质重于形式的原则，旨在使会计信息更加真实可靠并具有决策相关性。在会计实务中，要能够很好地运用实质重于形式的原则，对会计人员的职业判断能力提出了非常高的要求。

六、重要性

我国《企业会计准则——基本准则》规定："企业提供的会计信息应当反映与企业财务状况、经营成果和现金流量等有关的所有重要交易或者事项。"

企业在会计核算中对交易或者事项应当区别其重要程度，采用不同的核算方式。对资产、负债、损益等有较大影响，并进而影响财务会计报告使用者据以作出合理判断的重要交易或者事项，必须按照规定的会计方法和程序进行处理，并在财务会计报告中予以充分、准确的披露；对于不重要的交易或者事项，在不影响会计信息真实性和不至于误导财务会计报告使用者作出正确判断的前提下，可适当简化处理。

会计工作本身，也应讲究成本效益，坚持重要性原则，就能够使提供会计信息的收益大于成本。重要与不重要是相对的概念，判断的标准也不是固定不变的，一项经济业务是否重要，是否应充分披露，还是简化处理，应视具体情况而定。《企业会计准则第30号——财务报表列报》指出："重要性，是指财务报表某项目的省略或错报会影响使用者据此作出经济决策的，该项目具有重要性。重要性应当根据企业所处环境，从项目的性质和金额大小两方面予以判断。"《企业会计准则第30号——财务报表列报》应用指南又指出："判断项目性质的重要性，应当考虑该项目的性质是否属于企业日常活动等因素；判断项目金额大小的重要性，应当通过单项金额占资产总额、负债总额、所有者权益总额、营业收入总额、营业成本总额、净利润等直接相关项目金额的比重加以确定。"从性质方面来说，当某一项目有可能对决策产生一定影响时，就属于重要项目；从数量方面来说，某一项目的数量达到一定规模时，就可能对决策产生影响。在评价某些项目的重要性时，很大程度上取决于会计人员的职业判断。这也说明对会计人员的职业判断能力提出了很高的要求。

七、谨慎性

我国《企业会计准则——基本准则》规定："企业对交易或者事项进行会计确认，计量和报告应当保持应有的谨慎，不应高估资产或者收益、低估负债或者费用。"

在市场经济条件下，企业进行生产经营活动是有一定风险的，因而企业在会计核算中应当保持应有的谨慎，对于经济活动中的不确定因素，事先预计可能发生的费用和损失。一旦损失发生，由于谨慎从事，预先准备，就不会使企业陷入被动，有利于企业作出正确的经营决策，有利于保护投资者和债权人的利益，有利于提高企业在市场上的竞争力。在会计实务中，企业计提资产减值准备，固定资产加速折旧、确认预计负债等，都是谨慎性要求的具体体现。我国企业会计准则规定的会计处理方法，可以说在很多方面都体现了谨慎性要求。例如，从2007年1月1日起，上市公司执行《企业会计准则第8号——资产减值》的规定："企业应当在资产负债表日判断资产是否存在可能发生减值的迹象。""资产存在减值迹象的，应当估计其可收回金额。""可收回金额的计量结果表明，资产的可收回金额低于其账面价值的，应当将资产的账面价值减记至可收回金额，减记的金额确认为资产减值损失，计入当期损益，同时计提相应的资产减值准备。"显而易见，遵循谨慎性要求，针对现实经济生活中一些企业存在的不良资产问题，给资产缩水，挤掉一些企业资产中的水分，有利于提高企业披露的资产信息的质量。

八、及时性

我国《企业会计准则——基本准则》规定："企业对于已经发生的交易或者事项，应当及时进行会计确认、计量和报告，不得提前或者延后。"

及时性要求是由会计信息的时效性所决定的。即使是可靠、相关的会计信息，如果不及时提供，也就失去了时效性，使其有用性大为降低，甚至不再具有任何意义。

及时性要求有三层含义：一是及时收集会计信息，在经济交易或事项发生以后，应及时填制或取得原始凭证；二是及时处理会计信息，应及时根据审核无误的原始凭证填制记账凭证，并据以登记入账，按期编制财务会计报告；三是及时传递会计信息，财务会计报告编好后，要在规定的期间内对外提供，便于财务会计报告使用者及时加以利用。

上述八项会计信息质量要求，密切配合，相辅相成，共同构建了较为完善的会计信息质量标准体系。企业在进行会计核算的过程中必须严格遵守，从而使会计这一企业的语言发挥出它应有的重要作用，使提供的会计信息能够满足财务会计报告使用者的需要。

第五节　会计的基本方法

会计方法是完成会计任务的手段。会计的基本方法主要有会计核算方法、会计分析方法、会计控制方法和会计检查方法。其中：会计核算是基础，本节简要说明会计核算程序及其方法体系，从第二至第八章详细阐述会计核算的七种方法及其账务处理程序,会计分析方法、会计控制方法和会计检查方法将在第九章作专门介绍。

一、会计核算程序

会计核算程序是指在经济业务发生后,从取得或填制原始凭证开始,一直到编制财务会计报告的全过程。一般来说,包括对会计要素进行确认、计量、记录和报告。

(一) 会计确认

会计确认是指依据一定的标准,对单位发生的各项经济业务所产生的大量经济数据或信息,辨认并确定能否进入及何时进入会计核算系统的工作。在会计实务中,会计确认直接影响会计信息的真实、相关、可靠。

企业发生的经济活动,伴随着大量的经济数据,但这些经济数据并不全部由会计进行加工处理。因此,首先必须进行必要的识别、判断,排除那些非会计对象的数据。也就是说,会计确认的是符合会计要素的定义、属于会计要素的具体内容,这是会计确认最基本的标准。除了符合会计要素的定义以外,还应满足两个基本确认条件:一是与该项目有关的经济利益很可能流入或流出企业;二是与该项目有关的经济利益能够可靠地计量。只有既符合会计要素的定义,又满足以上两个确认条件时,才能加以确认。

对属于会计要素范围的内容,何时进行会计处理,还要受到会计前提和原则的制约。

会计确认的过程,同时也是会计监督的过程。因此,会计确认既是正确核算会计要素的基础,也是进行会计监督的基础,同时又是做好会计计量的前提。

(二) 会计计量

会计计量是对会计要素进行量化的过程。按照我国《企业会计准则——基本准则》的规定,企业在将符合确认条件的会计要素登记入账并列报于会计报表及其附注时,应当按照规定的会计计量属性进行计量,确定其金额。会计计量属性主要包括以下五项:历史成本、重置成本、可变现净值、现值和公允价值。

1. 历史成本

在历史成本计量下,资产按照购置时支付的现金或者现金等价物的金额,或者按照购置资产时所付出的对价的公允价值计量。负债按照因承担现时义务而实际收到的款项或者资产的金额,或者承担现时义务的合同金额,或者按照日常活动中为偿还负债预期需要支付的现金或者现金等价物的金额计量。

2. 重置成本

在重置成本计量下,资产按照现在购买相同或者相似资产所需支付的现金或者现金等价物的金额计量。负债按照现在偿付该项债务所需支付的现金或者现金等价物的金额计量。

3. 可变现净值

在可变现净值计量下，资产按照其正常对外销售所能收到现金或者现金等价物的金额扣减该资产至完工时估计将要发生的成本、估计的销售费用以及相关税费后的金额计量。

4. 现值

在现值计量下，资产按照预计从其持续使用和最终处置中所产生的未来净现金流入量的折现金额计量。负债按照预计期限内需要偿还的未来净现金流出量的折现金额计量。

5. 公允价值

在公允价值计量下，资产和负债按照在公平交易中，熟悉情况的交易双方自愿进行资产交换或者债务清偿的金额计量。

企业在对会计要素进行计量时，一般应当采用历史成本，采用重置成本、可变现净值、现值、公允价值计量的，应当保证所确定的会计要素金额能够取得并可靠计量。

（三）会计记录

会计记录是指采用一定的账务处理程序，将经过确认、计量的经济业务事项记载在会计凭证上，并据以在会计账簿上进行登记的过程。

（四）会计报告

会计报告是指按照国家统一的会计制度，根据经过审核的账簿记录及有关资料，编制财务会计报告，加工成财务指标体系的过程。其目的主要是向财务会计报告使用者提供对经济决策有用的信息。

二、会计核算方法体系

会计核算方法是指对会计对象进行连续、系统、完整的反映和监督所采用的方法。在对会计要素进行确认、计量、记录和报告的全过程中，运用了设置会计科目和账户、复式记账、填制和审核会计凭证、登记账簿、成本计算、财产清查、编制财务会计报告等一系列专门方法，这七种会计核算的专门方法有机地组成一个完整的会计核算方法体系，成为核算和监督会计对象、执行和完成会计任务的手段，它们从会计实践中总结出来，并随着科技进步和管理科学的发展而不断完善。

（一）设置会计科目和账户

会计科目是在会计核算中对会计要素按其经济内容进行分类核算的项目。账户是根据会计科目设置的，具有一定结构和格式，用于连续、系统地记录各项经济业务，反映会计要素增减变化情况和结果的一种核算工具。设置会计科目和账户是对会计对象的具体内容进行分类核算和监督的一种专门方法。

（二）复式记账

复式记账是在设置账户以后，对每一笔经济业务，都用相等的金额在两个或两个以上相互联系的账户中同时登记的一种记账方法。通过复式记账，可以了解每笔经济业务的来龙去脉，便于检查账户记录的正确性。

借贷记账法是以“借”和“贷”作为记账符号的一种复式记账法。它在世界各国会计实务中被广泛采用，目前已成为我国法定的记账方法。

（三）填制和审核会计凭证

会计凭证是记录经济业务、明确经济责任、作为记账依据的书面证明。填制和审核会计凭证是会计核算的初始环节。对于任何一笔经济业务，都要办理凭证手续，并严格根据审核无误的原始凭证编制记账凭证。

（四）登记账簿

账簿是用来全面、系统、连续地记录各项经济业务的簿籍，它是由具有专门格式，并以一定形式联结在一起的账页所组成的，是保存会计数据资料的重要工具。登记账簿是在账簿上连续、系统、完整地记录和反映各类经济业务的一种专门方法。

我国《会计法》规定：会计账簿包括总账、明细账、日记账和其他辅助性账簿。

（五）成本计算

成本计算是将企业在生产经营过程中发生的有关费用，按不同的成本计算对象进行归集和分配，从而确定各成本计算对象的总成本和单位成本的一种专门方法。

（六）财产清查

财产清查是通过实地盘点，核对账目，查明单位各项财产的实存数和账面结存数是否相符的一种会计核算的专门方法。

（七）编制财务会计报告

企业财务会计报告是指企业对外提供的反映企业某一特定日期的财务状况和某一会计期间的经营成果、现金流量等会计信息的文件。企业在账实相符的基础上，根据经过审核的会计账簿记录和有关资料编制财务会计报告。财务会计报告的目标是向财务会计报告使用者提供与企业财务状况、经营成果和现金流量等有关的会计信息，反映企业管理层受托责任履行情况，有助于财务会计报告使用者作出经济决策。

上述会计核算的各种专门方法相互联系、密切配合，贯穿于对会计要素进行确认、计量、记录和报告的全过程。在会计核算工作中，对于日常发生的每一笔经济业务，都必须按规定的手续取得或填制原始凭证，并对其进行审核。要以真实合法的原始凭证为依据，按照规定的会计科目设置账户，采用借贷记账法编制记账凭证，并据以在有关账簿中进行登记。对于生产经营过程中所发生的有关费用，应当进行成本计算；还要定期或不定期地进行财产清查，在账实相符的基础上，根据账簿记录及有关资料，定期编制财务会计报告。为使上述各种专门方法在实际运用时环环相扣，各单位必须明确会计核算的工作流程，采用科学的账务处理程序。使用电子计算机进行会计核算的，其软件及其生成的会计凭证、会计账簿、财务会计报告和其他会计资料，也必须符合国家统一的会计制度的规定。这对保证会计资料的质量，提高会计工作效率，充分发挥会计职能作用，具有极为重要的意义。

本章小结

会计是经济管理的重要组成部分，它是通过收集处理和利用经济信息对经济活动进行组织、控制、调节和指导，促使人们权衡利弊、比较得失，讲求经济效果的一种管理活动。会计的职能是指会计在经济管理中所具有的功能。会计核算和会计监督是会计的基本职能，此外，还有会计预测、会计决策、会计控制、会计分析等职能。目前我国会计规范体系主要由会计法律、会计行政法规、会计规章和规范性文件组成。会计的基本方法主要有会计核算方法、会计分析方法、会计控制方法和会计检查方法。

本章重点阐明会计核算的四项基本前提，八项会计信息质量要求；简要介绍五项会计计量属性，七种会计核算的专门方法；强调会计核算的各种专门方法相互联系，密切配合，有机地组成了一个会计核算方法体系。

复习思考题

1. 什么是会计？如何理解“会计是一种管理活动”？
2. 在经济管理中，如何充分发挥会计的职能作用？
3. 会计学科体系包括哪些内容？
4. 简述我国会计规范体系的组成内容。
5. 我国《会计法》的立法宗旨是什么？
6. 简述企业会计准则体系的组成内容。
7. 会计的基本前提有哪些？并分别进行简要说明。
8. 会计信息质量要求有哪些？并分别进行简要说明。
9. 会计计量属性主要包括哪几种？并分别进行简要说明。
10. 会计核算的专门方法有哪些？为什么说它们有机地组成了一个完整的会

计核算方法体系?

习 题

一、单项选择题

1. 企业将融资租入固定资产在租赁期间视同自有固定资产核算,所体现的会计信息质量要求是( )。

A. 重要性　　B. 谨慎性

C. 可比性　　D. 实质重于形式

2. 会计的基本职能是( )。

A. 核算和监督　　B. 记账和算账

C. 控制和分析　　D. 预测和决策

3. 在会计的基本前提中,确定会计核算空间范围的是( )。

A. 会计主体　　B. 持续经营

C. 会计分期　　D. 货币计量

4. 下列各项中,不属于会计核算方法的是( )。

A. 登记账簿　　B. 编制财务会计报告

C. 填制和审核会计凭证　　D. 编制财务预算

5. 资产按照预计从其持续使用和最终处置中所产生的未来净现金流入量的折现金额计量。负债按照预计期限内需要偿还的未来净现金流出量的折现金额计量。其会计计量属性是( )。

A. 现值　　B. 重置成本

C. 公允价值　　D. 可变现净值

6. 企业应当以实际发生的交易或者事项为依据进行会计确认、计量和报告,如实反映符合确认和计量要求的各项会计要素及其他相关信息,保证会计信息真实可靠、内容完整。这体现了( )要求。

A. 及时性　　B. 可靠性

C. 可理解性　　D. 相关性

7. 企业提供的会计信息应当与财务会计报告使用者的经济决策需要相关,有助于财务会计报告使用者对企业过去、现在或者未来的情况作出评价或者预测。这体现了( )要求。

A. 可理解性　　B. 可靠性

C. 重要性　　D. 相关性

8. 企业提供的会计信息应当清晰明了，便于财务会计报告使用者理解和使用。这体现了(　　)要求。

A. 可靠性　　B. 相关性

C. 重要性　　D. 可理解性

9. 资产按照其正常对外销售所能收到现金或者现金等价物的金额扣减该资产至完工时估计将要发生的成本、估计的销售费用以及相关税费后的金额计量。其会计计量属性是(　　)。

A. 现值　　B. 重置成本

C. 公允价值　　D. 可变现净值

10. 资产按照现在购买相同或者相似资产所需支付的现金或者现金等价物的金额计量。其会计计量属性是(　　)。

A. 历史成本　　B. 重置成本

C. 公允价值　　D. 可变现净值

二、多项选择题

1. 会计核算的基本前提包括(　　)。

A. 会计主体　　B. 持续经营

C. 会计分期　　D. 货币计量

2. 下列各项中，属于会计计量属性的有(　　)。

A. 历史成本　　B. 可变现净值

C. 现值　　D. 公允价值

3. 下列做法中，符合谨慎性要求的有(　　)。

A. 对应收款项计提坏账准备　　B. 固定资产加速折旧

C. 对财产物资按历史成本计价　　D. 对无形资产计提减值准备

4. 国家统一的会计制度包括(　　)。

A. 会计核算的制度　　B. 会计监督的制度

C. 会计机构和会计人员的制度　　D. 会计工作管理的制度

5. 下列准则中，属于特殊行业的特定业务准则的有(　　)。

A. 生物资产准则　　B. 石油天然气开采准则

C. 投资性房地产准则　　D. 合并财务报表准则

6. 下列各项中，属于会计工作管理制度的有(　　)。

A. 会计从业资格管理办法　　B. 会计档案管理办法

C. 会计人员继续教育规定　　D. 会计电算化管理办法

7. 下列各项中，属于会计行政法规的有(　　)。

A. 总会计师条例　　B. 企业财务会计报告条例

C. 小企业会计制度　　D. 财政总预算会计制度

8. 下列准则中，属于报告准则的有(　　)。

A. 金融工具列报准则　　B. 每股收益准则

C. 关联方披露准则　　D. 财务报表列报准则

9. 下列各项中，属于会计机构和会计人员制度的有(　　)。

A. 会计从业资格管理办法　　B. 会计专业技术资格考试暂行规定

C. 会计人员继续教育规定　　D. 会计基础工作规范

10. 下列各项中，属于会计信息质量要求的有(　　)。

A. 可靠性　　B. 相关性

C. 可理解性　　D. 重要性

11. 可比性要求(　　)。

A. 企业提供的会计信息应当具有可比性

B. 同一企业不同时期发生的相同或者相似的交易或者事项，应当采用一致的会计政策，不得随意变更

C. 不同企业发生的相同或者相似的交易或者事项，应当采用规定的会计政策，确保会计信息口径一致，相互可比

D. 企业对于已经发生的交易或者事项，应当及时进行会计确认、计量和报告，不得提前或者延后

12. 下列各项中，属于中期财务报告的有(　　)。

A. 年度财务会计报告　　B. 半年度财务会计报告

C. 季度财务会计报告　　D. 月度财务会计报告

三、判断题

1. 会计主体一定是法人。(　　)

2. 会计的首要职能是会计预测。(　　)

3. 我国《会计法》的立法宗旨是为了规范会计行为，保证会计资料真实、完整，加强经济管理和财务管理，提高经济效益，维护社会主义市场经济秩序。(　　)

4. 企业应当以权责发生制为基础进行会计确认、计量和报告。(　　)

5. 中期是指短于一个完整的会计年度的报告期间。(　　)

6. 在公允价值计量下，资产和负债按照在公平交易中，熟悉情况的交易双方自愿进行资产交换或者债务清偿的金额计量。(　　)

7. 企业在对会计要素进行计量时，一般应当采用历史成本，采用重置成本、可变现净值、现值、公允价值计量的，应当保证所确定的会计要素金额能够取得并可

靠计量。（　）

8. 按照谨慎性要求，企业对交易或者事项进行会计确认、计量和报告应当保持应有的谨慎，应当尽量低估资产或者收益。（　）

9. 企业会计实务中，将劳动资料划分为固定资产和低值易耗品，是基于重要性的要求。（　）

10. 由于会计分期，产生了当期与其他期间的差别，从而形成权责发生制和收付实现制的区别，进而企业采用了应收、应付、递延、预计、折旧、摊销等会计处理方法。（　）

第二章　账户和复式记账

本章结构图

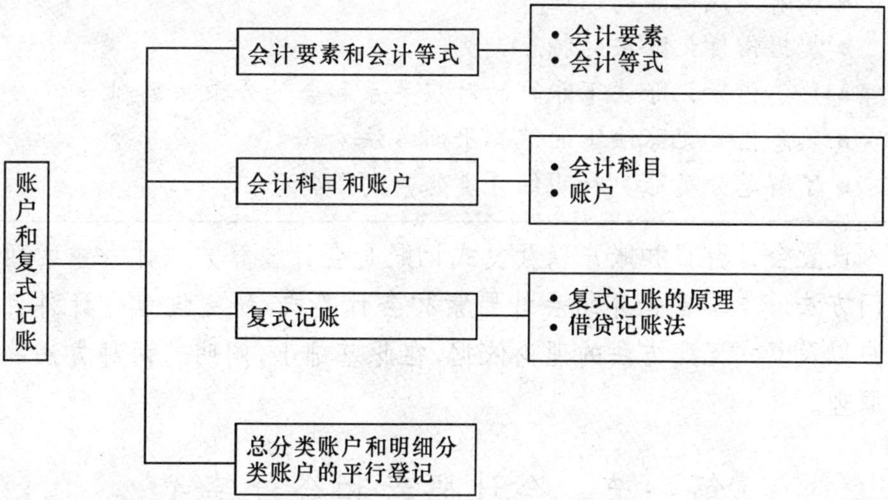

本章学习目标

- 掌握会计要素的内涵、确认条件和特点
- 熟悉反映会计要素内在联系的会计等式
- 掌握会计科目的概念及其分类
- 熟悉工业企业常用的会计科目
- 掌握账户的基本结构
- 理解复式记账的原理
- 掌握借贷记账法的特点
- 熟悉借贷记账法下账户的对应关系和会计分录的编制
- 熟悉借贷记账法下的试算平衡方法
- 了解总分类账户和明细分类账户的平行登记

设置会计科目和账户以及复式记账是会计核算方法体系中的两种专门方法。本章首先介绍会计要素和会计等式，研究设置会计科目和账户以及复式记账方法的理论依据，在此基础上，阐明这两种方法的基本原理。

第一节　会计要素和会计等式

会计对象是指会计核算和监督的内容，即能够用货币表现的经济活动，可称为价值运动。会计要素是针对会计对象进行的基本分类，是会计对象的具体化，各会计要素之间有着密切的内在联系。

一、会计要素

对具体的会计要素加以严格定义，就能为会计核算奠定坚实的基础。企业应当按照交易或者事项的经济特征确定会计要素。会计要素包括资产、负债、所有者权益、收入、费用和利润。

按照企业价值运动中所表现出来的静态和动态情形，上述六个会计要素可以分为两组：第一组会计要素反映企业价值运动的静态表现，即反映企业在某一特定时点上的财务状况，属于这一组的会计要素有：资产、负债和所有者权益。第二组会计要素反映企业价值运动的动态表现，即反映企业在一定会计期间的经营成果，属于这一组的会计要素有：收入、费用和利润。

（一）反映财务状况的会计要素

1. 资产

资产是指企业过去的交易或者事项形成的、由企业拥有或者控制的、预期会给企业带来经济利益的资源。

符合上述资产定义的资源，在同时满足以下条件时，确认为资产：

(1) 与该资源有关的经济利益很可能流入企业。

(2) 该资源的成本或者价值能够可靠地计量。

资产具有以下特点：

第一，资产必须是一种预期会给企业带来经济利益的资源。预期会给企业带来经济利益，是指直接或者间接导致现金和现金等价物流入企业的潜力。这是资产的本质所在，通过资产的有效使用，能使企业获得经济利益。

第二，资产是由过去的交易或者事项形成的。企业过去的交易或者事项包括购买、生产、建造行为或其他交易或者事项。预期在未来发生的交易或者事项不形成资产。例如，企业不能根据谈判中的交易或计划中的经济业务来确认一项资产。

第三，资产必须为企业所拥有或者控制。由企业拥有或者控制，是指企业享有某项资源的所有权，或者虽然不享有某项资源的所有权，但该资源能被企业所控制。一般而言，一项资源要作为企业的资产予以确认，企业应该拥有该项资源的所有权。例如，企业经营租入的固定资产，因其所有权不归本企业所有，所以不能列为本企业的资产。但在某种情况下，如企业融资租入的固定资产，在租赁期内，虽然不为企业所拥有，但从经济实质上讲，已为企业所控制，由企业支配使用，因而遵循实质重于形式的原则，也应当将其确认为企业的资产。

在市场经济条件下，人们最关心的是资产的流动性。所谓资产的流动性，就是指资产的变现能力。资产按其流动性可以分为流动资产和非流动资产。流动资产主要包括货币资金、交易性金融资产、应收票据、应收账款、其他应收款等。非流动资产主要包括长期股权投资、固定资产、无形资产等。

2. 负债

负债是指企业过去的交易或者事项形成的、预期会导致经济利益流出企业的现时义务。

符合上述负债定义的义务，在同时满足以下条件时，确认为负债：

(1) 与该义务有关的经济利益很可能流出企业。

(2) 未来流出的经济利益的金额能够可靠地计量。

负债具有以下特点：

第一，负债是企业的现时义务。现时义务是指企业在现行条件下已承担的义务。未来发生的交易或者事项形成的义务，不属于现时义务，不应当确认为负债。

第二，预期会导致经济利益流出企业。清偿债务具体表现为交付资产、提供劳务、将一部分股权转给债权人等，因而现时义务的履行会导致经济利益流出企业。

负债按其偿还期限的长短可以分为流动负债和非流动负债。流动负债主要包括短期借款、应付票据、应付账款、应付职工薪酬、应交税费、其他应付款等。非流动负债主要包括长期借款、长期应付款等。

3. 所有者权益

所有者权益是指企业资产扣除负债后由所有者享有的剩余权益。公司的所有者权益又称为股东权益。

所有者权益具有以下特点：

第一，对于所有者来说，在企业持续经营的情况下，不得抽逃或者变相抽回出资。

第二，所有者可以凭借对企业净资产的所有权，参与企业的经营管理。

第三，所有者可以凭借出资额参与企业净利润的分配。

第四，所有者权益是企业所有者对企业剩余资产的要求权，在企业清算时，其索偿权位于债权人之后。

所有者权益的来源包括所有者投入的资本、直接计入所有者权益的利得和损失、留存收益等。利得是指由企业非日常活动所形成的、会导致所有者权益增加的、与所有者投入资本无关的经济利益的流入。损失是指由企业非日常活动所发生的、会导致所有者权益减少的、与向所有者分配利润无关的经济利益的流出。直接计入所有者权益的利得和损失，是指不应计入当期损益、会导致所有者权益发生增减变动的、与所有者投入资本或者向所有者分配利润无关的利得或者损失。所有者权益金额取决于资产和负债的计量。

（二）反映经营成果的会计要素

1. 收入

收入是指企业在日常活动中形成的、会导致所有者权益增加的、与所有者投入资本无关的经济利益的总流入。收入只有在经济利益很可能流入从而导致企业资产增加或者负债减少、且经济利益的流入额能够可靠计量时才能予以确认。

收入具有以下特点：

第一，收入是从企业的日常活动中产生的。收入从企业的日常活动中产生，如工商企业销售商品、提供劳务的收入等。有些交易或者事项虽然也能为企业带来经济利益，但它不属于企业日常活动获得的收益，如企业处置固定资产、无形资产获得的净收益，其流入的经济利益是利得，而不属于收入。

第二，收入可能表现为企业资产的增加，也可能表现为企业负债的减少，或者同时引起企业资产的增加和负债的减少。

第三，收入能导致企业所有者权益的增加。

第四，收入只包括本企业经济利益的流入，而不包括为第三方或客户代收的款项。

按性质分类，收入可以分为销售商品收入、提供劳务收入和让渡资产使用权收入。

2. 费用

费用是指企业在日常活动中发生的、会导致所有者权益减少的、与向所有者分配利润无关的经济利益的总流出。费用只有在经济利益很可能流出从而导致企业资产减少或者负债增加、且经济利益的流出额能够可靠计量时才能予以确认。

企业为生产产品、提供劳务等发生的可归属于产品成本、劳务成本等的费用，应当在确认产品销售收入、劳务收入等时，将已销售产品、已提供劳务的成本等计入当期损益。

企业发生的支出不产生经济利益的，或者即使能够产生经济利益但不符合或者不再符合资产确认条件的，应当在发生时确认为费用，计入当期损益。

企业发生的交易或者事项导致其承担了一项负债而又不确认为一项资产的，应当在发生时确认为费用，计入当期损益。

费用具有以下特点：

第一，费用最终会导致企业资源的减少。这种减少具体表现为企业现金、银行存款的支付，或表现为其他资产的耗费。

第二，费用最终会减少企业的所有者权益。

在制造成本法下，按照费用的性质，把费用分为计入生产经营成本的直接费用、间接费用和直接计入当期损益的期间费用。直接费用是指企业发生的直接计入生产经营成本的费用；间接费用是指企业发生的间接计入生产经营成本的费用。例如，在工业企业，为生产一定种类、一定数量的产品所发生的直接材料费用、直接人工费用和制造费用的总和，构成产品的生产成本。期间费用是指企业发生的计入当期损益的费用，包括销售费用、管理费用和财务费用。

3. 利润

利润是指企业在一定会计期间的经营成果。利润包括收入减去费用后的净额、直接计入当期利润的利得和损失等。直接计入当期利润的利得和损失，是指应当计入当期损益、会导致所有者权益发生增减变动的、与所有者投入资本或者向所有者分配利润无关的利得或者损失。利润金额取决于收入和费用、直接计入当期利润的利得和损失金额的计量。

二、会计等式

会计等式是会计对象的具体内容即会计要素之间关系的表达式，它反映会计对象各要素之间的内在联系，按照价值运动的静态和动态两个方面以及两者之间的相互联系和转化，将会计等式具体列示如下。

（一）资产＝负债＋所有者权益

这一等式体现了反映企业财务状况的资产、负债和所有者权益三个会计要素之间存在着内在联系。企业并不是凭空拥有资产的。企业的资产，或来源于投资人的投入资本，形成企业的所有者权益；或来源于债权人的借入资金，形成企业的负债。每一个企业在任何时点上，资产总计与负债和所有者权益总计必然相等。不论发生什么经济业务，都不会破坏资产与负债和所有者权益之间的平衡关系。这种平衡关系形成了会计等式，即资产＝负债＋所有者权益，通常称为会计平衡公式。

让我们来考察一家工业企业。假设A企业2008年3月31日的资产、负债和所有者权益的情况如表2-1所示。

表2-1

A企业资产、负债和所有者权益的情况

2008年3月31日　　　　　　　　单位：元

资　　产	金　额	负债和所有者权益	金　额
库存现金	1 000	短期借款	150 000
银行存款	200 000	应付票据	24 000
应收账款	20 000	应付账款	50 100
其他应收款	400	其他应付款	300
原材料	185 000	实收资本	1 811 000
库存商品	269 000		
固定资产	1 360 000		
总　　计	2 035 400	总　　计	2 035 400

从表2-1中，我们可以看到，该企业的资产总计与负债和所有者权益总计都为2 035 400元，左右两方金额相等。

企业日常发生的经济业务是千变万化、多种多样的，但归纳起来，就是以下四种类型：

（1）经济业务的发生，引起资产内部项目之间有增有减，增减的金额相等。

(2) 经济业务的发生,引起负债和所有者权益内部项目之间有增有减,增减的金额相等。

(3) 经济业务的发生,引起资产与负债和所有者权益两方的项目同时增加,增加的金额相等。

(4) 经济业务的发生,引起资产与负债和所有者权益两方的项目同时减少,减少的金额相等。

现举例说明上述四种类型经济业务的发生,都不会破坏资产与负债和所有者权益之间的平衡关系。

假设 A 企业 2008 年 4 月份发生了下列经济业务。

经济业务一:从银行存款提取现金 300 元备用。

这项经济业务的发生,使资产内部的项目库存现金增加了 300 元,银行存款减少了 300 元。该项经济业务发生后,仅使资产内部的两个项目发生增减变动,两者一增一减,金额相等。所以,资产总额不变,对负债和所有者权益项目没有影响,因此,该企业资产总计与负债和所有者权益总计仍为 2 035 400 元,两方仍然保持着资金的平衡关系。

经济业务二:开出银行承兑汇票一张,面值 30 000 元,期限为 2 个月,偿还欠乙单位的货款。

这项经济业务的发生,使负债内部的项目应付账款减少了 30 000 元,应付票据增加了 30 000 元。该项经济业务发生后,仅使负债内部的两个项目发生增减变动,两者一增一减,金额相等。所以,负债和所有者权益总计不变,对资产项目没有影响,因此,该企业资产总计与负债和所有者权益总计仍为 2 035 400 元,两方仍然保持着资金的平衡关系。

经济业务三:吸收投资者投入设备一台,价值 500 000 元,设备已交付生产车间使用,假定不考虑其他因素。

这项经济业务的发生,使资产项目固定资产增加了 500 000 元,同时使所有者权益项目实收资本也增加了 500 000 元,该项经济业务发生后,资产总计与负债和所有者权益总计都增加了 500 000 元,即由原来的 2 035 400 元增加到 2 535 400 元,两方仍然保持着资金的平衡关系。

经济业务四:以银行存款偿还短期借款 100 000 元。

这项经济业务的发生,使负债项目短期借款减少了 100 000 元,同时使资产项目银行存款也减少了 100 000 元,该项经济业务发生后,资产总计与负债和所有者权益总计都减少了 100 000 元,即由原来的 2 535 400 元减少到 2 435 400 元,两方仍然保持着资金的平衡关系。

在会计实务中,不管一个单位发生多少笔经济业务,也不管经济业务多么复杂，从它们引起资产与负债和所有者权益的增减变动来看，不外乎上述这四种类型之一。所以，一个单位的资产总计与负债和所有者权益总计将永远在任何时点上保持着平衡关系。资产＝负债＋所有者权益这一平衡公式是会计核算中设置会计科目和账户、进行复式记账、试算平衡和编制资产负债表的理论依据。

（二）收入－费用＝利润

这一等式体现了反映企业经营成果的收入、费用和利润三个要素之间也存在着内在联系。企业要获得利润，就必须取得收入。企业在取得收入的过程中，必然要付出代价，即发生各种各样的费用。在不考虑直接计入当期利润的利得和损失等因素的情况下，收入、费用和利润三个要素之间的数量关系也形成了一个会计等式，即收入－费用＝利润。

（三）资产＝负债＋所有者权益＋（收入－费用）

企业财务状况通过资产、负债、所有者权益这三个要素表现出来，它反映一定时点上资产的存量。经营成果通过收入、费用、利润这三个要素表现出来，就资本的有效运营来说，它反映企业一定时期资产的增量。企业的经营成果这一增量最终要影响到财务状况这一存量。因此，可推导出如下会计等式：

资产＝负债＋所有者权益＋利润＝

负债＋所有者权益＋（收入－费用）

这一会计等式表明了企业财务状况与经营成果之间的关系，即资产存量和增量的关系。

综上所述，可以得到如下结论：

第一，企业的财务状况在静态情况下，必然存在以下平衡关系：

资产＝负债＋所有者权益

第二，随着企业生产经营活动的进行，在会计期间内，企业一方面取得收入，并因此增加资产或减少负债，另一方面发生费用，并因此减少资产或增加负债。在一定会计期间结算前，上述平衡关系表现为下列形式：

资产＝负债＋所有者权益＋（收入－费用）

第三，一定会计期间结算后，企业实现的利润经过分配，上述平衡关系又表现为原来的形式：

资产＝负债＋所有者权益

由此可见，资产与负债和所有者权益的平衡关系所形成的会计等式是会计恒等式。

第二节　会计科目和账户

每个单位每天都可能发生许多经济业务，每一笔经济业务的发生都会引起会计要素有关具体项目的增减变动。因此，为了分门别类地反映会计要素有关具体项目的增减变动情况，连续、系统、完整地核算和监督各单位价值运动的过程和结果，需要根据管理的要求和会计要素具体构成的特点，设置会计科目，并根据规定的会计科目，在账簿中开设账户。设置会计科目和账户是会计核算的一种专门方法。

一、会计科目

（一）会计科目的概念

会计科目是在会计核算中对会计要素按其经济内容进行分类核算的项目。每一个会计科目都应明确反映特定的经济内容。例如，资产要素的各个具体项目，按照它们不同的经济内容，分为"库存现金"、"银行存款"、"应收账款"、"原材料"、"库存商品"、"长期股权投资"、"固定资产"、"无形资产"等，由此相应设置了"库存现金"、"银行存款"、"应收账款"、"原材料"、"库存商品"、"长期股权投资"、"固定资产"、"无形资产"等资产类会计科目。

设置会计科目，可以对会计要素作进一步分类，有利于会计信息的收集、分析和汇总，是进行会计记录、提供会计信息的基础，在会计核算中具有重要意义。

（二）会计科目的名称及分类

在我国，会计科目的名称是由财政部统一规定的，《企业会计准则——应用指南》规定了 156 个会计科目，分为资产类、负债类、共同类、所有者权益类、成本类和损益类，基本涵盖了各类企业的交易或者事项。会计科目的名称及分类如表 2-2 所示。其中，"√"处的会计科目是本教材例题中编制会计分录使用的会计科目。

表 2-2

会计科目表

顺序号	编号	会计科目名称	顺序号	编号	会计科目名称
		一、资产类	5	1012	其他货币资金
1	1001	库存现金　√	6	1021	结算备用金
2	1002	银行存款　√	7	1031	存出保证金
3	1003	存放中国银行款项	8	1101	交易性金融资产
4	1011	存放同业	9	1111	买入返售金融资产

（续表）

顺序号	编号	会计科目名称	顺序号	编号	会计科目名称
10	1121	应收票据 ✓	39	1461	融资租赁资产
11	1122	应收账款 ✓	40	1471	存货跌价准备
12	1123	预付账款	41	1501	持有至到期投资
13	1131	应收股利	42	1502	持有至到期投资减值准备
14	1132	应收利息	43	1503	可供出售金融资产
15	1201	应收代位追偿款	44	1511	长期股权投资
16	1211	应收分保账款	45	1512	长期股权投资减值准备
17	1212	应收分保合同准备金	46	1521	投资性房地产
18	1221	其他应收款 ✓	47	1531	长期应收款
19	1231	坏账准备 ✓	48	1532	未实现融资收益
20	1301	贴现资产	49	1541	存出资本保证金
21	1302	拆出资金	50	1601	固定资产 ✓
22	1303	贷款	51	1602	累计折旧 ✓
23	1302	贷款损失准备	52	1603	固定资产减值准备
24	1311	代理兑付证券	53	1604	在建工程 ✓
25	1321	代理业务资产	54	1605	工程物资
26	1401	材料采购	55	1606	固定资产清理
27	1402	在途物资 ✓	56	1611	未担保余值
28	1403	原材料 ✓	57	1621	生产性生物资产
29	1404	材料成本差异 ✓	58	1622	生产性生物资产累计折旧
30	1405	库存商品 ✓	59	1623	公益性生物资产
31	1406	发出商品	60	1631	油气资产
32	1407	商品进销差价	61	1632	累计折耗
33	1408	委托加工物资	62	1701	无形资产
34	1411	周转材料	63	1702	累计摊销
35	1421	消耗性生物资产	64	1703	无形资产减值准备
36	1431	贵金属	65	1711	商誉
37	1441	抵债资产	66	1801	长期待摊费用
38	1451	损余物资	67	1811	递延所得税资产

（续表）

顺序号	编号	会计科目名称		顺序号	编号	会计科目名称	
68	1821	独立账户资产		96	2601	未到期责任准备金	
69	1901	待处理财产损溢	√	97	2602	保险责任准备金	
		二、负债类		98	2611	保户储金	
70	2001	短期借款	√	99	2621	独立账户负债	
71	2002	存入保证金		100	2701	长期应付款	
72	2003	拆入资金		101	2702	未确认融资费用	
73	2004	向中央银行借款		102	2711	专项应付款	
74	2011	吸收存款		103	2801	预计负债	
75	2012	同业存款		104	2901	递延所得税负债	
76	2021	贴现负债				三、共同类	
77	2101	交易性金融负债		105	3001	清算资金往来	
78	2111	卖出回购金融资产款		106	3002	货币兑换	
79	2201	应付票据	√	107	3101	衍生工具	
80	2202	应付账款	√	108	3201	套期工具	
81	2203	预收账款		109	3202	被套期项目	
82	2211	应付职工薪酬	√			四、所有者权益类	
83	2221	应交税费	√	110	4001	实收资本	√
84	2231	应付利息	√	111	4002	资本公积	√
85	2232	应付股利	√	112	4101	盈余公积	√
86	2241	其他应付款	√	113	4102	一般风险准备	
87	2251	应付保单红利		114	4103	本年利润	√
88	2261	应付分保账款		115	4104	利润分配	√
89	2311	代理买卖证券款		116	4201	库存股	
90	2312	代理承销证券款				五、成本类	
91	2313	代理兑付证券款		117	5001	生产成本	√
92	2314	代理业务负债		118	5101	制造费用	√
93	2401	递延收益		119	5201	劳务成本	
94	2501	长期借款	√	120	5301	研发支出	
95	2502	应付债券		121	5401	工程施工	

（续表）

顺序号	编号	会计科目名称	顺序号	编号	会计科目名称
122	5402	工程结算	139	6403	营业税金及附加 √
123	5403	机械作业	140	6411	利息支出
		六、损益类	141	6421	手续费及佣金支出
124	6001	主营业务收入 √	142	6501	提取未到期责任准备金
125	6011	利息收入	143	6502	提取保险责任准备金
126	6021	手续费及佣金收入	144	6511	赔付支出
127	6031	保费收入	145	6521	保单红利支出
128	6041	租赁收入	146	6531	退保金
129	6051	其他业务收入 √	147	6541	分出保费
130	6061	汇兑损益	148	6542	分保费用
131	6101	公允价值变动损益	149	6601	销售费用 √
132	6111	投资收益	150	6602	管理费用 √
133	6201	摊回保险责任准备金	151	6603	财务费用 √
134	6202	摊回赔付支出	152	6604	勘探费用
135	6203	摊回分保费用	153	6701	资产减值损失 √
136	6301	营业外收入 √	154	6711	营业外支出 √
137	6401	主营业务成本 √	155	6801	所得税费用 √
138	6402	其他业务成本 √	156	6901	以前年度损益调整 √

企业在不违反会计准则中确认、计量和报告规定的前提下，可以根据本单位的实际情况自行增设、分拆、合并会计科目。企业不存在的交易或者事项，可不设置相关会计科目。

会计科目按其提供核算指标的详细程度，分为总分类科目和明细分类科目。总分类科目，简称总账科目，是对会计要素具体内容进行的总括分类，据以提供总括的会计信息；明细分类科目，简称明细科目，是对总分类科目所作的进一步分类，据以提供详细的会计信息。对于明细科目，企业可以比照《企业会计准则——应用指南》附录中的规定自行设置。

下面以“利润分配”科目为例，说明总分类科目和明细分类科目之间的关系，如表 2-3 所示。

表 2-3

总分类科目和明细分类科目之间的关系

总分类科目	明　细　分　类　科　目
利润分配	提取法定盈余公积
	提取任意盈余公积
	应付现金股利或利润
	转作股本的股利
	盈余公积补亏
	未分配利润

如果某一总分类科目所统驭的明细分类科目较多,可增设二级科目,二级科目介于总分类科目和明细分类科目之间。下面以“原材料”科目为例,说明总分类科目、二级科目和明细分类科目之间的关系,如表 2-4 所示。

表 2-4

总分类科目、二级科目和明细分类科目之间的关系

总分类科目	二　级　科　目	明细分类科目
原材料	主要材料	甲材料
		乙材料
	辅助材料	A 材料
		B 材料

会计科目只是对会计要素的具体内容进行分类核算的依据。为了提供经济管理所需要的各种核算资料,包括定期的静态资料、日常的动态资料、总括的核算资料、详细的核算资料,还必须根据会计科目设置账户,用来对各项经济业务进行分类、系统、连续地记录,反映它们增减变动的情况和结果。

二、账户

(一) 账户的概念

账户是根据会计科目设置的,具有一定结构和格式,用以连续、系统地记录各项经济业务,反映会计要素增减变化情况和结果的一种核算工具。

账户和会计科目既有联系,又有区别。账户是根据会计科目设置的,账户的名称就是会计科目。会计科目规定的经济内容,就是账户所要核算和监督的内容。但会计科目仅指账户的名称,它只是对会计要素的具体内容进行分类核算的依据,它本身没有结构,而账户用来登记特定的经济内容,具有一定的结构。例如,根据规定的会计科目设置一个“固定资产”账户，用以登记各项固定资产增加、减少和结存的金额，查阅“固定资产”账户，就可以随时了解各项固定资产在一定时期内增减变动的情况和结果。又如，根据规定的会计科目设置一个“短期借款”账户，用以登记企业从银行借入的各种短期借款。查阅“短期借款”账户，就可以随时了解各种短期借款借入、归还和结欠的情况。

（二）账户的分类

与会计科目的分类相适应，账户也可以分为资产类、负债类、共同类、所有者权益类、成本类和损益类。按其提供核算指标的详细程度，账户也有总分类账户和明细分类账户之分。总分类账户，简称总账账户，明细分类账户，简称明细账户。总分类账户是明细分类账户的统驭账户，它对明细分类账户起着控制作用，而明细分类账户是总分类账户的从属账户，它对总分类账户起着辅助和补充作用，两者结合起来，既概括又详细地反映同一经济业务的核算内容。

有的总分类账户所统驭的明细分类账户较多，还可以在总分类账户和明细分类账户之间增设必要的二级账户。二级账户是介于总分类账户和明细分类账户之间的账户，它所提供的资料比明细分类账户概括，比总分类账户详细。

（三）账户的基本结构

为了全面清晰地记录各项经济业务，每一个账户既要有明确的经济内容，又必须有一定的结构。各项经济业务引起的资金变动，不外乎是增加和减少这两种情况。因此，用来记录经济业务的账户在结构上也必须与记录这两种情况的需要相适应，分为两个部分。通常，我们将账户划分为左、右两方，至于账户左方、右方的称谓，则随采用的记账方法而异。在借贷记账法下，账户的左方称为借方，右方称为贷方。任何账户都分为借、贷两方，这就是账户的基本结构。这种基本结构如图2-1所示，称为“T”形账户。

借方　　账 户 名 称　　贷方

图 2-1　账户的基本结构

账户中登记本期增加和减少的金额，称为本期发生额，有本期增加额和本期减少额。增减相抵后的差额，称为余额，有期初余额和期末余额，本期的期末余额转入下期，就是下期的期初余额。其基本关系式如下：

期末余额＝期初余额＋本期增加额－本期减少额

在会计实务中，账户的具体格式是根据实际需要设置的，其格式多种多样，通常使用较多的是三栏式，如表2-5所示。

表 2-5

账户的具体格式(三栏式)

账户名称

日 期	凭证号数	摘要	借方金额	贷方金额	借或贷	余 额

表中:

(1) 账户名称:说明账户所反映的经济内容。

(2) 日期:说明经济业务发生的具体时间。

(3) 凭证号数:说明记账依据的编号。

(4) 摘要:说明经济业务的具体内容。

(5) 借方金额:说明增加或减少的金额。

(6) 贷方金额:说明增加或减少的金额。

(7) 借或贷:说明余额的方向。

(8) 余额:说明增减变动后的结果。

第三节 复 式 记 账

运用账户登记经济业务的方法称为记账方法。要把经济业务全面系统地登记到账户中去,将价值运动的来龙去脉清晰地反映出来,应当采用复式记账的方法。

一、复式记账的原理

复式记账是在设置账户以后,对每一笔经济业务,都用相等的金额在两个或两个以上相互联系的账户中同时登记的一种记账方法。通过复式记账,可以了解每笔经济业务的来龙去脉,便于检查账户记录的正确性。 的

复式记账是相对于单式记账而言的。所谓单式记账是一种简单的、不登记账方法。采用这种方法,对发生的每一笔经济业务一般只在一个账户存现记。例如,以现金 50 元购买企业行政管理部门的文具用品,记账中整,不能金"账户中作减少 50 元的记录。可见,在单式记账法下,账户的 检查账户全面反映价值运动的来龙去脉,账户记录也没有资金平衡的 看到,复式记记录的正确性和完整性。所以,这种记账方法极少采用账是在单式记账的基础上逐步发展和不断完善的。

每一笔经济业务的发生，都是价值运动的一个具体过程，价值运动有两个相互对应的方面，即“资金从何处来”和“资金到何处去”，这是一切价值运动所包含的内部矛盾性，只有把这两个方面同时加以记录，在两个或两个以上相互联系的账户中进行登记，才能把存在于价值运动中的这种内在矛盾如实地反映出来，把价值运动的来龙去脉反映清楚。况且，任何经济业务的发生，都不会破坏资金的平衡关系。因此，复式记账正是以同等金额对价值运动作双重登记，以符合这一平衡规律的。如上例，采用复式记账的方法，这笔经济业务既要在“库存现金”账户里作减少 50 元的记录，又要在“管理费用”账户里作增加 50 元的记录。

由于对每笔经济业务都以相等的金额进行双重登记，因而对记录的结果可以进行试算平衡，以检查账户的记录是否正确。这不仅体现了会计核算过程的严密性，而且显示了复式记账的科学性。所以，复式记账是一种较为完整的、系统的记账方法。

在我国会计实务中，曾经采用过的复式记账方法有三种：借贷记账法、增减记账法和收付记账法。它们在记账符号、账户结构、记账规则、试算平衡等方面都有所不同。这里，我们仅介绍目前在会计实务中统一采用的借贷记账法。

二、借贷记账法

（一）什么是借贷记账法

借贷记账法是以“借”和“贷”作为记账符号的一种复式记账法。它的产生原是为了适应中世纪意大利沿地中海一带城市日益活跃的借贷资本和商业资本经营管理者的需要。历史上人们很早就懂得记账了，但长期采用的记账方法都是单式记账法，直到借贷记账法的出现，使人们从全面、辨证的角度进行记账，才冲破了单式记账的局限，这无疑是对记账技术的一项重大改革。迄今为止，会计学家公认为科学的复式记账原理就是通过借贷记账法表现出来的，它是一种科学的记账方法，在世界各国会计实务中被广泛采用，目前已成为我国法定的记账方法。

（二）借贷记账法下的账户结构

在借贷记账法下，任何账户都包括借方和贷方这两个基本的组成部分，其中一用以登记金额的增加，另一方用以登记金额的减少。究竟哪一方登记金额的增是一方登记金额的减少，则要根据账户所反映的经济内容，即账户的性质来决下面分别说明各类账户的结构。

类账户的结构

计平衡户是用来核算企业各项资产增减变动及其结存情况的账户。由于会惯用借方列示的是资产，而账户的左方称为借方，所以长期以来，人们习增加额，而用贷方登记资产的减少额。又因为账户的余额一般是和增加额记在同一方向,所以,在一般情况下,资产类账户的余额在借方。资产类账户的结构如图 2-2 所示。

资 产 类 账 户

借方　　　　账 户 名 称	贷方
期初余额 资产增加额	资产减少额
本期发生额 期末余额	本期发生额

图 2-2　资产类账户的结构

资产类账户的余额可根据下列公式计算:

期末借方余额=期初借方余额+本期借方发生额-本期贷方发生额

2. 负债类账户的结构

负债类账户是用来核算企业各项负债增减变动及其结欠情况的账户。由于负债列示在会计平衡公式的右边,而账户的右方称为贷方,所以长期以来,人们习惯用贷方登记负债的增加额,而用借方登记负债的减少额。又因为账户的余额一般是和增加额记在同一方向,所以,在一般情况下,负债类账户的余额在贷方。负债类账户的结构如图 2-3 所示。

负 债 类 账 户

借方　　　　账 户 名 称	贷方
负债减少额	期初余额 负债增加额
本期发生额	本期发生额 期末余额

图 2-3　负债类账户的结构

负债类账户的余额可根据下列公式计算:

期末贷方余额=期初贷方余额+本期贷方发生额-本期借方发生额

3. 共同类账户的结构

在借贷记账法下,也可以设置既可以是资产,又可以是负债的共同类账户。这类账户的借方登记资产的增加额和负债的减少额,贷方登记资产的减少额和负债的增加额,其期末余额可能在借方,也可能在贷方,应根据期末余额的方向来确定其性质,如果是借方余额,就是资产类账户;如果是贷方余额,则是负债类账户。共同类账户的结构如图 2-4 所示。

共同类账户

借方	账户名称 贷方
期初余额	期初余额
资产增加额	资产减少额
负债减少额	负债增加额
本期发生额	本期发生额
期末余额	期末余额

图 2-4 共同类账户的结构

共同类账户的余额计算,可将上述资产类和负债类账户余额的两个计算公式结合起来灵活地加以运用。

4. 所有者权益类账户的结构

所有者权益类账户是用来核算企业各项所有者权益增减变动及其结余情况的账户。由于所有者权益和负债是一起列示在会计平衡公式的右边,因此,所有者权益类账户的结构与负债类账户的结构相同,即在所有者权益类账户中,贷方登记所有者权益的增加额,而用借方登记所有者权益的减少额。在一般情况下,所有者权益类账户的余额在贷方。所有者权益类账户的结构如图 2-5 所示。

所有者权益类账户

借方	账户名称 贷方
	期初余额
所有者权益减少额	所有者权益增加额
本期发生额	本期发生额
	期末余额

图 2-5 所有者权益类账户的结构

所有者权益类账户的余额可根据下列公式计算：

期末贷方余额＝期初贷方余额＋本期贷方发生额－本期借方发生额

5. 成本类账户的结构

成本类账户是用来核算企业各项成本发生情况的账户。企业在生产经营过程中发生的成本,实质上是一种资金占用的形态,所以,成本类账户与资产类账户性质相近,结构相似。在成本类账户中,借方登记成本的增加额,而用贷方登记成本的减少额或转销额。成本类账户期末一般无余额,但有些成本类账户期末可能有余额,如有余额,一般为借方余额,表示资金占用额。成本类账户的结构如图 2-6 所示。

成本类账户

借方　　　　账户名称　　　　贷方

借方	贷方
期初余额 成本增加额	成本减少额或转销额
本期发生额 期末余额	本期发生额

图 2-6 成本类账户的结构

成本类账户的余额可根据下列公式计算：

期末借方余额＝期初借方余额＋本期借方发生额－本期贷方发生额

6. 损益类账户的结构

损益类账户具体可以划分为收入类账户和费用类账户。

收入类账户是用来核算企业各项收入取得情况的账户。企业取得的收入，会导致所有者权益增加，这就决定了收入类账户和所有者权益类账户的结构相似。在收入类账户中，贷方登记收入的增加额，而用借方登记收入的减少额或转销额。收入类账户期末转销后应无余额。收入类账户的结构如图 2-7 所示。

收入类账户

借方　　　　账户名称　　　　贷方

借方	贷方
收入减少额或转销额	收入增加额
本期发生额	本期发生额

图 2-7 收入类账户的结构

费用类账户是用来核算企业各项费用、支出发生情况的账户。企业在生产经营过程中发生的费用、支出，实质上也是一种资金占用的形态，所以，费用类账户和成本类账户性质相近，结构相似。在费用类账户中，借方登记费用、支出的增加额，而用贷方登记费用、支出的减少额或转销额。费用类账户期末转销后应无余额。费用类账户的结构如图 2-8 所示。

费用类账户

借方　　　　账户名称　　　　贷方

借方	贷方
费用、支出增加额	费用、支出减少额或转销额
本期发生额	本期发生额

图 2-8 费用类账户的结构

为了便于掌握和使用不同的账户，在借贷记账法下，可将上述六类账户的结构概括如下：资产类、成本类、费用类账户借方登记增加额，贷方登记减少额或转销额，期末如有余额，一般为借方余额；负债类、所有者权益类、收入类账户贷方登记增加额，借方登记减少额或转销额，期末如有余额，一般为贷方余额。如图 2-9 所示。

借方 账户名称	贷方
期初余额	期初余额
资产增加额	资产减少额
成本、费用增加额	成本、费用减少额或转销额
负债、所有者权益减少额	负债、所有者权益增加额
收入减少额或转销额	收入增加额
本期发生额	本期发生额
期末余额	期末余额

图 2-9 六类账户的结构(综合)

各类账户的余额计算可总结为下列两个公式：

期末借方余额＝期初借方余额＋本期借方发生额－本期贷方发生额

期末贷方余额＝期初贷方余额＋本期贷方发生额－本期借方发生额

（三）借贷记账法的记账规则

在借贷记账法下，借和贷是一对同时出现的记账符号，在记录一笔经济业务时，同时出现的借方和贷方金额必然相等。因此，每笔经济业务发生后，应正确确定对应账户，以相等的金额，同时记入一个或几个账户的借方和另一个或几个账户的贷方，有借必有贷，借贷必相等。

前面我们列举了 A 企业 2008 年 4 月份发生的四笔经济业务，说明价值运动的四种类型，现仍用这四笔经济业务进一步说明怎样用借贷记账法记账。

【例 2-1】 从银行存款提取现金 300 元备用。

这项经济业务的发生，库存现金增加了 300 元。"库存现金"账户属于资产类账户，应在"库存现金"账户的借方登记 300 元。同时银行存款减少了 300 元，"银行存款"账户也属于资产类账户，应在"银行存款"账户的贷方登记 300 元。

【例 2-2】 开出银行承兑汇票一张，面值 30 000 元，期限为 2 个月，偿还欠乙单位的货款。

这项经济业务的发生，应付账款减少了 30 000 元，"应付账款"账户属于负债类账户,应在"应付账款"账户的借方登记 30 000 元,同时应付票据增加了 30 000 元,"应付票据"账户也属于负债类账户,应在"应付票据"账户的贷方登记 30 000 元。

【例 2-3】 吸收投资者投入设备一台,价值 500 000 元,设备已交付生产车间使用,假定不考虑其他因素。

这项经济业务的发生,固定资产增加了 500 000 元,"固定资产"账户属于资产类账户,应在"固定资产"账户的借方登记 500 000 元。同时实收资本也增加了 500 000元,"实收资本"账户属于所有者权益类账户,应在"实收资本"账户的贷方登记500 000元。

【例 2-4】 以银行存款偿还短期借款 100 000 元。

这项经济业务的发生,短期借款减少了 100 000 元,"短期借款"账户属于负债类账户,应在"短期借款"账户的借方登记 100 000 元;同时银行存款也减少了 100 000元,"银行存款"账户属于资产类账户,应在"银行存款"账户的贷方登记 100 000元。

由此可以归纳出借贷记账法的记账规则为:"有借必有贷,借贷必相等",借贷记账法的记账规则既简单明了,又科学严密。

(四) 借贷记账法下账户的对应关系和会计分录

1. 账户的对应关系

采用借贷记账法在账户中登记经济业务,有关账户之间就存在着一种应借应贷的相互关系,账户之间的这种相互依存的关系,称为账户的对应关系。如在[例 2-1]中,"库存现金"账户和"银行存款"账户这两个账户被联系在一起发生了对应关系。这两个账户的对应关系,不仅使我们知道库存现金增加了 300 元,而且知道了增加的来路;不仅使我们知道了银行存款减少了 300 元,而且知道了减少的去向;这种既相互联系、又相互对立的辩证关系,体现了价值运动的来龙去脉。

2. 对应账户

存在着对应关系的账户,称为对应账户。如在[例 2-1]中,"库存现金"账户的对应账户是"银行存款"账户,"银行存款"账户的对应账户是"库存现金"账户,通过账户的对应关系,我们可以清楚地了解每一笔经济业务的具体内容。

为了清晰地反映账户的对应关系,保证账户记录的正确性,我们在把经济业务记入账户之前,应先在记账凭证上编制会计分录,把账户之间的这种对应关系确定下来。

3. 会计分录

会计分录是确定每笔经济业务应登记的账户、方向(借方或贷方)和金额的记录。编制会计分录可以反映每笔经济业务的全貌,作为记入有关账户的依据。

会计分录是在分析了每笔经济业务所应涉及的账户,以及应在账户中登记的增加或减少金额以后编制出来的。

根据上述四笔经济业务，用借贷记账法编制会计分录如下：

(1) 借：库存现金　　300
　　贷：银行存款　　300

(2) 借：应付账款　　30 000
　　贷：应付票据　　30 000

(3) 借：固定资产　　500 000
　　贷：实收资本　　500 000

(4) 借：短期借款　　100 000
　　贷：银行存款　　100 000

会计分录有简单会计分录和复合会计分录两种。

简单会计分录是由一个账户的借方和另一个账户的贷方相对应组成的会计分录，即“一借一贷”。

如上述四笔会计分录都是简单会计分录。

复合会计分录主要是指由一个或几个账户的借方和另几个或一个账户的贷方相对应组成的会计分录，即“一借多贷”、“一贷多借”两种。有时为了反映一笔复杂经济业务的全貌，也可以编制“多借多贷”的复合会计分录，但是，不能将不相干的经济业务硬拼凑到一起编制多借多贷的会计分录。否则，会使账户之间的对应关系含糊不清，不能如实、确切地说明价值运动的实际情况，给了解经济业务的内容带来困难。价值运动的来龙去脉也很难辨别清楚。在实际工作中，我们既要简化手续，更要保证质量。

现用 A 企业 2008 年 4 月份发生的以下两笔经济业务，举例说明复合会计分录的编制。

【例 2-5】 通过银行结算，收到前欠货款 1 000 元和其他应收款 200 元。

根据上述经济业务，可编制“一借多贷”的复合会计分录如下：

(5) 借：银行存款　　1 200
　　贷：应收账款　　1 000
　　　　其他应收款　　200

【例 2-6】 以银行存款 3 200 元，偿还前欠某公司的货款 3 000 元和其他应付款 200 元。

根据上述经济业务，可编制“一贷多借”的复合会计分录如下：

(6) 借：应付账款　　3 000
　　　　其他应付款　　200
　　贷：银行存款　　3 200

复合会计分录是由以上反映同类经济业务的简单会计分录合并而成的，如此例的复合会计分录是由下列两个简单会计分录组成的：

① 借：应付账款　　3 000
　　贷：银行存款　　3 000
② 借：其他应付款　　200
　　贷：银行存款　　200

（五）借贷记账法下的试算平衡

我们将经济业务编制成会计分录以后，即应记入有关账户，这一步骤通常称为“过账”，将全部经济业务登记入账后，期末可结出每一个账户的本期发生额和期末余额。

上述A企业2008年4月份各总分类账户的记录如图2-10所示。

库存现金

借方		贷方	
期初余额	1 000		
①	300		
本期发生额	300	本期发生额	0
期末余额	1 300		

银行存款

借方		贷方	
期初余额	200 000	①	300
⑤	1 200	④	100 000
		⑥	3 200
本期发生额	1 200	本期发生额	103 500
期末余额	97 700		

应收账款

借方		贷方	
期初余额	20 000	⑤	1 000
本期发生额	0	本期发生额	1 000
期末余额	19 000		

其他应收款

借方		贷方	
期初余额	400	⑤	200
本期发生额	0	本期发生额	200
期末余额	200		

原材料

借方		贷方	
期初余额	185 000		
本期发生额	0	本期发生额	0
期末余额	185 000		

库存商品

借方		贷方	
期初余额	269 000		
本期发生额	0	本期发生额	0
期末余额	269 000		

固定资产

借方		贷方	
期初余额	1 360 000		
③	500 000		
本期发生额	500 000	本期发生额	0
期末余额	1 860 000		

短期借款

借方		贷方	
④	100 000	期初余额	150 000
本期发生额	100 000	本期发生额	0
		期末余额	50 000

（续上）

借方　　应付票据　　贷方

借方		贷方	
		期初余额	24 000
		②	30 000
本期发生额	0	本期发生额	30 000
		期末余额	54 000

借方　　应付账款　　贷方

借方		贷方	
②	30 000	期初余额	50 100
⑥	3 000		
本期发生额	33 000	本期发生额	0
		期末余额	17 100

借方　　其他应付款　　贷方

借方		贷方	
⑥	200	期初余额	300
本期发生额	200	本期发生额	0
		期末余额	100

借方　　实收资本　　贷方

借方		贷方	
		期初余额	1 811 000
		③	500 000
本期发生额	0	本期发生额	500 000
		期末余额	2 311 000

图 2-10　A 企业 2008 年 4 月份各总分类账户的记录

这里我们为了简要地说明问题，假设该企业 2008 年 4 月份只发生了六笔经济业务。事实上，每个单位发生的经济业务是非常频繁的，账户记录是否正确，将影响整个记账工作的正确性。怎样检查账户记录的正确性呢？这就要进行试算平衡。

所谓试算平衡，就是根据资金平衡关系来检查各类账户的记录是否正确。在借贷记账法下，借方和贷方必然相等的这种平衡关系，不仅体现在每一笔会计分录中，而且也体现在全部账户的记录中。在全部账户的记录中，这种平衡关系主要包括以下两个方面：

(1) 全部账户的借方发生额合计＝全部账户的贷方发生额合计。

(2) 全部账户的借方余额合计＝全部账户的贷方余额合计。

这种平衡关系具有一目了然的特点，人们把它誉为自动平衡，以表示对借贷记账法严密性的肯定。根据上述两方面的平衡关系，可以采用发生额试算平衡和余额试算平衡的方法来检查账户记录的正确性。在实际工作中，可以通过编制试算平衡表来进行试算平衡。试算平衡表是根据各个总分类账户的资料编制的。将各个账户的期初余额、本期发生额和期末余额依次填入试算平衡表中，如果表中三大金额栏的借、贷方合计都各自相等，说明账户记录基本正确。下面根据 A 企业 2008 年 4 月份总分类账户的记录，编制总分类账户本期发生额及余额试算平衡表，如表 2-6 所示。

表 2-6

总分类账户本期发生额及余额试算平衡表

2008 年 4 月 30 日　　单位：元

账户名称	期初余额		本期发生额		期末余额	
	借　方	贷　方	借　方	贷　方	借　方	贷　方
库存现金	1 000		300		1 300	
银行存款	200 000		1 200	103 500	97 700	
应收账款	20 000			1 000	19 000	
其他应收款	400			200	200	
原材料	185 000				185 000	
库存商品	269 000				269 000	
固定资产	1 360 000		500 000		1 860 000	
短期借款		150 000	100 000			50 000
应付票据		24 000		30 000		54 000
应付账款		50 100	33 000			17 100
其他应付款		300	200			100
实收资本		1 811 000		500 000		2 311 000
总　　计	2 035 400	2 035 400	634 700	634 700	2 432 200	2 432 200

表中，三大金额栏的借方合计分别等于贷方合计，表明本例的账户记录基本正确。

这里必须指出，试算平衡表如果借贷平衡，只能说明记账工作基本上是正确的。因为有些错误并不影响借贷双方的平衡，例如，某笔经济业务全部漏记或重记；某笔经济业务记错了账户，借、贷记账方向颠倒等错误，并不能通过试算平衡来发现。因此，只根据试算平衡的结果，并不足以说明账簿的记录没有错误。但试算平衡表如果借贷不平衡，则记账工作中肯定出了差错，应及时检查更正。

第四节　总分类账户和明细分类账户的平行登记

由于总分类账户与其所属的明细分类账户存在统驭和被统驭的关系，两者结合起来，既概括又详细地反映同一经济业务的核算内容，因此，在会计实务中，总分类账户与其所属的明细分类账户的登记必须采用平行登记的方法。

总分类账户与明细分类账户的平行登记是指对所发生的每笔经济业务都要以会计凭证为依据，一方面记入有关的总分类账户，另一方面记入有关总分类账户所属明细分类账户的方法。它要求做到所依据的会计凭证相同，记账方向相同，所属会计期间相同，记入总分类账户的金额与记入其所属明细分类账户的金额合计相等。

一、所依据的会计凭证相同

对发生的经济业务，都要以相关的会计凭证为依据，既要在有关的总分类账户中进行登记，又要在其所属的明细分类账户中进行登记。

二、记账方向相同

将经济业务记入总分类账户与其所属的明细分类账户时，其记账方向必须相同，即：在总分类账户中将金额记入借方，在其所属的明细分类账户中将金额也必须记入借方；在总分类账户中将金额记入贷方，在其所属的明细分类账户中将金额也必须记入贷方。

三、所属会计期间相同

对每笔经济业务在记入总分类账户与其所属的明细分类账户的过程中，在时间上可以有先有后，但必须在同一会计期间内记入总分类账户与其所属的明细分类账户。

四、记入总分类账户的金额与记入其所属明细分类账户的金额合计相等

登记总分类账户与其所属的明细分类账户时，记入总分类账户的金额必须与记入其所属的若干个明细分类账户的金额合计相等。

下面以“应收账款”账户为例，简要说明总分类账户与明细分类账户平行登记的方法。

【例 2-7】 某企业 2008 年 6 月初“应收账款”总分类账户的借方余额为 150 000元，其中：甲企业前欠货款 60 000 元，乙企业前欠货款 40 000 元，丙企业前欠货款 20 000 元，丁企业前欠货款 30 000 元。

假定该企业 6 月份发生以下经济业务：

(1) 6 月 10 日，收到甲企业归还前欠货款 30 000 元，存入银行。

应编制的会计分录为：

借：银行存款　　30 000
　贷：应收账款——甲企业　　30 000

(2) 6月20日，收到丙企业签发的不带息商业承兑汇票一张，面值20 000元，期限为3个月，抵付前欠货款。

应编制的会计分录为：

借：应收票据　　20 000
　贷：应收账款——丙企业　　20 000

将上述月初余额及每笔会计分录中的有关发生额分别记入"应收账款"总分类账户及其所属的明细分类账户，就可以分别结出各账户的本月发生额和月末余额（该企业采用记账凭证账务处理程序，根据记账凭证逐笔登记总分类账，详见第八章）。

"应收账款"总分类账户及其所属的明细分类账户的记录如表2-7～2-11所示。

表2-7

总分类账户

账户名称：应收账款　　第　页

2008年		凭证号数	摘　　要	借方	贷　方	借或贷	余　额
月	日						
6	1		月初余额			借	150 000
	10	(1)	收回欠款		30 000	借	120 000
	20	(2)	收到商业承兑汇票		20 000	借	100 000
	30		本月发生额及月末余额		50 000	借	100 000

表2-8

明细分类账户

账户名称：应收账款——甲企业　　第　页

2008年		凭证号数	摘　　要	借方	贷　方	借或贷	余　额
月	日						
6	1		月初余额			借	60 000
	10	(1)	收回欠款		30 000	借	30 000
	30		本月发生额及月末余额		30 000	借	30 000

表 2-9

明细分类账户

账户名称：应收账款——乙企业　　　　　　　　　　　　　　　　　　第　页

2008年 月	日	凭证号数	摘　要	借方	贷　方	借或贷	余　额
6	1		月初余额			借	40 000
	30		本月发生额及月末余额			借	40 000

表 2-10

明细分类账户

账户名称：应收账款——丙企业　　　　　　　　　　　　　　　　　　第　页

2008年 月	日	凭证号数	摘　要	借方	贷　方	借或贷	余　额
6	1		月初余额			借	20 000
	20	(2)	收到商业承兑汇票		20 000	—	平
	30		本月发生额及月末余额		20 000	—	平

表 2-11

明细分类账户

账户名称：应收账款——丁企业　　　　　　　　　　　　　　　　　　第　页

2008年 月	日	凭证号数	摘　要	借方	贷　方	借或贷	余　额
6	1		月初余额			借	30 000
	30		本月发生额及月末余额			借	30 000

可见，由于对“应收账款”总分类账户与其所属的明细分类账户进行了平行登记，其结果必然是：

“应收账款”总分类账户的期初余额等于其所属明细分类账户的期初余额之和。

“应收账款”总分类账户的本期发生额等于其所属明细分类账户的本期发生额之和。

“应收账款”总分类账户的期末余额等于其所属明细分类账户的期末余额之和。如表 2-12 所示。

表 2-12

应收账款明细分类账户本期发生额和余额表

2008 年 6 月 30 日 单位：元

明细分类账户名称	期初余额		本期发生额		期末余额	
	借 方	贷 方	借 方	贷 方	借 方	贷 方
甲企业	60 000			30 000	30 000	
乙企业	40 000				40 000	
丙企业	20 000			20 000	0	
丁企业	30 000				30 000	
合 计	150 000			50 000	100 000	

由此，我们可以总结出总分类账户与其所属的明细分类账户平行登记的结果，用以下两个公式来表示：

(1) 某个总分类账户的本期发生额＝其所属明细分类账户的本期发生额之和

(2) 某个总分类账户的期初或期末余额＝其所属明细分类账户的期初或期末余额之和

在会计实务中，可以利用平行登记体现出来的这种相等关系，来检查总分类账户及其所属明细分类账户的记录是否正确。

本章小结

会计对象是指能够用货币表现的经济活动，可称为价值运动。会计要素是针对会计对象进行的基本分类，是会计对象的具体化。企业应当按照交易或者事项的经济特征确定会计要素。会计要素包括资产、负债、所有者权益、收入、费用和利润，它们之间有着密切的内在联系。

本章首先阐明设置账户和复式记账的理论依据；在此基础上，重点介绍设置会计科目和账户的方法、复式记账的原理、借贷记账法的特点及其具体运用；最后简要说明总分类账户和明细分类账户的平行登记。

复习思考题

1. 反映企业价值运动静态情形的会计要素有哪些？并分别进行简要说明。
2. 反映企业价值运动动态情形的会计要素有哪些？并分别进行简要说明。
3. 用会计等式说明各会计要素之间的内在联系。
4. 什么是会计科目？会计科目如何分类？
5. 什么是借贷记账法？其特点主要表现在哪些方面？

6. 什么是总分类账户与明细分类账户的平行登记？为什么要进行平行登记？

习　题

一、单项选择题

1. 在借贷记账法下，下列在账户借方登记的是(　　)。
A. 费用的增加　　B. 收入的增加
C. 费用的减少　　D. 所有者权益的增加
2. 会计科目和账户之间的区别在于(　　)。
A. 记录资产和权益的增减变动情况不同
B. 记录资产和负债的结果不同
C. 反映的经济内容不同
D. 账户有结构而会计科目无结构
3. 下列各项中，不属于所有者权益会计要素的是(　　)。
A. 实收资本　　B. 债权人权益
C. 任意盈余公积　　D. 法定盈余公积
4. 下列各项中，会使企业资产减少的是(　　)。
A. 从银行取得短期借款　　B. 用银行存款偿还应付账款
C. 以银行存款购买原材料　　D. 接受投资者投入固定资产
5. 下列各项中，符合收入会计要素定义的是(　　)。
A. 出售材料收入　　B. 出售无形资产收益
C. 转让固定资产收益　　D. 向购货方收取的增值税销项税额
6. 企业资产扣除负债后由所有者享有的剩余权益称为(　　)。
A. 实收资本　　B. 资本公积
C. 留存收益　　D. 所有者权益
7. 下列经济业务中，不影响资产总额的有(　　)。
A. 向银行借入长期借款 20 万元
B. 从银行提取现金 500 元
C. 以银行存款 3 万元偿付应付账款
D. 以银行存款 10 万元归还短期借款
8. 下列各项中，不符合资产会计要素定义的是(　　)。
A. 委托代销商品　　B. 委托加工物资
C. 待处理财产损失　　D. 尚待加工的半成品

9. 设置账户的依据是(　　)。

A. 会计对象　B. 会计要素

C. 会计科目　D. 价值运动

10. 下列说法中,关于损失的正确说法有(　　)。

A. 损失是指由企业非日常活动所发生的、会导致所有者权益减少的、与向所有者分配利润无关的经济利益的流出

B. 损失是指由企业日常活动所发生的、会导致所有者权益减少的、与向所有者分配利润无关的经济利益的流出

C. 损失只能计入所有者权益项目,不能计入当期损益

D. 损失只能计入当期损益,不能计入所有者权益项目

二、多项选择题

1. 下列各项中,属于反映企业财务状况的会计要素有(　　)。

A. 资产　B. 负债

C. 所有者权益　D. 收入

2. 下列各项中,属于会计等式的有(　　)。

A. 资产＝负债＋所有者权益

B. 收入－费用＝利润

C. 全部账户借方发生额合计＝全部账户贷方发生额合计

D. 期末余额＝期初余额＋本期增加额－本期减少额

3. 企业日常活动中取得的收入包括(　　)。

A. 销售商品收入　B. 提供劳务收入

C. 让渡资产使用权收入　D. 处置固定资产所取得的价款

4. 下列各项中,不能作为企业收入确认的有(　　)。

A. 企业代收的增值税

B. 企业代收的消费税

C. 旅行社代客购买机票收取的票款

D. 提供工业性作业收入

5. 下列各项中,属于所有者权益会计要素的有(　　)。

A. 资本公积　B. 未分配利润

C. 盈余公积　D. 投资收益

6. 下列各项中,属于留存收益的有(　　)。

A. 法定盈余公积　B. 任意盈余公积

C. 资本公积　D. 未分配利润

7. 在借贷记账法下,下列账户借方登记本期减少额的有(　　)。

A. 资产类账户　　B. 负债类账户

C. 收入类账户　　D. 费用类账户

8. 下列公式中,正确的有(　　)。

A. 资产类账户的期末借方余额=期初借方余额+本期借方发生额-本期贷方发生额

B. 资产类账户的期末借方余额=期初借方余额+本期贷方发生额-本期借方发生额

C. 权益类账户的期末贷方余额=期初贷方余额+本期借方发生额-本期贷方发生额

D. 权益类账户的期末贷方余额=期初贷方余额+本期贷方发生额-本期借方发生额

9. 运用平行登记的方法登记总账和明细账时,必须做到(　　)。

A. 所依据的会计凭证相同

B. 记账方向相同

C. 所属会计期间相同

D. 记入总分类账户的金额与记入其所属明细分类账户的金额合计相等

10. 在借贷记账法下,下列账户贷方登记本期增加额的有(　　)。

A. 预付账款　　B. 实收资本

C. 累计折旧　　D. 坏账准备

11. 下列各项中,属于期间费用的是(　　)。

A. 销售费用　　B. 制造费用

C. 管理费用　　D. 财务费用

12. 下列各项中,符合费用会计要素定义的有(　　)。

A. 企业专设的销售机构的固定资产折旧费

B. 处置无形资产净损失

C. 自然灾害损失

D. 董事会费

三、判断题

1. 利得是指企业非日常活动所形成的、会导致所有者权益增加的、与所有者投入资本无关的经济利益的流入,利得不应计入当期损益。　　(　　)

2. 负债是指企业过去的交易或者事项形成的、预期会导致经济利益流出企业的现时义务。　　(　　)

3. 收入一定表现为企业资产的增加。（　）

4. 利得和损失一定会影响当期损益。（　）

5. 留存收益来源于企业的生产经营活动所实现的净利润。（　）

6. 所有者权益是指企业投资人对企业资产的所有权。（　）

7. 借贷记账法既是世界通用的记账方法,又是目前我国法定的记账方法。（　）

8. 采用借贷记账法在账户中登记经济业务,有关账户之间就存在着一种应借应贷的相互关系,账户之间的这种相互依存的关系,称为账户的对应关系。（　）

9. 在试算平衡表中,只要实现了期初余额、本期发生额和期末余额三栏的平衡关系,就说明账户记录完全正确。（　）

10. 企业只能使用国家统一的会计制度规定的会计科目,不得自行增减或合并。（　）

11. 所有者权益在数量上等于企业全部资产减去全部权益后的余额。（　）

12. 利润是企业在日常活动中取得的经营成果,因此,它不应包括企业在偶发事件中产生的利得和损失。（　）

四、业务题

（一）

1. 目的　练习资产、负债和所有者权益的平衡关系。

2. 资料　和达公司 2008 年 5 月份有关项目的期初余额如下：

银行存款	108 000 元	库存现金	2 520 元
原材料	275 580 元	库存商品	261 400 元
固定资产	642 500 元	短期借款	368 000 元
实收资本	950 000 元	应收账款	28 000 元

假定和达公司 2008 年 5 月份发生以下经济业务：

(1) 从银行提取 3 000 元现金备用。

(2) 收到外商投入资本 200 000 元,存入银行,假定不考虑其他因素。

(3) 收到长江公司交来的货款 8 000 元,存入银行,结清前欠货款。

(4) 用银行存款 50 000 元归还到期的短期借款。

3. 要求

(1) 确定月初资产、负债、所有者权益的数量关系。

(2) 确定月末资产、负债、所有者权益的数量关系。

（二）

1. 目的　练习运用借贷记账法编制会计分录，过账，结出账户的本期发生额和期末余额，编制试算平衡表进行试算平衡。

2. 资料　新兴公司 2007 年 12 月 31 日有关账户的余额如表 2-13 所示。

表 2-13　**新兴公司 2007 年 12 月 31 日有关账户的余额**

账户名称	借方余额	账户名称	贷方余额
库存现金	2 600	短期借款	100 000
银行存款	320 000	应付票据	70 000
应收票据	25 000	应付账款	108 530
应收账款	150 000	应交税费	62 350
坏账准备	−750	长期借款	400 000
其他应收款	9 080	实收资本	5 000 000
原材料	213 500	盈余公积	12 000
库存商品	364 350	利润分配(未分配利润)	108 000
固定资产	5 686 000		
累计折旧	−908 900		
合　计	5 860 880	合　计	5 860 880

注：表中"坏账准备"、"累计折旧"账户为贷方余额。

假定该公司 2008 年 1 月份发生以下经济业务：

(1) 从银行提取现金 500 元。

(2) 用银行存款偿还前欠 B 公司货款 20 000 元。

(3) 从银行借入长期借款 500 000 元。

(4) 用银行存款归还短期借款 100 000 元。

(5) 以现金支付企业行政管理人员王某预借差旅费 1 000 元。

(6) 收回 A 公司归还前欠货款 150 000 元，存入银行。

(7) 以银行存款交纳应交的城市维护建设税 5 800 元。

(8) 开出不带息银行承兑汇票一张，面值 35 100 元，期限为 2 个月，抵付前欠 C 公司货款。

(9) 用银行存款支付办公费 2 500 元，其中：企业行政管理部门 2 000 元，生产车间 500 元。

(10) 行政管理人员王某出差回来报销差旅费 800 元,找回现金 200 元。

(11) 收到投资者投入资本 100 000 元,存入银行,假定不考虑其他因素。

(12) 生产产品领用原材料 120 000 元。

3. 要求

(1) 开设有关总分类账户,登记月初余额。

(2) 根据上述经济业务,用借贷记账法编制会计分录,并据以登记各有关总分类账户。

(3) 结出各总分类账户的本月发生额和月末余额,并据以编制总分类账户本期发生额及余额试算平衡表。

(三)

1. 目的 练习总分类账户与明细分类账户的平行登记。

2. 资料 某企业 2008 年 3 月 1 日"原材料"账户借方余额为 280 000 元,其所属明细分类账户的账面余额如表 2-14 所示。

表 2-14

A、B 两种材料明细分类账户的月初账面余额

材料名称	计量单位	数量	单价(元/千克)	金额(元)
A材料	千克	4 000	50	200 000
B材料	千克	2 000	40	80 000
合计	—	6 000	—	280 000

"应付账款"账户贷方余额为 130 200 元,其中:"应付账款——甲公司"明细分类账户的贷方余额为 94 200 元,"应付账款——乙公司"明细分类账户的贷方余额为 36 000 元。

假定该企业 3 月份发生以下经济业务:

(1) 3 月 6 日,以银行存款偿还甲公司货款 24 000 元,偿还乙公司货款 20 000元。

(2) 3 月 25 日,开出不带息商业承兑汇票一张,面值 70 200 元,期限为 3 个月,抵付前欠甲公司货款。

(3) 3 月 31 日,本月仓库发出 A 材料 2 000 千克,单价 50 元/千克,金额 100 000元;发出 B 材料 1 500 千克,单价 40 元/千克,金额 60 000 元,均用于产品生产。

3. 要求

(1) 根据上述资料,运用借贷记账法编制会计分录,"原材料"和"应付账款"总分类账户均要求写出其所属的明细分类账户。

(2) 开设“原材料”和“应付账款”总分类账户及其所属的明细分类账户，填入月初余额；根据编制的会计分录，登记“原材料”和“应付账款”总分类账户及其所属的明细分类账户，并分别结出各账户的本月发生额和月末余额。

(3) 编制“原材料”和“应付账款”明细分类账户本期发生额和余额表，说明总分类账户与明细分类账户平行登记的结果。

第三章　工业企业主要交易和事项的会计处理

本章结构图

- 工业企业主要交易和事项的会计处理
  - 资金投入企业的核算
    - 账户设置
    - 主要交易和事项的会计处理
  - 供应过程的核算
    - 固定资产购置业务的核算
    - 材料采购业务的核算
  - 生产过程的核算和产品成本的计算
    - 账户设置
    - 主要交易和事项的会计处理
    - 产品生产成本的计算
  - 销售过程和财务成果的核算
    - 销售过程的核算
    - 财务成果的核算
  - 资金退出企业的核算
    - 交纳税费的核算
    - 向投资者支付利润的核算
    - 偿还债务的核算
  - 在会计处理中建立起来的账户体系
    - 盘存账户
    - 资本与借款账户
    - 结算账户
    - 调整账户
    - 待处理账户
    - 集合分配账户
    - 跨期摊配账户
    - 成本计算账户
    - 收入账户
    - 费用账户
    - 财务成果计算账户

本章学习目标

- 熟悉工业企业设置和运用的主要账户名称,掌握其性质、用途和结构
- 掌握对工业企业主要交易和事项进行会计处理时,运用借贷记账法编制会计分录
- 熟悉材料采购成本的计算
- 熟悉产品生产成本计算的要求和一般程序
- 熟悉在会计处理中建立起来的账户体系,了解账户按用途和结构的分类

工业企业是从事工业产品生产和销售的营利性经济组织。资本投入工业企业以后,运用在各类资产上,围绕供应、生产、销售三个阶段不停地循环周转。在有效的资本运营过程中,取得各种收入,将成本、费用进行足额补偿,以实现利润,并按规定对交纳所得税以后的净利润进行分配。

本章结合工业企业主要交易和事项的会计处理,进一步说明账户和借贷记账法的具体运用。

第一节 资金投入企业的核算

为了从事产品的生产和销售活动,企业必须拥有一定数额的资金,用于建造厂房、购买机器设备、购买原材料、支付职工薪酬、支付经营管理中必要的开支等。企业通过资本市场和企业内外的各种筹资渠道,运用适当的筹资方式筹措资金,满足企业生产经营活动的需要。资金来源的渠道和方式多种多样,其中,主要是投资者投入和从银行等金融机构借入。因此,资金投入企业的核算主要包括资本投入和银行借款的核算。

一、账户设置

为了进行资金投入企业的核算,企业应设置和运用以下主要账户。

(一)"实收资本"账户

"实收资本"账户核算企业接受投资者投入的资本。股份有限公司应将本账户

称为“股本”账户。

“实收资本”账户属于所有者权益类账户，它的贷方登记接受投资者投入的资本，借方登记归还投资者投入的资本，期末余额在贷方，反映企业实收资本总额。

“实收资本”账户可按投资者进行明细核算。

(二)“资本公积”账户

“资本公积”账户核算企业收到投资者出资额超过其在注册资本或股本中所占份额的部分。直接计入所有者权益的利得和损失，也通过本账户核算。

“资本公积”账户属于所有者权益类账户，它的贷方登记资本公积的增加，借方登记资本公积的减少，期末余额在贷方，反映企业的资本公积。

“资本公积”账户应当分别“资本溢价(股本溢价)”、“其他资本公积”进行明细核算。

(三)“短期借款”账户

“短期借款”账户核算企业向银行或其他金融机构等借入的期限在1年以下(含1年)的各种借款。

“短期借款”账户属于负债类账户，它的贷方登记借入的各种短期借款，借方登记偿还的短期借款，期末余额在贷方，反映企业尚未偿还的短期借款。

“短期借款”账户可按借款种类、贷款人和币种进行明细核算。

(四)“长期借款”账户

“长期借款”账户核算企业向银行或其他金融机构等借入的期限在1年以上(不含1年)的各种借款。

“长期借款”账户属于负债类账户，在不存在利息调整的情况下，它的贷方登记借入的各种长期借款，借方登记偿还的长期借款，期末余额在贷方，反映企业尚未偿还的长期借款。

“长期借款”账户可按贷款单位和贷款种类，分别“本金”、“利息调整”等进行明细核算。

二、主要交易和事项的会计处理

资金投入企业的主要经济业务有吸收投资者投入资本和从银行或其他金融机构取得借款等，现举例说明资金投入企业主要交易和事项的会计处理。

甲公司是工业企业，为增值税一般纳税人，适用的增值税税率为17%，所得税税率为25%，采用实际成本进行材料的日常核算。假定2008年1月份发生以下经济业务([例3-1～3-33])。

【例3-1】 公开发行普通股10 000 000股，每股面值1元，每股发行价格3元，发行收入已全部收到存入银行。发行费用300 000元，以银行存款支付。假定不考虑其他因素。

(1) 收到发行收入。

这项经济业务的发生,银行存款增加了30 000 000元,"银行存款"账户属于资产类账户,应在"银行存款"账户的借方登记30 000 000元。同时股本和资本公积——股本溢价分别增加了10 000 000元、20 000 000元,"股本"账户和"资本公积——股本溢价"账户都属于所有者权益类账户,应在"股本"账户和"资本公积——股本溢价"账户的贷方分别登记 10 000 000 元、20 000 000 元。应编制的会计分录为:

借: 银行存款　　30 000 000
　贷: 股本　　10 000 000
　　资本公积——股本溢价　　20 000 000

(2) 支付发行费用。

这项经济业务的发生,资本公积——股本溢价减少了 300 000 元,"资本公积——股本溢价"账户属于所有者权益类账户,应在"资本公积——股本溢价"账户的借方登记 300 000 元,同时银行存款减少了 300 000 元,"银行存款"账户属于资产类账户,应在"银行存款"账户的贷方登记 300 000 元。应编制的会计分录为:

借: 资本公积——股本溢价　　300 000
　贷: 银行存款　　300 000

【例 3-2】 从银行取得生产经营用借款 1 000 000 元,借款期限为 6 个月,月利率 0.4%,该项借款的本金到期后一次归还,利息分月预提,按季支付。借款已存入银行存款户。

这项经济业务的发生,银行存款增加了 1 000 000 元,"银行存款"账户属于资产类账户,应在"银行存款"账户的借方登记 1 000 000 元。同时短期借款也增加了 1 000 000元,"短期借款"账户属于负债类账户,应在"短期借款"账户的贷方登记 1 000 000元。应编制的会计分录为:

借: 银行存款　　1 000 000
　贷: 短期借款　　1 000 000

【例 3-3】 从银行取得借款 3 000 000 元,借款期限为 3 年,年利率为 8.4%,到期一次还本付息,借款已存入银行存款户。

这项经济业务的发生,银行存款增加了 3 000 000 元,"银行存款"账户属于资产类账户,应在"银行存款"账户的借方登记 3 000 000 元。同时长期借款也增加了 3 000 000元,"长期借款"账户属于负债类账户,应在"长期借款"账户的贷方登记

3 000 000元。应编制的会计分录为：

借：银行存款　　3 000 000

　贷：长期借款　　3 000 000

第二节　供应过程的核算

供应过程是生产的准备阶段。在供应过程中，企业购买机器设备等劳动资料形成固定资产，购买原材料等劳动对象形成储备资金，以保证生产的需要。供应过程的核算主要包括固定资产购置业务和材料采购业务的核算。

一、固定资产购置业务的核算

(一) 账户设置

为了进行固定资产购置业务的核算，确定固定资产原价，应设置和运用以下主要账户。

1. “固定资产”账户

“固定资产”账户核算企业持有的固定资产原价。

“固定资产”账户属于资产类账户，它的借方登记企业固定资产原价的增加，贷方登记企业固定资产原价的减少，期末余额在借方，反映企业固定资产的原价。

“固定资产”账户可按固定资产类别和项目进行明细核算。

2. “在建工程”账户

“在建工程”账户核算企业基建、更新改造等在建工程发生的支出。

“在建工程”账户属于资产类账户，它的借方登记企业基建、更新改造等在建工程发生的支出，贷方登记结转完工工程的成本，期末余额在借方，反映企业尚未达到预定可使用状态的在建工程的成本。

“在建工程”账户可按“建筑工程”、“安装工程”、“在安装设备”、“待摊支出”以及“单项工程”等进行明细核算。

(二) 主要交易和事项的会计处理

固定资产购置业务的核算主要包括为购置固定资产而发生的支出，确定固定资产的原价等内容。现举例说明有关固定资产购置业务主要交易和事项的会计处理。

【例 3-4】 甲公司购买不需安装的设备一台，取得的增值税专用发票上注明的货款为 2 300 000 元，增值税额为 391 000 元(假定不允许抵扣)，另支付运杂费 9 000元，款项通过银行支付，设备已投入使用。

这项经济业务的发生，固定资产增加了 2 700 000 元，“固定资产”账户属于资产类账户，应在“固定资产”账户的借方登记 2 700 000 元。同时银行存款减少了 2 700 000元，“银行存款”账户属于资产类账户，应在“银行存款”账户的贷方登记 2 700 000元。应编制的会计分录为：

借：固定资产　　2 700 000

　贷：银行存款　　2 700 000

【例 3-5】 甲公司购入需要安装的机器设备一台，取得的增值税专用发票上注明的货款为 200 000 元，增值税额为 34 000 元(假定不允许抵扣)，另支付运杂费 1 000元。安装设备时，支付安装费 1 600 元。款项均以银行存款支付。设备安装完毕达到预定可使用状态。

(1) 支付设备价款、增值税额、运杂费共 235 000 元。

这项经济业务的发生，在建工程增加了 235 000 元，“在建工程”账户属于资产类账户，应在“在建工程”账户的借方登记 235 000 元。同时银行存款减少了 235 000元，“银行存款”账户属于资产类账户，应在“银行存款”账户的贷方登记 235 000元。应编制的会计分录为：

借：在建工程　　235 000

　贷：银行存款　　235 000

(2) 支付安装费 1 600 元。

这项经济业务的发生，在建工程增加了 1 600 元，“在建工程”账户属于资产类账户，应在“在建工程”账户的借方登记 1 600 元。同时银行存款减少了 1 600 元，“银行存款”账户属于资产类账户，应在“银行存款”账户的贷方登记 1 600 元。应编制的会计分录为：

借：在建工程　　1 600

　贷：银行存款　　1 600

(3) 设备安装完毕达到预定可使用状态时，结转成本 236 600 元。

这项经济业务的发生，固定资产增加了 236 600 元，“固定资产”账户属于资产类账户，应在“固定资产”账户的借方登记236 600元。同时在建工程减少了236 600元，“在建工程”账户属于资产类账户，应在“在建工程”账户的贷方登记236 600元。应编制的会计分录为：

借：固定资产　　236 600

　贷：在建工程　　236 600

二、材料采购业务的核算

(一)账户设置

由于购买原材料等,企业要支付货款,发生各项采购费用,并与供应单位发生货款结算关系。为了进行材料采购业务的核算,确定材料采购成本,应设置和运用以下主要账户。

1. "在途物资"账户

"在途物资"账户核算企业采用实际成本进行材料、商品等物资的日常核算、货款已付尚未验收入库的在途物资的采购成本。

"在途物资"账户属于资产类账户,它的借方登记企业购入物资,货款已付,但尚未验收入库应计入物资采购成本的金额,贷方登记验收入库物资的实际成本,期末余额在借方,反映企业在途物资的采购成本。

"在途物资"账户可按供应单位和物资品种进行明细核算。

2. "原材料"账户

"原材料"账户核算企业库存的各种材料,包括原料及主要材料、辅助材料、外购半成品(外购件)、修理用备件(备品备件)、包装材料、燃料等的计划成本或实际成本。

"原材料"账户属于资产类账户,它的借方登记企业验收入库材料的计划成本或实际成本,贷方登记发出材料的计划成本或实际成本,期末余额在借方,反映企业库存材料的计划成本或实际成本。

"原材料"账户可按材料的保管地点(仓库)、材料的类别、品种和规格等进行明细核算。

3. "应付账款"账户

"应付账款"账户核算企业因购买材料、商品和接受劳务等经营活动应支付的款项。

"应付账款"账户属于负债类账户,它的贷方登记因购买材料、商品和接受劳务等经营活动而形成的应付账款,借方登记偿还的应付账款,期末余额一般在贷方,反映企业尚未支付的应付账款余额。期末如为借方余额,反映企业预付的账款。

"应付账款"账户可按债权人进行明细核算。

4. "应付票据"账户

"应付票据"账户核算企业购买材料、商品和接受劳务供应等开出、承兑的商业汇票,包括银行承兑汇票和商业承兑汇票。

"应付票据"账户属于负债类账户,它的贷方登记因购买材料、商品和接受劳务供应等开出、承兑的商业汇票,借方登记商业汇票到期偿还的款项,期末余额在贷方，反映企业尚未到期的商业汇票的票面金额。

“应付票据”账户可按债权人进行明细核算。

5. “应交税费”账户

“应交税费”账户核算企业按照税法等规定计算应交纳的各种税费，包括增值税、消费税、营业税、所得税、资源税、土地增值税、城市维护建设税、房产税、土地使用税、车船税、教育费附加、矿产资源补偿费等。企业代扣代交的个人所得税等，也通过本账户核算。

“应交税费”账户属于负债类账户，它的贷方登记应交纳的各种税费，借方登记实际交纳的各种税费，期末余额在贷方，反映企业尚未交纳的税费；期末如为借方余额，反映企业多交或尚未抵扣的税费。

“应交税费”账户可按应交的税费项目进行明细核算。“应交税费——应交增值税”还应分别设置“进项税额”、“销项税额”、“出口退税”、“进项税额转出”、“已交税金”等明细账专栏。

（二）主要交易和事项的会计处理

材料采购业务的核算主要包括采购材料、支付货款和材料采购费用，确定材料采购成本等内容。材料采购成本包括购买价款、相关税费、运输费、装卸费、保险费以及其他可归属于材料采购成本的费用。

现举例说明有关材料采购业务主要交易和事项的会计处理。

【例 3-6】 向长江公司购入 D 材料一批。取得的增值税专用发票上注明的货款为 1 250 000 元，增值税额为 212 500 元，款项已通过银行支付，D 材料尚未到达企业。

这项经济业务的发生，在途物资——D 材料增加了 1 250 000 元，“在途物资——D 材料”账户属于资产类账户，应在“在途物资——D 材料”账户的借方登记 1 250 000元。进项税额 212 500 元可以抵扣，“应交税费——应交增值税（进项税额）”账户属于负债类账户，应在“应交税费——应交增值税（进项税额）”账户的借方登记212 500元。同时银行存款减少了 1 462 500 元，“银行存款”账户属于资产类账户，应在“银行存款”账户的贷方登记 1 462 500 元。应编制的会计分录为：

借：在途物资——D 材料　　1 250 000
　　应交税费——应交增值税（进项税额）　　212 500
　贷：银行存款　　1 462 500

【例 3-7】 接[例 3-6]，D 材料已验收入库。

这项经济业务的发生，原材料——D 材料增加了 1 250 000 元，“原材料——D 材料”账户属于资产类账户，应在“原材料——D 材料”账户的借方登记 1 250 000 元。同时在途物资——D 材料减少了 1 250 000 元，“在途物资——D 材料”账户属于资产类账户，应在“在途物资——D材料”账户的贷方登记1 250 000元。应编制的会计分录为：

借：原材料——D材料　　1 250 000
　贷：在途物资——D材料　　1 250 000

【例3-8】 开出一张面值为1 848 600元，期限3个月的不带息商业汇票，用来向中华公司购入C材料一批。取得的增值税专用发票上注明的货款为1 580 000元，增值税额为268 600元，C材料已验收入库。

这项经济业务的发生，原材料——C材料增加了1 580 000元，“原材料——C材料”账户属于资产类账户，应在“原材料——C材料”账户的借方登记1 580 000元。进项税额268 600元可以抵扣，“应交税费——应交增值税（进项税额）”账户属于负债类账户，应在“应交税费——应交增值税（进项税额）”账户的借方登记268 600元。同时应付票据增加了1 848 600元，“应付票据”账户属于负债类账户，应在“应付票据”账户的贷方登记1 848 600元。应编制的会计分录为：

借：原材料——C材料　　1 580 000
　应交税费——应交增值税（进项税额）　　268 600
　贷：应付票据　　1 848 600

【例3-9】 向光明公司购入E材料一批，取得的增值税专用发票上注明的货款为500 000元，增值税额为85 000元，另光明公司代垫运杂费500元，E材料已验收入库，款项尚未支付。

这项经济业务的发生，原材料——E材料增加了500 500元，“原材料——E材料”账户属于资产类账户，应在“原材料——E材料”账户的借方登记500 500元。进项税额85 000元可以抵扣，“应交税费——应交增值税（进项税额）”账户属于负债类账户，应在“应交税费——应交增值税（进项税额）”账户的借方登记85 000元。同时应付账款——光明公司也增加了585 500元，“应付账款——光明公司”账户属于负债类账户，应在“应付账款——光明公司”账户的贷方登记585 500元。应编制的会计分录为：

借：原材料——E材料　　500 500
　应交税费——应交增值税（进项税额）　　85 000
　贷：应付账款——光明公司　　585 500

（三）材料采购成本的计算

材料采购成本的计算是将供应过程中所发生的材料的买价和有关采购费用，按一定种类和数量的材料进行归集和分配，确定该种材料的实际总成本和单位成本。

在归集采购费用时，凡能分清费用负担是为采购某种材料而发生的，应将其直接计入各该材料的采购成本。例如[例 3-9]中的运杂费 500 元就是为采购 E 材料而发生的，所以直接计入 E 材料的采购成本。凡不能分清费用负担，应由几种材料共同负担的间接费用，如为采购几种材料共同发生的运杂费等，应选择合理的分配标准，分配计入各该材料的采购成本。分配的标准可以视不同情况，选择按材料重量、体积或买价等比例进行分配。

【例 3-10】 向新华公司购入 F、G 两种材料，取得的增值税专用发票上注明的货款为 31 750 元，增值税额为 5 397.50 元，另支付运杂费 400 元，均以银行存款支付。有关详细的资料如表 3-1 所示。

表 3-1

购入 F、G 两种材料的有关资料

材料品种	重量(千克)	单价(元/千克)	买价(元)	运杂费(元)
F	550	25	13 750	400
G	450	40	18 000	
合　计	1 000		31 750	400

表 3-1 中买价不含增值税，F 材料和 G 材料均已验收入库。

甲公司支付的运杂费 400 元是为采购 F 材料和 G 材料而共同发生的，它属于间接费用，应按适当的比例在 F、G 两种材料之间进行分配，这里按重量比例分配如下：

分配率＝400÷(550＋450)＝0.4(元/千克)

F 材料应负担的运杂费＝0.4×550＝220(元)

G 材料应负担的运杂费＝0.4×450＝180(元)

编制材料采购成本计算表如表 3-2 所示。

表 3-2

材料采购成本计算表

单位：元

成本项目	F 材料(550 千克)		G 材料(450 千克)	
	总成本	单位成本	总成本	单位成本
买价	13 750	25	18 000	40
运杂费	220	0.4	180	0.4
采购成本	13 970	25.4	18 180	40.4

应编制的会计分录为：

借：原材料——F材料　13 970.00
　　　　——G材料　18 180.00
　　应交税费——应交增值税(进项税额)　5 397.50
　贷：银行存款　37 547.50

第三节　生产过程的核算和产品成本的计算

生产过程是工业企业经营过程的中心环节。在生产过程中，劳动者借助于劳动资料对劳动对象进行加工，制造出各种产品，因此，产品的生产过程，也就是物化劳动和活劳动的耗费过程，在这一过程中会发生消耗的原材料、辅助材料、燃料和动力费用，厂房和机器设备等固定资产的折旧费，人工费用，以及组织和管理生产、为生产服务而发生的各项生产费用，生产过程的核算就是要按一定种类和数量的产品归集和分配这些生产费用，以便计算产品的实际生产成本。

一、账户设置

为了进行生产费用的核算，确定产品的生产成本，在生产过程应设置和运用以下主要账户。

(一)“生产成本”账户

“生产成本”账户核算企业进行工业性生产发生的各项生产成本，包括生产各种产品(产成品、自制半成品等)、自制材料、自制工具、自制设备等。

“生产成本”账户属于成本类账户，它的借方登记企业生产产品发生的全部生产费用，贷方登记完工产品的实际生产成本，期末余额在借方，反映在产品的实际生产成本。

“生产成本”账户可按基本生产成本和辅助生产成本进行明细核算。基本生产成本应当分别按照基本生产车间和成本核算对象(产品的品种、类别、订单、批别、生产阶段等)设置明细账(或成本计算单)，并按照规定的成本项目设置专栏。

(二)“制造费用”账户

“制造费用”账户核算企业生产车间(部门)为生产产品和提供劳务而发生的各项间接费用。

“制造费用”账户属于成本类账户，它的借方登记企业生产车间为组织和管理生产所发生的各种费用，贷方登记结转生产产品和提供劳务应负担的制造费用，除季节性的生产性企业外，该账户期末应无余额。

“制造费用”账户可按不同的生产车间、部门和费用项目进行明细核算。

（三）“应付职工薪酬”账户

“应付职工薪酬”账户核算企业根据有关规定应付给职工的各种薪酬。

企业（外商）按规定从净利润中提取的职工奖励及福利基金，也在本账户核算。

“应付职工薪酬”账户属于负债类账户，它的贷方登记应付给职工的各种薪酬，借方登记实际支付给职工的各种薪酬，期末余额在贷方，反映企业应付未付的职工薪酬。

“应付职工薪酬”账户可按“工资”、“职工福利”、“社会保险费”、“住房公积金”、“工会经费”、“职工教育经费”、“非货币性福利”、“辞退福利”、“股份支付”等进行明细核算。

（四）“累计折旧”账户

“累计折旧”账户核算企业固定资产的累计折旧。

“累计折旧”账户属于资产类账户，它是“固定资产”账户的调整账户，它的贷方登记企业计提的固定资产折旧，借方登记企业处置固定资产转出的累计折旧，期末余额在贷方，反映固定资产的累计折旧额。

“累计折旧”账户可按固定资产的类别或项目进行明细核算。

（五）“库存商品”账户

“库存商品”账户核算企业库存的各种商品的实际成本（或进价）或计划成本（或售价），包括库存产成品、外购商品、存放在门市部准备出售的商品、发出展览的商品以及寄存在外的商品等。接受来料加工制造的代制品和为外单位加工修理的代修品，在制造和修理完成验收入库后，视同企业的产成品，也通过本账户核算。

“库存商品”账户属于资产类账户，它的借方登记企业验收入库的各种商品的实际成本（或进价）或计划成本（或售价），贷方登记发出的各种商品的实际成本（或进价）或计划成本（或售价），期末余额在借方，反映企业库存商品的实际成本（或进价）或计划成本（或售价）。

“库存商品”账户按库存商品的种类、品种和规格等进行明细核算。

除了需要设置和运用上述这些主要账户以外，还需要设置和运用一些其他账户，这些账户将在本章结合有关经济业务的核算陆续予以说明。

二、主要交易和事项的会计处理

生产过程的核算主要包括生产费用的发生、归集和分配以及产品成本的形成等内容。现举例说明生产过程主要交易和事项的会计处理。

【例 3-11】 从银行提取现金 1 410 000 元，准备发放职工工资。

这项经济业务的发生，使库存现金增加 1 410 000 元，“库存现金”账户属于资产类账户，应在“库存现金”账户的借方登记 1 410 000 元。同时银行存款减少了 1 410 000元，“银行存款”账户属于资产类账户，应在“银行存款”账户的贷方登记 1 410 000元。应编制的会计分录为：

借：库存现金	1 410 000	
贷：银行存款		1 410 000

【例 3-12】 以现金发放职工工资 1 410 000 元。

这项经济业务的发生，使应付职工薪酬——工资减少了 1 410 000 元，“应付职工薪酬——工资”账户属于负债类账户，应在“应付职工薪酬——工资”账户的借方登记 1 410 000 元。同时库存现金也减少了 1 410 000 元，“库存现金”账户属于资产类账户，应在“库存现金”账户的贷方登记 1 410 000 元。应编制的会计分录为：

借：应付职工薪酬——工资	1 410 000	
贷：库存现金		1 410 000

【例 3-13】 月末计提固定资产折旧 509 000 元，其中：基本生产车间固定资产折旧 465 000 元，行政管理部门固定资产折旧 34 000 元，销售部门固定资产折旧 10 000元。

这项经济业务的发生，制造费用增加了 465 000 元，“制造费用”账户属于成本类账户，应在“制造费用”账户的借方登记 465 000 元，管理费用和销售费用分别增加了 34 000 元、10 000 元，“管理费用”账户和“销售费用”账户属于损益类账户中的费用类账户，应在“管理费用”账户和“销售费用”账户的借方分别登记 34 000 元、10 000 元。同时累计折旧增加了 509 000 元，“累计折旧”账户是“固定资产”账户的调整账户，采取抵减的方式调整，所以应在“累计折旧”账户的贷方登记 509 000元。应编制的会计分录为：

借：制造费用	465 000	
管理费用	34 000	
销售费用	10 000	
贷：累计折旧		509 000

【例 3-14】 月末根据“发料凭证汇总表”的记录，原材料消耗 2 771 500 元，其中：基本生产车间生产 A 产品领用 C 材料 1 550 000 元，生产 B 产品领用 D 材料 1 200 000元，车间管理部门领用 E 材料 20 000 元，企业行政管理部门领用 E 材料 1 500元。

这项经济业务的发生，生产成本——基本生产成本——A 产品和生产成本——基本生产成本——B 产品分别增加了 1 550 000 元、1 200 000 元，制造费用增加了 20 000 元,“生产成本——基本生产成本——A 产品”账户、“生产成本——基本生产成本——B 产品”账户和“制造费用”账户都属于成本类账户,应分别在这三个账户的借方登记 1 550 000 元、1 200 000 元和 20 000 元,管理费用增加了 1 500 元,“管理费用”账户属于损益类账户中的费用类账户,应在“管理费用”账户的借方登记 1 500 元。同时原材料——C 材料、原材料——D 材料和原材料——E 材料分别减少了 1 550 000 元、1 200 000 元和 21 500 元,“原材料——C 材料”账户、“原材料——D 材料”账户和“原材料——E 材料”账户属于资产类账户,应在“原材料——C 材料”账户、“原材料——D 材料”账户和“原材料——E 材料”账户的贷方分别登记 1 550 000 元、1 200 000 元和 21 500 元。应编制的会计分录为:

借:生产成本——基本生产成本——A 产品	1 550 000	
生产成本——基本生产成本——B 产品	1 200 000	
制造费用	20 000	
管理费用	1 500	
贷:原材料——C 材料		1 550 000
——D 材料		1 200 000
——E 材料		21 500

【例 3-15】 月末根据“工资费用分配表”的记录,应付职工工资 1 410 000 元,其中:A 产品生产工人工资 820 000 元,B 产品生产工人工资 435 250 元,车间管理人员工资 15 000 元,企业行政管理人员工资 70 000 元,销售人员工资 69 750 元。

这项经济业务的发生,生产成本——基本生产成本——A 产品和生产成本——基本生产成本——B 产品分别增加了 820 000 元、435 250 元,制造费用增加了 15 000 元,“生产成本——基本生产成本——A 产品”账户、“生产成本——基本生产成本——B 产品”账户和“制造费用”账户都属于成本类账户,应分别在这三个账户的借方登记 820 000 元、435 250 元和 15 000 元,管理费用和销售费用分别增加了 70 000 元、69 750 元,“管理费用”账户和“销售费用”账户属于损益类账户中的费用类账户,应在“管理费用”账户和“销售费用”账户的借方分别登记 70 000 元、69 750 元。同时应付职工薪酬——工资增加了 1 410 000 元,“应付职工薪酬——工资”账户属于负债类账户,应在“应付职工薪酬——工资”账户的贷方登记 1 410 000元。应编制的会计分录为:

借:生产成本——基本生产成本——A 产品	820 000
生产成本——基本生产成本——B 产品	435 250
制造费用	15 000
管理费用	70 000
销售费用	69 750
贷:应付职工薪酬——工资	1 410 000

【例 3-16】　本月应向社会保险经办机构交纳职工基本养老保险费共计 197 400元(在实际工作中,该数额应按国家规定的标准计提),根据职工提供服务的受益对象计入相关资产成本或当期损益,其中:A 产品生产工人基本养老保险费114 800元,B产品生产工人基本养老保险费 60 935 元,车间管理人员基本养老保险费 2 100 元,企业行政管理人员基本养老保险费 9 800 元,销售人员基本养老保险费 9 765 元。

这项经济业务的发生,生产成本——基本生产成本——A 产品和生产成本——基本生产成本——B 产品分别增加了 114 800 元、60 935 元,制造费用增加了 2 100 元,“生产成本——基本生产成本——A 产品”账户、“生产成本——基本生产成本——B 产品”账户和“制造费用”账户都属于成本类账户,应分别在这三个账户的借方登记 114 800 元、60 935 元和 2 100 元,管理费用和销售费用分别增加了 9 800 元、9 765 元,“管理费用”账户和“销售费用”账户属于损益类账户中的费用类账户,应在“管理费用”账户和“销售费用”账户的借方分别登记9 800元、9 765 元。同时应付职工薪酬——社会保险费(基本养老保险)增加了 197 400 元,“应付职工薪酬——社会保险费(基本养老保险)”账户属于负债类账户,应在“应付职工薪酬——社会保险费(基本养老保险)”账户的贷方登记 197 400 元。应编制的会计分录为:

借:生产成本——基本生产成本——A 产品	114 800	
生产成本——基本生产成本——B 产品	60 935	
制造费用	2 100	
管理费用	9 800	
销售费用	9 765	
贷:应付职工薪酬——社会保险费(基本养老保险)		197 400

(说明:因解除与职工的劳动关系给予的补偿,借记“管理费用”账户,贷记“应付职工薪酬——辞退福利”账户;其他应付职工薪酬根据受益对象计入相关资产成本或当期损益的会计处理,比照[例 3-16]进行。为简化起见,这里不再举例)

【例 3-17】　本月基本生产车间发生的制造费用共计 502 100 元(为简化起见,本节对其他制造费用的发生,未举例说明其会计处理)由生产的 A 产品和 B 产品负担。(按生产工人工资比例进行分配,分配方法见本节三“产品生产成本的计算”。)

这项经济业务的发生,生产成本——基本生产成本——A 产品和生产成本——基本生产成本——B 产品分别增加了 328 000 元、174 100 元,“生产成本——基本生产成本——A 产品”账户和“生产成本——基本生产成本——B 产品”账户属于成本类账户，应在“生产成本——基本生产成本——A 产品”账户和“生产成本——基本生产成本——B 产品”账户的借方分别登记 328 000 元、174 100元，同时制造费用减少了 502 100 元，“制造费用”账户属于成本类账户，应在“制造费用”账户的贷方登记 502 100 元。应编制的会计分录为：

借：生产成本——基本生产成本——A 产品　　328 000
　　生产成本——基本生产成本——B 产品　　174 100
　贷：制造费用　　502 100

【例 3-18】 A 产品本月制造完工 100 台，已验收入库。实际成本为 2 812 800 元，予以结转。

假定月初 A 产品、B 产品均无在产品，A 产品本月投产，本月全部完工，B 产品本月投产，本月均未完工。该产品实际成本计算的方法见本节三“产品生产成本的计算”。

这项经济业务的发生，库存商品——A 产品增加了 2 812 800 元，“库存商品——A 产品”账户属于资产类账户，应在“库存商品——A 产品”账户的借方登记 2 812 800 元，同时生产成本——基本生产成本——A 产品减少了 2 812 800 元，“生产成本——基本生产成本——A 产品”账户属于成本类账户，应在“生产成本——基本生产成本——A 产品”账户的贷方登记 2 812 800 元。应编制的会计分录为：

借：库存商品——A 产品　　2 812 800
　贷：生产成本——基本生产成本——A 产品　　2 812 800

三、产品生产成本的计算

产品生产成本的计算是将在生产过程中所发生的各种生产费用，按一定种类和数量的产品进行归集和分配，确定该种产品的实际总成本和单位成本。

（一）产品生产成本计算的要求

在产品成本计算工作中，应该遵循以下各项要求。

1. 符合成本管理的需要

成本计算是成本管理的基础，正确进行成本计算，对于加强成本管理，提高经济效益具有重要意义。企业进行成本计算，首先要根据国家有关的法规和制度，以及企业的成本计划和消耗定额，对企业的各项费用进行审核和控制。为此，要对费用的发生情况，以及费用脱离计划或定额的差异进行日常的核算和分析，并及时进行反馈，制止浪费或损失的发生。制定的定额或计划不符合实际情况的，要及时进行修订。成本计算应当符合成本管理的需要，为加强成本管理提供必要的数据。

2. 正确划分费用和成本的界限

费用按照功能分类，分为从事经营业务发生的成本、管理费用、销售费用、财务费用等。就工业企业而言,不应乱挤成本或少计成本。只有用于产品生产的材料费用、人工费用和制造费用等,才应计入生产费用,并将生产费用按照一定的成本计算对象进行归集和分配,据以计算产品生产成本。由于产品销售、组织和管理生产经营活动和筹集生产经营资金而发生的费用,应该分别归集为销售费用、管理费用和财务费用,直接计入当期损益。

3. 贯彻权责发生制

为了按月考核生产费用和产品成本,企业应贯彻权责发生制,正确划分生产费用的归属期,由各期产品成本合理负担生产费用。凡是应由本期产品成本负担的费用,不论是否支付,都应计入本期产品成本;凡不应由本期产品成本负担的费用,即使已经支付,也不能计入本期产品成本。

4. 正确确定财产物资的计价和价值结转的方法

企业财产物资的计价和价值结转的方法,对产品生产成本的计算会产生直接的影响。例如,固定资产原价的确定以及折旧方法的选择,材料采购成本的确定以及发出材料成本计算方法的选择等。为了正确计算产品生产成本,财产物资的计价和价值结转的方法应既合理又简便。国家有统一规定的,应采用国家统一规定的方法。要防止任意改变财产物资的计价和价值结转的方法,人为调节成本高低的错误做法。

5. 做好成本计算的基础工作

为了进行生产费用的审核和控制,正确计算产品生产成本,还必须做好以下各项基础工作:

(1) 定额的制定和修订。产品的消耗定额是审核和控制耗费的标准,也是编制成本计划、分析和考核成本水平的依据。制定和修订各种消耗定额,是搞好成本计算的前提。

应该根据企业当前设备条件和技术水平,制定既先进又合理的原材料、燃料动力和工时等各项消耗定额,并据以审核各项耗费是否合理和节约,控制各项耗费,降低成本费用。

(2) 材料物资的计量、收发、领退和盘点。为了正确进行成本计算,还必须建立和健全材料物资的计量、收发、领退和盘点制度,材料物资的收发、领退,在产品、半成品的内部转移和产成品的入库等,均应填制相应的凭证,办理一定的审批手续,并经过计量和验收,防止任意领用和转移。库存的材料,半成品和产成品,以及车间的在产品和半成品,均应按照规定进行盘点、清查,防止丢失、积压、损坏变质和被贪污盗窃。

(3) 原始记录。对于生产过程中材料、燃料动力和工时耗费,在产品和半成品的内部转移,以及产品质量的检验结果等,均应作出真实、完整的原始记录,应该制定既符合各方面管理需要，又符合成本计算要求，科学易行的原始记录制度，并且组织有关人员认真做好各种原始记录的登记、审核、传递和保管工作，以便正确、及时地为成本计算和其他有关方面提供所需的原始资料。

(4) 厂内计划价格的制定和修订。在计划管理基础较好的企业中，为了分清企业内部各单位的经济责任，便于分析和考核内部各单位成本计划的完成情况，还应对材料、半成品和厂内各车间相互提供的劳务(如修理、运输等)制定厂内的计划价格，作为内部结算和考核的依据。

6. 适应生产特点和管理要求，采用适当的成本计算方法

产品成本是在生产过程中形成的，因此，应根据本企业的生产特点和管理要求，选择成本计算的具体方法。适应各种类型生产的特点和与之相联系的管理要求，可以分别采用的基本方法有品种法、分批法和分步法。

(二) 产品生产成本计算的一般程序

1. 按成本计算对象开设产品成本明细账，账内按成本项目设立专栏

一般以产品品种作为成本计算对象开设产品成本明细账，采用多栏式账页，账内按直接材料、直接人工、制造费用等成本项目设立专栏。

2. 登记生产成本明细账，将计入本期的生产费用在各种产品之间进行分配和归集

生产费用的分配和归集应贯彻受益原则，即发生的生产费用应按照各个成本计算对象有无受益和受益程度大小来负担。具体地说，只与某种产品有关，能够直接计入该种产品成本的生产费用，应该直接计入该种产品的生产成本明细账；对于与几种产品有关，不能直接计入某种产品成本的生产费用，则应采用适当的分配方法，分配计入这几种产品的生产成本明细账。

3. 月末将计入某种产品的生产费用在完工产品和月末在产品之间进行分配，计算完工产品成本，编制产品生产成本计算表

月末计算产品成本时，如果某种产品都已完工，该种产品成本明细账中归集的生产费用，就是这种产品的完工产品成本；如果某种产品都未完工，该种产品成本明细账中归集的生产费用，就是这种产品的月末在产品成本；如果某种产品既有完工产品又有在产品，应将月初在产品成本与本月生产费用之和，采用适当的分配方法，在本月完工产品和月末在产品之间进行分配，计算出该种完工产品和月末在产品的成本。月初在产品成本、本月生产费用、本月完工产品成本和月末在产品成本四者之间的关系，可以用下列公式来表示：

月初在产品成本＋本月生产费用＝本月完工产品成本＋月末在产品成本

下面沿用前例说明生产成本计算的一般方法。

从[例 3-14]、[例 3-15]和[例 3-16]提供的资料中可以看出，生产产品消耗的材料和生产工人的工资等职工薪酬是直接费用，可以直接计入 A 产品和 B 产品的生产成本。而[例 3-13]、[例 3-14]、[例 3-15]和[例 3-16]基本生产车间发生的制造费用是应由 A 产品和 B 产品共同负担的间接费用，应选择合理的分配标准，分配计入 A 产品和 B 产品的生产成本，分配的标准可以视不同情况，选择按生产工人工资、生产工人工时、机器工时等比例分配。

在[例 3-17]中，制造费用是按生产工人工资比例进行分配，具体分配方法如下：

分配率：502 100÷(820 000+435 250)=0.4

A 产品负担的制造费用：0.4×820 000=328 000(元)

B 产品负担的制造费用：0.4×435 250=174 100(元)

在[例 3-18]中，由于 A 产品本月投产，本月全部完工，所以，A 产品完工产品的总成本为：

1 550 000+820 000+114 800+328 000=2 812 800(元)

由于 B 产品本月投产，本月均未完工，所以，B 产品月末在产品的总成本为：

1 200 000+435 250+60 935+174 100=1 870 285(元)

根据[例 3-14]、[例 3-15]、[例 3-16]、[例 3-17]和[例 3-18]的会计分录，登记“生产成本”明细账如表 3-3 和表 3-4 所示。

表 3-3

“生产成本”明细账

产品品种：A 产品

2008年		凭证号	摘要	借方(成本项目)				贷方	借或贷	余额
月	日			直接材料	直接人工	制造费用	合计			
1	31	14	生产耗用材料	1 550 000			1 550 000		借	1 550 000
	31	15	生产工人工资		820 000		820 000		借	2 370 000
	31	16	生产工人社会保险费		114 800		114 800		借	2 484 800
	31	17	分配制造费用			328 000	328 000		借	2 812 800
	31	18	结转完工产品生产成本					2 812 800	平	—
	31		本月发生额和余额	1 550 000	934 800	328 000	2 812 800	2 812 800	平	—

表 3-4

“生产成本”明细账

产品品种：B产品

2008年		凭证号	摘要	借方(成本项目)				贷方	借或贷	余额
月	日			直接材料	直接人工	制造费用	合计			
1	31	14	生产耗用材料	1 200 000			1 200 000		借	1 200 000
	31	15	生产工人工资		435 250		435 250		借	1 635 250
	31	16	生产工人社会保险费		60 935		60 935			1 696 185
	31	17	分配制造费用			174 100	174 100		借	1 870 285
	31		本月发生额和余额	1 200 000	496 185	174 100	1 870 285		借	1 870 285

编制产品生产成本计算表，如表 3-5 所示。

表 3-5

产品生产成本计算表

单位：元

成本项目	A 产品	
	总成本(100 台)	单位成本
直接材料	1 550 000	15 500
直接人工	934 800	9 348
制造费用	328 000	3 280
产品生产成本	2 812 800	28 128

第四节　销售过程和财务成果的核算

销售过程是工业企业经营活动的第三阶段，也是最重要的阶段。在销售过程中，企业将生产的产品销售出去，收回货款，以补偿在产品上的资金耗费。在销售过程中，还会发生销售费用和相关税费等经济业务，并与购货单位发生货款结算关系。

企业在销售过程中取得的销售业务成果还不是企业经营活动的最终成果，因为企业在经营活动中，还会发生一些其他业务收入、其他业务成本、管理费用、财务费用、资产减值损失、公允价值变动损益、投资收益、营业外收入和营业外支出等，在企业销售业务成果的基础上，考虑这些收支项目的影响，才能得到企业经营活动的最终成果，即财务成果，也就是企业实现利润或者发生亏损。

一、销售过程的核算

为了进行销售收入、销售成本、销售费用和相关税费的核算，确定销售业务成果，在销售过程应设置和运用以下主要账户。

（一）账户设置

1.“主营业务收入”账户

“主营业务收入”账户核算企业确认的销售商品、提供劳务等主营业务的收入。

“主营业务收入”账户属于损益类账户中的收入类账户，它的贷方登记企业确认的销售商品、提供劳务等主营业务的收入，借方登记期末结转“本年利润”账户的主营业务收入，结转后该账户无余额。

“主营业务收入”账户可按主营业务的种类进行明细核算。

2.“主营业务成本”账户

“主营业务成本”账户核算企业确认的销售商品、提供劳务等主营业务收入时应结转的成本。

“主营业务成本”账户属于损益类账户中的费用类账户，它的借方登记企业确认的销售商品、提供劳务等主营业务收入时应结转的成本，贷方登记期末结转“本年利润”账户的主营业务成本，结转后该账户无余额。

“主营业务成本”账户可按主营业务的种类进行明细核算。

3.“营业税金及附加”账户

“营业税金及附加”账户核算企业经营活动发生的营业税、消费税、城市维护建设税、资源税和教育费附加等相关税费。

“营业税金及附加”账户属于损益类账户中的费用类账户，它的借方登记企业经营活动所发生的相关税费，贷方登记期末结转“本年利润”账户的相关税费，结转后该账户无余额。

4.“销售费用”账户

“销售费用”账户核算企业销售商品和材料、提供劳务的过程中发生的各种费用，包括保险费、包装费、展览费和广告费、商品维修费、预计产品质量保证损失、运输费、装卸费等以及为销售本企业商品而专设的销售机构（含销售网点、售后服务网点等）的职工薪酬、业务费、折旧费等经营费用。企业发生的与专设销售机构相关的固定资产修理费用等后续支出，也在本账户核算。

“销售费用”账户属于损益类账户中的费用类账户，它的借方登记企业销售商品和材料、提供劳务的过程中发生的各种费用，贷方登记期末结转“本年利润”账户的销售费用，结转后该账户无余额。

“销售费用”账户可按费用项目进行明细核算。

5. “应收票据”账户

“应收票据”账户核算企业因销售商品、提供劳务等而收到的商业汇票，包括银行承兑汇票和商业承兑汇票。

“应收票据”账户属于资产类账户，它的借方登记因销售商品、提供劳务等而收到的商业汇票，贷方登记实际收到的商业汇票的票面金额，期末余额在借方，反映企业持有的商业汇票的票面金额。

“应收票据”账户可按开出、承兑商业汇票的单位进行明细核算。

6. “应收账款”账户

“应收账款”账户核算企业因销售商品、提供劳务等经营活动应收取的款项。

“应收账款”账户属于资产类账户，它的借方登记因销售商品、提供劳务等应收取的款项，贷方登记收回的应收账款，期末余额一般在借方，反映企业尚未收回的应收账款。期末如为贷方余额，反映企业预收的账款。

“应收账款”账户可按债务人进行明细核算。

（二）主要交易和事项的会计处理

销售过程的核算主要包括取得销售收入、发生销售费用、结转销售产品的成本以及计算相关税费等内容。现举例说明销售过程主要交易和事项的会计处理。

【例 3-19】 向乙公司销售 A 产品一批，开出的增值税专用发票上注明的售价为 3 911 750 元，增值税额为 664 997.50 元；收到乙公司开出的不带息银行承兑汇票一张，票面金额为 4 576 747.50 元。期限为 4 个月；该批商品已发出，甲公司以银行存款代垫运杂费 5 000 元。

这项经济业务的发生，应收票据和应收账款分别增加了 4 576 747.50 元、5 000元，“应收票据”账户和“应收账款”账户都属于资产类账户，应在“应收票据”账户和“应收账款”账户的借方分别登记 4 576 747.50 元、5 000 元，主营业务收入增加了 3 911 750 元，“主营业务收入”账户属于损益类账户中的收入类账户，应在“主营业务收入”账户的贷方登记 3 911 750 元。应交税费——应交增值税（销项税额）增加了 664 997.50 元，“应交税费——应交增值税（销项税额）”账户属于负债类账户，应在“应交税费——应交增值税（销项税额）”账户的贷方登记 664 997.50 元，银行存款减少了 5 000 元，“银行存款”账户属于资产类账户，应在“银行存款”

账户的贷方登记 5 000 元。应编制的会计分录为：

借：应收票据——乙公司	4 576 747.50	
应收账款——乙公司	5 000.00	
贷：主营业务收入		3 911 750.00
应交税费——应交增值税(销项税额)		664 997.50
银行存款		5 000.00

【例 3-20】 销售部门发生业务费 1 000 元，用银行存款支付。

这项经济业务的发生，销售费用增加了 1 000 元，“销售费用”账户属于损益类账户中的费用类账户，应在“销售费用”账户的借方登记 1 000 元，同时银行存款减少了 1 000 元，“银行存款”账户属于资产类账户，应在“银行存款”账户的贷方登记 1 000元。应编制的会计分录为：

借：销售费用	1 000	
贷：银行存款		1 000

【例 3-21】 用银行存款支付广告费 80 000 元。

这项经济业务的发生，销售费用增加了 80 000 元，“销售费用”账户属于损益类账户中的费用类账户，应在“销售费用”账户的借方登记 80 000 元，同时银行存款减少了 80 000 元，“银行存款”账户属于资产类账户，应在“银行存款”账户的贷方登记 80 000 元。应编制的会计分录为：

借：销售费用	80 000	
贷：银行存款		80 000

【例 3-22】 结转本月销售 A 产品的成本为 2 672 160 元。

这项经济业务的发生，主营业务成本增加了 2 672 160 元，“主营业务成本”账户属于损益类账户中的费用类账户，应在“主营业务成本”账户的借方登记 2 672 160元，同时库存商品——A 产品减少了 2 672 160 元，“库存商品——A 产品”账户属于资产类账户，应在“库存商品——A 产品”账户的贷方登记 2 672 160 元。应编制的会计分录为：

借：主营业务成本	2 672 160	
贷：库存商品——A 产品		2 672 160

【例 3-23】 计算本月销售产品应交纳的城市维护建设税 9 520 元。

这项经济业务的发生，营业税金及附加增加了 9 520 元，“营业税金及附加”账户属于损益类账户中的费用类账户，应在“营业税金及附加”账户的借方登记 9 520 元，同时应交税费——应交城市维护建设税增加了 9 520 元，“应交税费——应交城市维护建设税”账户属于负债类账户，应在“应交税费——应交城市维护建设税”账户的贷方登记 9 520 元。应编制的会计分录为：

借：营业税金及附加　　9 520
　贷：应交税费——应交城市维护建设税　　9 520

【例 3-24】 计算本月销售产品应交纳的教育费附加 4 080 元。

这项经济业务的发生，营业税金及附加增加了 4 080 元，“营业税金及附加”账户属于损益类账户中的费用类账户，应在“营业税金及附加”账户的借方登记 4 080 元，同时应交税费——应交教育费附加增加了 4 080 元，“应交税费——应交教育费附加”账户属于负债类账户，应在“应交税费——应交教育费附加”账户的贷方登记 4 080 元。应编制的会计分录为：

借：营业税金及附加　　4 080
　贷：应交税费——应交教育费附加　　4 080

这里需要说明的是，在实际工作中，城市维护建设税和教育费附加以当期应交的增值税、消费税、营业税的一定比例计算交纳。本章只涉及增值税，且按销售产品、材料应交的增值税为计税依据分别计算。

二、财务成果的核算

财务成果是企业经营活动的最终成果，即实现利润或者发生亏损。利润总额扣除所得税费用以后得到净利润，企业应按规定对净利润进行分配。

(一) 账户设置

为了进行利润的形成或亏损的发生以及利润分配或亏损弥补的核算，还应设置和运用以下主要账户。

1. “其他业务收入”账户

“其他业务收入”账户核算企业确认的除主营业务活动以外的其他经营活动实现的收入。

“其他业务收入”账户属于损益类账户中的收入类账户，它的贷方登记企业确认的除主营业务活动以外的其他经营活动实现的收入，借方登记期末结转“本年利润”账户的其他业务收入，结转后该账户无余额。

“其他业务收入”账户可按其他业务收入的种类进行明细核算。

2. “其他业务成本”账户

“其他业务成本”账户核算企业确认的除主营业务活动以外的其他经营活动所发生的支出，包括销售材料的成本、出租固定资产的折旧额、出租无形资产的摊销额、出租包装物的成本或摊销额等。

"其他业务成本"账户属于损益类账户中的费用类账户,它的借方登记企业确认的除主营业务活动以外的其他经营活动所发生的支出,贷方登记期末结转"本年利润"账户的其他业务成本,结转后该账户无余额。

"其他业务成本"账户可按其他业务成本的种类进行明细核算。

3. "管理费用"账户

"管理费用"账户核算企业为组织和管理企业生产经营所发生的管理费用,包括企业在筹建期间内发生的开办费、董事会和行政管理部门在企业的经营管理中发生的或者应由企业统一负担的公司经费、董事会费、聘请中介机构费、咨询费、诉讼费、业务招待费、房产税、车船税、土地使用税、印花税、技术转让费、矿产资源补偿费、研究费用、排污费等。

企业生产车间(部门)和行政管理部门等发生的固定资产修理费用等后续支出,也在本账户核算。

"管理费用"账户属于损益类账户中的费用类账户,它的借方登记企业为组织和管理企业生产经营所发生的各种管理费用,贷方登记期末结转"本年利润"账户的管理费用,结转后该账户无余额。

"管理费用"账户可按费用项目进行明细核算。

4. "财务费用"账户

"财务费用"账户核算企业为筹集生产经营所需资金等而发生的筹资费用,包括利息支出(减利息收入)、汇兑损益以及相关的手续费、企业发生的现金折扣或收到的现金折扣等。

"财务费用"账户属于损益类账户中的费用类账户,它的借方登记企业为筹集生产经营所需资金等而发生的各种筹资费用,贷方登记期末结转"本年利润"账户的财务费用,结转后该账户无余额。

"财务费用"账户可按费用项目进行明细核算。

5. "资产减值损失"账户

"资产减值损失"账户核算企业计提各项资产减值准备所形成的损失。

"资产减值损失"账户属于损益类账户中的费用类账户,它的借方登记企业的应收账款、存货、长期股权投资、持有至到期投资、固定资产、无形资产、在建工程、工程物资等资产发生减值应减记的金额,贷方登记期末结转"本年利润"账户的资产减值损失,结转后该账户无余额。

需要注意的是,如果企业计提坏账准备、存货跌价准备、持有至到期投资减值准备等,相关资产的价值又得以恢复的,应在原已计提的减值准备金额内,按恢复增加的金额,冲减资产减值损失。

"资产减值损失"账户可按资产减值损失的项目进行明细核算。

6. “坏账准备”账户

“坏账准备”账户核算企业应收款项的坏账准备。

“坏账准备”账户属于资产类账户，它是“应收账款”等账户的调整账户，它的贷方登记企业计提的坏账准备，借方登记企业转销的坏账准备，期末余额在贷方，反映企业已计提但尚未转销的坏账准备。

“坏账准备”账户可按应收款项的类别进行明细核算。

7. “公允价值变动损益”账户

“公允价值变动损益”账户核算企业交易性金融资产、交易性金融负债，以及采用公允价值模式计量的投资性房地产等公允价值变动形成的应计入当期损益的利得或损失。指定为以公允价值计量且其变动计入当期损益的金融资产或金融负债公允价值变动形成的应计入当期损益的利得或损失，也在本账户核算。

“公允价值变动损益”账户属于损益类账户。当企业确认公允价值变动收益时，它属于损益类账户中的收入类账户，贷方登记企业确认的公允价值变动收益，借方登记期末结转“本年利润”账户的公允价值变动收益；当企业确认公允价值变动损失时，它属于损益类账户中的费用类账户，借方登记企业确认的公允价值变动损失，贷方登记期末结转“本年利润”账户的公允价值变动损失。结转后该账户无余额。

需要注意的是，如果出售交易性金融资产和处置交易性金融负债时，应将原计入该金融资产和该金融负债的公允价值变动转出。采用公允价值模式计量的投资性房地产等形成的公允价值变动，按照“投资性房地产”等账户的相关规定进行处理。

“公允价值变动损益”账户可按交易性金融资产、交易性金融负债、投资性房地产等进行明细核算。

8. “投资收益”账户

“投资收益”账户核算企业确认的投资收益或投资损失。

“投资收益”账户属于损益类账户。当企业确认投资收益时，它属于损益类账户中的收入类账户，贷方登记企业确认的投资收益，借方登记期末结转“本年利润”账户的投资收益；当企业确认投资损失时，它属于损益类账户中的费用类账户，借方登记企业确认的投资损失，贷方登记期末结转“本年利润”账户的投资损失。结转后该账户无余额。

“投资收益”账户可按投资项目进行明细核算。

9. “营业外收入”账户

“营业外收入”账户核算企业发生的各项营业外收入，主要包括非流动资产处置利得、非货币性资产交换利得、债务重组利得、政府补助、盘盈利得、捐赠利得等。

"营业外收入"账户属于损益类账户中的收入类账户,它的贷方登记企业发生的各项营业外收入,借方登记期末结转"本年利润"账户的营业外收入,结转后该账户无余额。

"营业外收入"账户可按营业外收入项目进行明细核算。

10. "营业外支出"账户

"营业外支出"账户核算企业发生的各项营业外支出,主要包括非流动资产处置损失、非货币性资产交换损失、债务重组损失、公益性捐赠支出、非常损失、盘亏损失等。

"营业外支出"账户属于损益类账户中的费用类账户,它的借方登记企业发生的各项营业外支出,贷方登记期末结转"本年利润"账户的营业外支出,结转后该账户无余额。

"营业外支出"账户可按支出项目进行明细核算。

11. "所得税费用"账户

"所得税费用"账户核算企业确认的应从当期利润总额中扣除的所得税费用。

"所得税费用"账户属于损益类账户中的费用类账户,它的借方登记企业确认的应从当期利润总额中扣除的所得税费用,贷方登记期末结转"本年利润"账户的所得税费用,结转后该账户无余额。

"所得税费用"账户可按"当期所得税费用"、"递延所得税费用"进行明细核算。

12. "本年利润"账户

"本年利润"账户核算企业当期实现的净利润(或发生的净亏损)。

"本年利润"账户属于所有者权益类账户。期末,应将各损益类账户的余额转入本账户,即将损益类账户中各收入类账户的余额转入本账户的贷方,将损益类账户中各费用类账户的余额转入本账户的借方,结平各损益类账户。结转后本账户的贷方余额为当期实现的净利润;借方余额为当期发生的净亏损。

这里需要说明的是,在实际工作中,会计期末结转本年利润的方法有两种:表结法和账结法。

所谓表结法,各损益类账户每月月末只要计算出本月发生额和自年初起至本月止的累计余额,不结转"本年利润"账户,只是在年末一次将各损益类账户的余额结转"本年利润"账户,结转后各损益类账户年末无余额。因此,在表结法下,各月不能通过"本年利润"账户提供企业当月以及自年初起至本月止累计实现的利润或发生的亏损,而必须通过利润表计算反映企业各期的利润或亏损。

所谓账结法,各损益类账户每月月末计算出本月发生额和余额,都要将各损益类账户的余额结转"本年利润"账户。结转后各损益类账户月末无余额。因此,在账结法下,各月均可通过"本年利润"账户提供企业当月以及自年初起至本月止累计实现的利润或发生的亏损。

年度终了，应将本年实现的净利润或发生的净亏损转入“利润分配”账户，结转后本账户无余额。

13. “利润分配”账户

“利润分配”账户核算企业利润的分配（或亏损的弥补）和历年分配（或弥补）后的余额。

“利润分配”账户属于所有者权益类账户。它的贷方登记年度终了从“本年利润”账户转来的全年实现的净利润，借方登记净利润的分配数额，期末余额在贷方，反映尚未分配的利润。如果企业全年发生了净亏损，则借方登记年度终了从“本年利润”账户转来的全年发生的净亏损，贷方登记亏损的弥补数额，借方余额反映尚未弥补的亏损数额。

“利润分配”账户应当分别“提取法定盈余公积”、“提取任意盈余公积”、“应付现金股利或利润”、“转作股本的股利”、“盈余公积补亏”和“未分配利润”等进行明细核算。

14. “盈余公积”账户

“盈余公积”账户核算企业从净利润中提取的盈余公积。

“盈余公积”账户属于所有者权益类账户，其贷方登记按规定从净利润中提取的盈余公积，借方登记盈余公积的减少，期末余额在贷方，反映企业的盈余公积。

“盈余公积”账户应当分别“法定盈余公积”、“任意盈余公积”进行明细核算。外商投资企业还应分别“储备基金”、“企业发展基金”进行明细核算。中外合作经营在合作期间归还投资者的投资，应在本账户设置“利润归还投资”明细账户进行核算。

15. “应付股利”账户

“应付股利”账户核算企业分配的现金股利或利润。

“应付股利”账户属于负债类账户，它的贷方登记应支付的现金股利或利润，借方登记实际支付的现金股利或利润，期末余额在贷方，反映企业应付未付的现金股利或利润。

“应付股利”账户可按投资者进行明细核算。

（二）主要交易和事项的会计处理

财务成果的核算主要包括利润的形成或亏损的发生以及利润分配或亏损弥补等内容。在企业销售业务成果核算的基础上，现举例说明其他一些主要交易和事项的会计处理。

【例 3-25】 销售一批 E 材料，开出的增值税专用发票上注明的售价为300 000

元,增值税额为 51 000 元,款项尚未收到。

这项经济业务的发生,应收账款增加了 351 000 元,“应收账款”账户属于资产类账户,应在“应收账款”账户的借方登记 351 000 元。其他业务收入增加了300 000元,“其他业务收入”账户属于损益类账户中的收入类账户,应在“其他业务收入”账户的贷方登记 300 000 元。应交税费——应交增值税(销项税额)增加了51 000元,“应交税费——应交增值税(销项税额)”账户属于负债类账户,应在“应交税费——应交增值税(销项税额)”账户的贷方登记 51 000 元。应编制的会计分录为:

借:应收账款　　351 000
　贷:其他业务收入　　300 000
　　应交税费——应交增值税(销项税额)　　51 000

【例 3-26】 生产车间和行政管理部门发生固定资产修理费用 50 000 元,以银行存款支付。

这项经济业务的发生,管理费用增加了 50 000 元,“管理费用”账户属于损益类账户中的费用类账户,应在“管理费用”账户的借方登记 50 000 元,同时银行存款减少了 50 000 元,“银行存款”账户属于资产类账户,应在“银行存款”账户的贷方登记 50 000 元。应编制的会计分录为:

借:管理费用　　50 000
　贷:银行存款　　50 000

【例 3-27】 取得罚没收入 1 500 元,存入银行。

这项经济业务的发生,银行存款增加了 1 500 元,“银行存款”账户属于资产类账户,应在“银行存款”账户的借方登记 1 500 元。营业外收入增加了 1 500 元,“营业外收入”账户属于损益类账户中的收入类账户,应在“营业外收入”账户的贷方登记 1 500 元。应编制的会计分录为:

借:银行存款　　1 500
　贷:营业外收入　　1 500

【例 3-28】 发生公益性捐赠支出 400 元,以银行存款支付。

这项经济业务的发生,营业外支出增加了 400 元,“营业外支出”账户属于损益类账户中的费用类账户,应在“营业外支出”账户的借方登记 400 元,同时银行存款减少了 400 元,“银行存款”账户属于资产类账户,应在“银行存款”账户的贷方登记 400 元。应编制的会计分录为:

借:营业外支出　　400
　贷:银行存款　　400

【例 3-29】 预提当月短期借款应计利息 4 000 元。假定所有利息均不符合利息资本化条件。

这项经济业务的发生，财务费用增加了 4 000 元，“财务费用”账户属于损益类账户中的费用类账户，应在“财务费用”账户的借方登记 4 000 元，同时应付利息增加了 4 000 元，“应付利息”账户属于负债类账户，应在“应付利息”账户的贷方登记 4 000 元。应编制的会计分录为：

借：财务费用	4 000	
贷：应付利息		4 000

【例 3-30】 计提坏账准备 1 780 元。

这项经济业务的发生，资产减值损失——计提的坏账准备增加了 1 780 元，“资产减值损失——计提的坏账准备”账户属于损益类账户中的费用类账户，应在“资产减值损失——计提的坏账准备”账户的借方登记 1 780 元，同时坏账准备增加了 1 780 元，“坏账准备”账户是“应收账款”账户的调整账户，采取抵减的方式调整，所以应在“坏账准备”账户的贷方登记 1 780 元。应编制的会计分录为：

借：资产减值损失——计提的坏账准备	1 780	
贷：坏账准备		1 780

【例 3-31】 结转本月销售 E 材料的成本为 250 250 元。

这项经济业务的发生，其他业务成本增加了 250 250 元，“其他业务成本”账户属于损益类账户中的费用类账户，应在“其他业务成本”账户的借方登记 250 250 元，同时原材料——E 材料减少了 250 250 元，“原材料——E 材料”账户属于资产类账户，应在“原材料——E 材料”账户的贷方登记 250 250 元。应编制的会计分录为：

借：其他业务成本	250 250	
贷：原材料——E 材料		250 250

【例 3-32】 计算本月销售材料应交纳的城市维护建设税 595 元。

这项经济业务的发生，营业税金及附加增加了 595 元，“营业税金及附加”账户属于损益类账户中的费用类账户，应在“营业税金及附加”账户的借方登记 595 元，同时应交税费——应交城市维护建设税增加了 595 元，“应交税费——应交城市维护建设税”账户属于负债类账户，应在“应交税费——应交城市维护建设税”账户的贷方登记 595 元。应编制的会计分录为：

借：营业税金及附加	595	
贷：应交税费——应交城市维护建设税		595

【例 3-33】 计算本月销售材料应交纳的教育费附加 255 元。

这项经济业务的发生，营业税金及附加增加了 255 元，“营业税金及附加”账户属于损益类账户中的费用类账户，应在“营业税金及附加”账户的借方登记 255 元，同时应交税费——应交教育费附加增加了 255 元，“应交税费——应交教育费附加”账户属于负债类账户，应在“应交税费——应交教育费附加”账户的贷方登记 255 元。应编制的会计分录为：

借：营业税金及附加　　255

　贷：应交税费——应交教育费附加　　255

假定甲公司于 2008 年年度终了发生以下转账业务（[例 3-34～3-39]）。

【例 3-34】 将各损益类账户的年末余额结转“本年利润”账户。

甲公司 2008 年有关损益类账户的年末余额如表 3-6 所示。甲公司采用表结法，年末一次将各损益类账户的余额结转“本年利润”账户。

表 3-6

2008 年年末有关损益类账户结账前余额

单位：元

账户名称	借方余额	贷方余额
主营业务收入		12 000 000
主营业务成本	8 000 000	
其他业务收入		500 000
其他业务成本	380 000	
营业税金及附加	220 000	
销售费用	720 000	
管理费用	780 000	
财务费用	282 500	
资产减值损失	17 500	
营业外收入		400 000
营业外支出	240 000	

(1) 结平收入类账户：

这项经济业务的发生，应将“主营业务收入”、“其他业务收入”和“营业外收入”账户的贷方余额全部转入“本年利润”账户的贷方，“主营业务收入”、“其他业务收入”和“营业外收入”账户属于损益类账户中的收入类账户，转销额记在借方。应编制的会计分录为：

借：主营业务收入　　12 000 000
　　其他业务收入　　500 000
　　营业外收入　　400 000
　贷：本年利润　　12 900 000

(2) 结平费用类账户：

这项经济业务的发生，应将“主营业务成本”、“其他业务成本”、“营业税金及附加”、“销售费用”、“管理费用”、“财务费用”、“资产减值损失”和“营业外支出”账户的借方余额全部转入“本年利润”账户的借方，“主营业务成本”、“其他业务成本”、“营业税金及附加”、“销售费用”、“管理费用”、“财务费用”、“资产减值损失”和“营业外支出”账户属于损益类账户中的费用类账户，转销额记在贷方。应编制的会计分录为：

借：本年利润　　10 640 000
　贷：主营业务成本　　8 000 000
　　　其他业务成本　　380 000
　　　营业税金及附加　　220 000
　　　销售费用　　720 000
　　　管理费用　　780 000
　　　财务费用　　282 500
　　　资产减值损失　　17 500
　　　营业外支出　　240 000

2008 年度实现的利润总额＝12 900 000－10 640 000＝2 260 000(元)

【例 3-35】 按税法规定计算确定 2008 年度应交的所得税为 565 000 元。假设甲公司不存在纳税调整事项。

这项经济业务的发生，所得税费用——当期所得税费用增加了 565 000 元，“所得税费用——当期所得税费用”账户属于损益类账户中的费用类账户，应在“所得税费用——当期所得税费用”账户的借方登记 565 000 元，同时应交税费——应交所得税增加了 565 000 元，“应交税费——应交所得税”账户属于负债类账户，应在“应交税费——应交所得税”账户的贷方登记 565 000 元。应编制的会计分录为：

借：所得税费用——当期所得税费用　　565 000
　贷：应交税费——应交所得税　　565 000

【例 3-36】 将“所得税费用”账户的余额结转“本年利润”账户。

这项经济业务的发生，本年利润减少了 565 000 元，“本年利润”账户属于所有者权益类账户，应在“本年利润”账户的借方登记 565 000 元。同时所得税费用——当期所得税费用减少了 565 000 元，“所得税费用——当期所得税费用”账户属于损益类账户中的费用类账户，应在“所得税费用——当期所得税费用”账户的贷方登记565 000元。应编制的会计分录为：

借：本年利润 565 000
　贷：所得税费用——当期所得税费用 565 000

2008年度实现的净利润＝2 260 000－565 000＝1 695 000(元)

【例3-37】 将“本年利润”账户的余额结转“利润分配——未分配利润”账户。

这项经济业务的发生，本年利润减少了1 695 000元，“本年利润”账户属于所有者权益类账户，应在“本年利润”账户的借方登记1 695 000元。同时利润分配——未分配利润增加了1 695 000元，“利润分配——未分配利润”账户属于所有者权益类账户，应在“利润分配——未分配利润”账户的贷方登记1 695 000元。应编制的会计分录为：

借：本年利润 1 695 000
　贷：利润分配——未分配利润 1 695 000

(如果当年发生净亏损，则应借记“利润分配——未分配利润”账户，贷记“本年利润”账户)

【例3-38】 按照净利润的10%提取法定盈余公积。

这项经济业务的发生，利润分配——提取法定盈余公积减少了169 500元，“利润分配——提取法定盈余公积”账户属于所有者权益类账户，应在“利润分配——提取法定盈余公积”账户的借方登记169 500元。同时盈余公积——法定盈余公积增加了169 500元，“利润分配——提取法定盈余公积”账户属于所有者权益类账户，应在“利润分配——提取法定盈余公积”账户的贷方登记169 500元。应编制的会计分录为：

借：利润分配——提取法定盈余公积 169 500
　贷：盈余公积——法定盈余公积 169 500

【例3-39】 将“利润分配”账户所属其他明细账户的余额转入其所属的“未分配利润”明细账户。

这项经济业务的发生，利润分配——未分配利润减少了169 500元，“利润分配——未分配利润”账户属于所有者权益类账户，应在“利润分配——未分配利润”账户的借方登记169 500元。同时将“利润分配——提取法定盈余公积”账户的借方余额169 500元从该账户的贷方予以转销。应编制的会计分录为：

借：利润分配——未分配利润 169 500
　贷：利润分配——提取法定盈余公积 169 500

假定2008年年初未分配利润为3 000 000元，则年末未分配利润为：

3 000 000＋(1 695 000－169 500)＝4 525 500(元)

第五节　资金退出企业的核算

资金退出企业的主要经济业务有交纳税费、向投资者支付利润和偿还债务等，这部分资金离开本企业，退出本企业的循环和周转。其设置和运用的主要账户在前面已经涉及，这里仅举例说明资金退出企业主要交易和事项的会计处理。

假定甲公司于 2009 年 2 月份发生以下经济业务[例 3-40～3-45]。

一、交纳税费的核算

【例 3-40】 甲公司办理 2008 年度企业所得税汇算清缴，用银行存款交纳税款 245 800 元，结清应交税款。

这项经济业务的发生，应交税费——应交所得税减少了 245 800 元，“应交税费——应交所得税”账户属于负债类账户，应在“应交税费——应交所得税”账户的借方登记 245 800 元。同时银行存款也减少了 245 800 元，“银行存款”账户属于资产类账户，应在“银行存款”账户的贷方登记 245 800 元。应编制的会计分录为：

借：应交税费——应交所得税	245 800	
贷：银行存款		245 800

【例 3-41】 用银行存款交纳本月应交的增值税 102 000 元。

这项经济业务的发生，应交税费——应交增值税(已交税金)减少了 102 000 元，“应交税费——应交增值税(已交税金)”账户属于负债类账户，应在“应交税费——应交增值税(已交税金)”账户的借方登记 102 000 元。同时银行存款也减少了 102 000 元，“银行存款”账户属于资产类账户，应在“银行存款”账户的贷方登记 102 000 元。应编制的会计分录为：

借：应交税费——应交增值税(已交税金)	102 000	
贷：银行存款		102 000

二、向投资者支付利润的核算

【例 3-42】 经股东大会审议批准，决定分配 2008 年度投资者现金股利 300 000元，并已用银行存款支付。

(1) 经股东大会审议批准，决定分配 2008 年度投资者现金股利：

这项经济业务的发生，利润分配——应付现金股利减少了 300 000 元，“利润分配——应付现金股利”账户属于所有者权益类账户，应在“利润分配——应付现金股利”账户的借方登记 300 000 元。同时应付股利增加了 300 000 元，“应付股利”账户属于负债类账户，应在“应付股利”账户的贷方登记 300 000 元。应编制的会计分录为：

借：利润分配——应付现金股利　　300 000
　贷：应付股利　　300 000

(2) 用银行存款支付投资者现金股利：

这项经济业务的发生，应付股利减少了 300 000 元，“应付股利”账户属于负债类账户，应在“应付股利”账户的借方登记 300 000 元。同时银行存款也减少了 300 000元，“银行存款”账户属于资产类账户，应在“银行存款”账户的贷方登记 300 000元。应编制的会计分录为：

借：应付股利　　300 000
　贷：银行存款　　300 000

三、偿还债务的核算

【例 3-43】 用银行存款归还前欠 A 公司货款 120 000 元。

这项经济业务的发生，应付账款减少了 120 000 元，“应付账款”账户属于负债类账户，应在“应付账款”账户的借方登记120 000元。同时银行存款也减少了 120 000元，“银行存款”账户属于资产类账户，应在“银行存款”账户的贷方登记 120 000元。应编制的会计分录为：

借：应付账款——A 公司　　120 000
　贷：银行存款　　120 000

【例 3-44】 用银行存款归还短期借款 200 000 元。

这项经济业务的发生，短期借款减少了 200 000 元，“短期借款”账户属于负债类账户，应在“短期借款”账户的借方登记 200 000 元。同时银行存款也减少了 200 000元，“银行存款”账户属于资产类账户，应在“银行存款”账户的贷方登记 200 000元。应编制的会计分录为：

借：短期借款　　200 000
　贷：银行存款　　200 000

【例 3-45】 用银行存款归还长期借款 2 000 000 元。

这项经济业务的发生，长期借款减少了 2 000 000 元，“长期借款”账户属于负债类账户，应在“长期借款”账户的借方登记2 000 000元。同时银行存款也减少了 2 000 000元，“银行存款”账户属于资产类账户，应在“银行存款”账户的贷方登记 2 000 000元。应编制的会计分录为：

借：长期借款　　2 000 000
　贷：银行存款　　2 000 000

第六节　在会计处理中建立起来的账户体系

前面我们围绕工业企业生产经营活动的各个阶段，对工业企业发生的主要交易和事项进行了会计处理。不难看出，在会计处理中，必须设置和运用一系列账户，这些账户相互联系，构成了一个完整的账户体系，系统地反映了企业价值运动的全过程。为了全面认识账户体系在会计处理中的重要作用，我们有必要对账户按用途和结构进行分类研究，了解某个账户设置的用途是什么，它能够提供哪些会计信息，该账户的借方登记哪些内容，贷方登记哪些内容，余额一般在借方还是在贷方，反映什么内容，从而寻找账户设置和运用的规律，正确运用每一个账户，充分发挥账户体系的作用。

账户按用途和结构进行分类，一般可以分为以下 11 类。

一、盘存账户

盘存账户是用来核算和监督企业各项财产物资和货币资金增减变动及其结存情况的账户，如“固定资产”、“原材料”、“库存商品”、“库存现金”、“银行存款”等账户。盘存账户可以提供与财产物资和货币资金实存数进行核对的账户期末余额的数据；反之，账户的期末余额又可以通过财产清查的方法来确定其记录是否正确，并借助于财产清查来促使账实相符，保证会计信息真实可靠。

盘存账户在结构上的特点是：借方登记各项财产物资和货币资金的增加数，贷方登记各项财产物资和货币资金的减少数；期末余额在借方，反映期末各项财产物资和货币资金的结存数。

盘存账户的结构如图 3-1 所示。

盘存账户
账户名称

借方	贷方
期初余额——期初财产物资和货币资金的结存数	
本期发生额——本期财产物资和货币资金的增加数	本期发生额——本期财产物资和货币资金的减少数
期末余额——期末财产物资和货币资金的结存数	

图 3-1　盘存账户的结构

二、资本与借款账户

资本与借款账户是用来核算和监督企业各项主要资金来源的账户。如“实收资本”、“资本公积”、“短期借款”、“长期借款”等账户。这类账户能够提供企业各项资金来源的情况。

资本与借款账户在结构上的特点是：贷方登记资本与借款的增加数，借方登记资本与借款的减少数；期末余额在贷方，反映期末企业资本与借款的实有数。

资本与借款账户的结构如图 3-2 所示。

资本与借款账户

借方　账户名称	贷方
	期初余额——期初资本与借款的结存数
本期发生额——本期资本与借款的减少数	本期发生额——本期资本与借款的增加数
	期末余额——期末资本与借款的结存数

图 3-2　资本与借款账户的结构

三、结算账户

结算账户是用来核算和监督企业与其他单位或个人之间债权、债务结算情况的账户。按照结算的性质不同，又可分为债权结算账户、债务结算账户和债权债务结算账户三类。债权结算账户，如“应收票据”、“应收账款”、“其他应收款”等账户；债务结算账户，如“应付票据”、“应付账款”、“应付职工薪酬”、“应交税费”、“其他应付款”等账户；债权债务结算账户，如“清算资金往来”等账户。结算账户能够提供债权、债务变动的信息，促使企业及时催收应收款项和支付应付款项。

结算账户在结构上的特点是：

(1) 债权结算账户的借方登记债权的增加，贷方登记债权的减少，期末余额一般在借方，反映尚未收回的债权。

(2) 债务结算账户的贷方登记债务的增加，借方登记债务的减少，期末余额一般在贷方，反映尚未偿付的债务。

(3) 债权债务结算账户的借方登记债权的增加和债务的减少，贷方登记债权的减少和债务的增加，期末余额可能在借方，也可能在贷方，就总分类账户而言，期末借方余额反映债权大于债务的差额，期末贷方余额反映债务大于债权的差额。该类账户将债权和债务合并在一个账户中反映，固然能灵活地反映债权和债务的转化，但根据这种结构的总分类账户不能了解企业究竟分别有多少债权和债务，而必须借助于明细分类账户来真实反映企业债权和债务的实际数。因此，该类账户必须设置明细分类账户进行明细分类核算，明细分类账户的期末借方余额反映尚未收回的债权，明细分类账户的期末贷方余额反映尚未偿付的债务。

结算账户的结构如图 3-3～3-5 所示。

债权结算账户

借方　　　　账 户 名 称	贷方
期初余额——期初尚未收回的债权	
本期发生额——本期债权的增加数	本期发生额——本期债权的减少数
期末余额——期末尚未收回的债权	

图 3-3　债权结算账户的结构

债务结算账户

借方　　　　账 户 名 称	贷方
	期初余额——期初尚未清偿的债务
本期发生额——本期债务的减少数	本期发生额——本期债务的增加数
	期末余额——期末尚未清偿的债务

图 3-4　债务结算账户的结构

债权债务结算账户

借方　　　　账 户 名 称	贷方
期初余额——期初债权大于债务的差额	期初余额——期初债务大于债权的差额
本期发生额——本期债权的增加数 本期债务的减少数	本期发生额——本期债权的减少数 本期债务的增加数
期末余额——期末债权大于债务的差额	期末余额——期末债务大于债权的差额

图 3-5　债权债务结算账户的结构

四、调整账户

调整账户是用来调整有关账户的余额而设置的账户。在会计核算工作中，由于管理上的需要或其他原因，对于某些项目，有时需要用几种不同的数额来进行反映。在这种情况下，就需要设置两类账户：一类账户反映原始数额，另一类账户反映对原始数额的调整数额，将反映原始数额的账户余额同反映调整数额的账户余额相加或相减，就可以求得调整后的实际余额，以提供管理上所需要的某些指标。反映原始数额的账户，称为被调整账户；反映调整数额的账户，称为调整账户，调整账户由于调整方式不同，可以分为备抵账户、附加账户和备抵附加账户。

1. 备抵账户

凡调整账户的余额用来抵减被调整账户的余额，以求得调整后实际余额的账户，称为备抵账户。由于采用抵减的调整方式，因此，被调整账户的余额同备抵账户的余额一定在相反的方向。例如，“固定资产”账户反映固定资产的原价，期末余额在借方，“累计折旧”账户反映固定资产的累计折旧额，期末余额在贷方，“固定资产减值准备”账户反映固定资产计提的减值准备，期末余额在贷方，将“固定资产”账户的借方余额减去“累计折旧”账户的贷方余额，再减去“固定资产减值准备”账户的贷方余额，得到固定资产的账面价值，“固定资产”账户为被调整账户，“累计折旧”和“固定资产减值准备”账户均为调整账户（备抵账户）。又如，“无形资产”账户反映无形资产的成本，期末余额在借方，“累计摊销”账户反映无形资产的累计摊销额，期末余额在贷方，“无形资产减值准备”账户反映无形资产计提的减值准备，期末余额在贷方，将“无形资产”账户的借方余额减去“累计摊销”账户的贷方余额，再减去“无形资产减值准备”账户的贷方余额，得到无形资产的账面价值，“无形资产”账户为被调整账户，“累计摊销”账户和“无形资产减值准备”账户均为调整账户（备抵账户）。现以“固定资产”账户和“累计折旧”账户、“固定资产减值准备”账户为例，说明备抵账户的结构、相应的被调整账户的结构以及它们之间的关系，如图 3-6 所示。

被 调 整 账 户

固 定 资 产

借方	贷方
期初余额——期初固定资产原价	
本期发生额——本期固定资产原价增加额	本期发生额——本期固定资产原价减少额
期末余额——期末固定资产原价	

（续上）

备抵账户
累计折旧

借方	贷方
	期初余额——期初累计折旧额
本期发生额——本期转销的已提折旧额	本期发生额——本期计提的折旧额
	期末余额——期末累计折旧额

备抵账户
固定资产减值准备

借方	贷方
	期初余额——期初已计提的固定资产减值准备
本期发生额——本期转销的固定资产减值准备	本期发生额——本期计提的固定资产减值准备
	期末余额——期末已计提但尚未转销的固定资产减值准备

图 3-6 备抵账户与相应的被调整账户之间的关系

2. 附加账户

凡调整账户的余额用来和被调整账户的余额相加，以求得调整后实际余额的账户，称为附加账户。由于采用相加的调整方式，因此，被调整账户和附加账户的余额一定在相同的方向。在实际工作中，纯粹的附加账户运用很少。

3. 备抵附加账户

有些调整账户具有双重性质，即有时是备抵账户，有时是附加账户。这类调整账户称为备抵附加账户。例如，在采用计划成本进行材料日常核算的企业，由于“原材料”账户按计划成本计价，因此需要设置“材料成本差异”账户，核算材料计划成本和实际成本的差额。此时，“原材料”账户是被调整账户，“材料成本差异”账户是备抵附加账户。当实际成本小于计划成本时，“材料成本差异”账户的期末余额在贷方，表示结存的原材料应负担的节约差异额，对计划成本起备抵作用，调整后得到比计划成本低的实际成本；当实际成本大于计划成本时，“材料成本差异”账户的期末余额在借方，表示结存的原材料应负担的超支差异额，对计划成本起附加作用，调整后得到比计划成本高的实际成本。现以“原材料”账户和“材料成本差异”账户为例，说明备抵附加账户的结构、相应的被调整账户的结构以及它们之间的关系，如图 3-7 所示。

被调整账户

原 材 料

借方	贷方
期初余额——期初结存原材料的计划成本 本期发生额——本期原材料计划成本的增加数	本期发生额——本期原材料计划成本的减少数
期末余额——期末结存原材料的计划成本	

备抵附加账户(抵减的调整方式)

材料成本差异

借方	贷方
	期末余额——期末结存的原材料应负担的节约差异额

备抵附加账户(相加的调整方式)

材料成本差异

借方	贷方
期末余额——期末结存的原材料应负担的超支差异额	

图 3-7 备抵附加账户与相应的被调整账户之间的关系

(为简化起见,“材料成本差异”账户仅列出期末余额)

五、待处理账户

待处理账户是用来核算和监督企业财产发生盘盈、盘亏和毁损的过渡性账户,如“待处理财产损溢”账户。设置待处理账户,既能保证会计信息的可靠性与相关性,又能集中暴露问题,有利于问题的迅速解决,从而更好地保护企业各项财产的安全与完整,保证会计处理的严肃性。

待处理账户在结构上的特点是:借方登记本期发生的财产盘亏和毁损以及本期已批准处理的盘盈,贷方登记本期已批准处理的盘亏和毁损以及本期发现的财产盘盈。企业的财产损益,应查明原因,在期末结账前处理完毕,处理后该账户应无余额。

待处理账户的结构如图 3-8 所示。

借方	待处理账户 待处理财产损溢	贷方
本期发生额——本期发生的财产物资盘亏和毁损 本期已批准处理的盘盈		本期发生额——本期已批准处理的盘亏和毁损 本期发生的财产物资盘盈

图 3-8　待处理账户的结构

六、集合分配账户

集合分配账户是用来先归集经营过程中某一阶段发生的某种费用，然后再进行分配的账户，如“制造费用”等账户。运用集合分配账户来核算和监督间接费用，既有利于加强企业内部经济责任制，也有利于正确计算产品的实际成本和提供管理所需要的有关资料。

集合分配账户在结构上的特点是：借方登记费用的发生数，贷方登记费用的分配数，期末该账户一般无余额。

集合分配账户的结构如图 3-9 所示。

借方	集合分配账户 账户名称	贷方
本期发生额——经营过程中发生的某种费用总额		本期发生额——该项费用的分配数额

图 3-9　集合分配账户的结构

七、跨期摊配账户

跨期摊配账户是用来核算和监督应由若干会计期间共同负担的费用或应在若干会计期间计入当期损益的收益的账户，有资产性质的跨期摊配账户和负债性质的跨期摊配账户。前者如“未实现融资收益”、“长期待摊费用”账户，后者如“递延收益”、“未确认融资费用”账户。

跨期摊配账户在结构上的特点是：借方登记费用的发生数或收益的摊配数，贷方登记费用的摊配数、预提数或本期确认的应在以后期间计入当期损益的收益，期末借方余额反映尚未摊配应在以后期间分摊的费用，贷方余额反映已预提但尚未发生的费用或尚未摊配应在以后期间计入当期损益的收益。

跨期摊配账户的结构如图 3-10 所示。

跨期摊配账户

账 户 名 称

借方	贷方
期初余额——已发生但尚未摊配的费用数 本期发生额——费用的发生数或收益的摊配数	期初余额——已预提但尚未发生的费用数或已确认应在本期和以后期间计入当期损益的收益 本期发生额——费用的摊配数、预提数或本期确认的应在以后期间计入当期损益的收益
期末余额——尚未摊配应在以后期间分摊的费用	期末余额——已预提但尚未发生的费用或尚未摊配应在以后期间计入当期损益的收益

图 3-10　跨期摊配账户的结构

八、成本计算账户

成本计算账户是用来核算和监督经营过程中某一阶段所发生的全部费用，并据以确定各个成本计算对象的实际成本的账户，如“材料采购”、“生产成本”等账户。成本计算账户能够提供经营过程中某一阶段在一定会计期间已完成和未完成经营活动的有关成本资料。

成本计算账户在结构上的特点是：借方登记经营过程某一阶段所发生的全部费用，贷方登记转出的实际成本，期末如有余额在借方，表示尚未完成经营过程某一阶段的成本计算对象的实际成本。

成本计算账户的结构如图 3-11 所示。

成本计算账户

账 户 名 称

借方	贷方
期初余额——期初尚未完成某一阶段经营活动的成本计算对象的实际成本 本期发生额——本期经营过程中某一阶段发生的全部费用	本期发生额——结转本期已完成某一阶段经营活动的成本计算对象的实际成本
期末余额——期末尚未完成某一阶段经营活动的成本计算对象的实际成本	

图 3-11　成本计算账户的结构

九、收入账户

收入账户是用来核算和监督企业经营过程所实现的各种收入的账户，如“主营业务收入”、“其他业务收入”、“营业外收入”等账户。

收入账户在结构上的主要特点是:贷方登记本期实现的收入,借方登记收入的冲减数及期末结转“本年利润”账户的数额,结转后收入账户无余额。

收入账户的结构如图 3-12 所示。

收入账户

账户名称

借方	贷方
本期发生额——本期收入的冲减数 期末结转“本年利润”账户数	本期发生额——本期实现的收入

图 3-12　收入账户的结构

十、费用账户

费用账户是用来核算和监督企业计入当期损益的各项费用、支出的账户,如“主营业务成本”、“其他业务成本”、“营业税金及附加”、“销售费用”、“管理费用”、“财务费用”、“资产减值损失”、“营业外支出”、“所得税费用”等账户。

费用账户在结构上的主要特点是:借方登记本期费用、支出的发生数,贷方登记费用、支出的冲减数及期末结转“本年利润”账户的数额,结转后费用账户无余额。

费用账户的结构如图 3-13 所示。

费用账户

账户名称

借方	贷方
本期发生额——本期费用、支出的发生数	本期发生额——本期费用、支出的冲减数 期末结转“本年利润”账户数

图 3-13　费用账户的结构

十一、财务成果计算账户

财务成果计算账户是用来汇集企业在一定时期内实现的各项收入和应计入当期损益的各项费用、支出,计算确定企业财务成果的账户,如“本年利润”账户。

财务成果计算账户在结构上的特点是:贷方登记一定时期内实现的各项收入;借方登记一定时期内应计入当期损益的各项费用、支出。贷方余额反映企业实现的净利润,年终将净利润从该账户的借方转入“利润分配——未分配利润”账户。该账户如果出现借方余额,则反映企业发生的净亏损,年终将净亏损从该账户的贷方转入“利润分配——未分配利润”账户。该账户年终决算后无余额。

财务成果计算账户的结构如图 3-14 所示。

财务成本计算账户

借方	本 年 利 润	贷方
本期发生额——从费用账户转来的本期负担的各项费用、支出 年终转入"利润分配——未分配利润"账户的净利润		本期发生额——从收入账户转来的本期实现的各项收入 年终转入"利润分配——未分配利润"账户的净亏损

图 3-14　财务成果计算账户的结构

【例 3-46】 根据本章[例 3-1～3-33]甲公司 2008 年 1 月份发生的经济业务编制的会计分录，登记有关总分类账户，分别结出各总分类账户的本期发生额和期末余额，并根据各总分类账户的记录，编制总分类账户本期发生额及余额试算平衡表进行试算平衡，以检查账户记录的正确性。

(1) 假定甲公司 2008 年 1 月份总分类账各账户的月初余额如表 3-7 所示。

表 3-7

甲公司 2008 年 1 月份总分类账各账户的月初余额

单位：元

资 产 类 账 户		负债和所有者权益类账户	
库存现金	25 000	短期借款	2 300 000
银行存款	4 000 000	应付票据	50 000
应收票据	3 300 000	应付账款	180 000
应收账款	2 000 000	应付职工薪酬	202 000
坏账准备	－10 000	应交税费	220 000
原材料	8 500 000	长期借款	7 260 000
库存商品	18 000 000	股本	30 000 000
固定资产	62 800 000	资本公积	50 000 000
累计折旧	－12 500 000	盈余公积	1 200 000
在建工程	8 297 000	利润分配	3 000 000
合　计	94 412 000	合　计	94 412 000

注：表中"坏账准备"、"累计折旧"账户为贷方余额。

(2) 登记有关总分类账户，分别结出各总分类账户的本期发生额和期末余额，如图 3-20 所示。

借方	银行存款		贷方
期初余额	4 000 000	(1)	② 300 000
(1)	① 30 000 000	(4)	2 700 000
(2)	1 000 000	(5)	① 23 500
(3)	3 000 000	(5)	② 1 600
(27)	1 500	(6)	1 462 500
		(10)	37 547.50
		(11)	1 410 000
		(19)	5 000
		(20)	1 000
		(21)	80 000
		(26)	50 000
		(28)	400
本期发生额	34 001 500	本期发生额	6 283 047.50
期末余额	31 718 452.50		

借方	原材料		贷方
期初余额	8 500 000		
(7)	1 250 000	(14)	2 771 500
(8)	1 580 000	(31)	250 250
(9)	500 500		
(10)	32 150		
本期发生额	3 362 650	本期发生额	3 021 750
期末余额	8 840 900		

借方	库存现金		贷方
期初余额	25 000		
(11)	1 410 000	(12)	1 410 000
本期发生额	1 410 000	本期发生额	1 410 000
期末余额	25 000		

借方	在途物资		贷方
(6)	1 250 000	(7)	1 250 000
本期发生额	1 250 000	本期发生额	1 250 000

借方	应收票据		贷方
期初余额	3 300 000		
(19)	4 576 747.50		
本期发生额	4 576 747.50	本期发生额	0
期末余额	7 876 747.50		

借方	应收账款		贷方
期初余额	2 000 000		
(19)	5 000		
(25)	351 000		
本期发生额	356 000	本期发生额	0
期末余额	2 356 000		

（续上）

坏账准备

借方		贷方	
		期初余额	10 000
		(30)	1 780
本期发生额	0	本期发生额	1 780
		期末余额	11 780

固定资产

借方		贷方	
期初余额	62 800 000		
(4)	2 700 000		
(5)	③ 236 600		
本期发生额	2 936 600	本期发生额	0
期末余额	65 736 600		

累计折旧

借方		贷方	
		期初余额	12 500 000
		(13)	509 000
本期发生额	0	本期发生额	509 000
		期末余额	13 009 000

库存商品

借方		贷方	
期初余额	18 000 000		
(18)	2 812 800	(22)	2 672 160
本期发生额	2 812 800	本期发生额	2 672 160
期末余额	18 140 640		

生产成本

借方		贷方	
(14)	2 750 000		
(15)	1 255 250	(18)	2 812 800
(16)	175 735		
(17)	502 100		
本期发生额	4 683 085	本期发生额	2 812 800
期末余额	1 870 285		

制造费用

借方		贷方	
(13)	465 000		
(14)	20 000	(17)	502 100
(15)	15 000		
(16)	2 100		
本期发生额	502 100	本期发生额	502 100

短期借款

借方		贷方	
		期初余额	2 300 000
		(2)	1 000 000
本期发生额	0	本期发生额	1 000 000
		期末余额	3 300 000

在建工程

借方		贷方	
期初余额	8 297 000	(5)	③ 236 600
(5)	① 235 000		
(5)	② 1 600		
本期发生额	236 600	本期发生额	236 600
期末余额	8 297 000		

应付票据

借方		贷方	
		期初余额	50 000
		(8)	1 848 600
本期发生额	0	本期发生额	1 848 600
		期末余额	1 898 600

应付账款

借方		贷方	
		期初余额	180 000
		(9)	585 500
本期发生额	0	本期发生额	585 500
		期末余额	765 500

（续上）

借方 应交税费 贷方

借方		贷方	
		期初余额	220 000
(6)	212 500	(19)	664 997.50
(8)	268 600	(23)	9 520
(9)	85 000	(24)	4 080
(10)	5 397.50	(25)	51 000
		(32)	595
		(33)	255
本期发生额	571 497.50	本期发生额	730 447.50
		期末余额	378 950

借方 应付职工薪酬 贷方

借方		贷方	
		期初余额	202 000
(12)	1 410 000	(15)	1 410 000
		(16)	197 400
本期发生额	1 410 000	本期发生额	1 607 400
		期末余额	399 400

借方 长期借款 贷方

借方		贷方	
		期初余额	7 260 000
		(3)	3 000 000
本期发生额	0	本期发生额	3 000 000
		期末余额	10 260 000

借方 应付利息 贷方

借方		贷方	
		(29)	4 000
本期发生额	0	本期发生额	4 000
		期末余额	4 000

借方 财务费用 贷方

借方		贷方	
(29)	4 000		
本期发生额	4 000	本期发生额	0
期末余额	4 000		

借方 其他业务收入 贷方

借方		贷方	
		(25)	300 000
本期发生额	0	本期发生额	300 000
		期末余额	300 000

借方 主营业务收入 贷方

借方		贷方	
		(19)	3 911 750
本期发生额	0	本期发生额	3 911 750
		期末余额	3 911 750

借方 主营业务成本 贷方

借方		贷方	
(22)	2 672 160		
本期发生额	2 672 160	本期发生额	0
期末余额	2 672 160		

借方 其他业务成本 贷方

借方		贷方	
(31)	250 250		
本期发生额	250 250	本期发生额	0
期末余额	250 250		

借方 股本 贷方

借方		贷方	
		期初余额	30 000 000
		(1)	① 10 000 000
本期发生额	0	本期发生额	10 000 000
		期末余额	40 000 000

（续上）

借方　营业税金及附加　贷方

(23)	9 520		
(24)	4 080		
(32)	595		
(33)	255		
本期发生额	14 450	本期发生额	0
期末余额	14 450		

借方　资产减值损失　贷方

(30)	1 780		
本期发生额	1 780	本期发生额	0
期末余额	1 780		

借方　管理费用　贷方

(13)	34 000		
(14)	1 500		
(15)	70 000		
(16)	9 800		
(26)	50 000		
本期发生额	165 300	本期发生额	0
期末余额	165 300		

借方　销售费用　贷方

(13)	10 000		
(15)	69 750		
(16)	9 765		
(20)	1 000		
(21)	80 000		
本期发生额	170 515	本期发生额	0
期末余额	170 515		

借方　营业外收入　贷方

		(27)	1 500
本期发生额	0	本期发生额	1 500
		期末余额	1 500

借方　营业外支出　贷方

(28)	400		
本期发生额	400	本期发生额	0
期末余额	400		

借方　资本公积　贷方

		期初余额	50 000 000
(1)	②300 000	(1)	①20 000 000
本期发生额	300 000	本期发生额	20 000 000
		期末余额	69 700 000

借方　利润分配　贷方

		期初余额	3 000 000
本期发生额	0	本期发生额	0
		期末余额	3 000 000

借方　盈余公积　贷方

		期初余额	1 200 000
本期发生额	0	本期发生额	0
		期末余额	1 200 000

图 3-20　甲公司 2008 年 1 月份各总分类账户的记录

表 3-8

总分类账户本期发生额及余额试算平衡表

2008 年 1 月 31 日

单位：元

账户名称	期初余额		本期发生额		期末余额	
	借方	贷方	借方	贷方	借方	贷方
库存现金	25 000		1 410 000	1 410 000	25 000	
银行存款	4 000 000		34 001 500	6 283 047.50	31 718 452.50	
应收票据	3 300 000		4 576 747.50		7 876 747.50	
应收账款	2 000 000		356 000		2 356 000	
坏账准备		10 000		1 780		11 780
在途物资			1 250 000	1 250 000		
原材料	8 500 000		3 362 650	3 021 750	8 840 900	
生产成本			4 683 085	2 812 800	1 870 285	
制造费用			502 100	502 100		
库存商品	18 000 000		2 812 800	2 672 160	18 140 640	
固定资产	62 800 000		2 936 600		65 736 600	
累计折旧		12 500 000		509 000		13 009 000
在建工程	8 297 000		236 600	236 600	8 297 000	
短期借款		2 300 000		1 000 000		3 300 000
应付票据		50 000		1 848 600		1 898 600
应付账款		180 000		585 500		765 500
应付职工薪酬		202 000	1 410 000	1 607 400		399 400

（续表）

账户名称	期初余额		本期发生额		期末余额	
	借方	贷方	借方	贷方	借方	贷方
应交税费		220 000	571 497.50	730 447.50		378 950
应付利息				4 000		4 000
长期借款		7 260 000		3 000 000		10 260 000
股本		30 000 000		10 000 000		40 000 000
资本公积		50 000 000	300 000	20 000 000		69 700 000
盈余公积		1 200 000				1 200 000
利润分配		3 000 000				3 000 000
主营业务收入				3 911 750		3 911 750
其他业务收入				300 000		300 000
营业外收入				1 500		1 500
主营业务成本			2 672 160		2 672 160	
其他业务成本			250 250		250 250	
营业税金及附加			14 450		14 450	
销售费用			170 515		170 515	
管理费用			165 300		165 300	
财务费用			4 000		4 000	
资产减值损失			1 780		1 780	
营业外支出			400		400	
合计	106 922 000	106 922 000	61 688 435	61 688 435	148 140 480	148 140 480

（3）根据各总分类账户的记录，编制总分类账户本期发生额及余额试算平衡表，如表 3-8 所示。

本章小结

本章对工业企业经营过程中发生的主要交易和事项的会计处理进行了介绍，进一步阐明设置会计科目和账户以及借贷记账法的具体运用。

本章结合实际，列举典型的经济业务，说明资金投入企业的核算，供、产、销过程的核算，财务成果的核算，资金退出企业的核算；在此基础上，对账户按用途和结构进行分类研究，从而寻找账户设置和运用的规律。

复习思考题

1. 简述工业企业经营过程的核算。
2. 简述工业企业产品生产成本计算的要求和一般程序。
3. 结算账户分为哪几类？分别说明其结构上的特点。
4. 什么是调整账户？试举例说明其运用。
5. 什么是财务成果计算账户？它和收入账户、费用账户的关系如何？

习　题

一、单项选择题

1. 将账户按用途和结构分类时，下列不属于盘存账户的是（　　）。
   A. “固定资产”　　B. “原材料”
   C. “应收账款”　　D. “库存商品”
2. 将账户按用途和结构分类时，下列属于集合分配账户的是（　　）。
   A. “实收资本”　　B. “制造费用”
   C. “生产成本”　　D. “管理费用”
3. 企业从净利润中提取法定盈余公积时，应贷记的账户是（　　）。
   A. “资本公积”　　B. “利润分配”
   C. “盈余公积”　　D. “营业外收入”
4. 企业设置“固定资产”账户，是用来反映固定资产的（　　）。
   A. 磨损价值　　B. 累计折旧
   C. 原价　　D. 净值

5. 在生产过程中,用来归集制造产品的全部生产费用,并据以计算产品生产成本的账户是(　　)。

A. “制造费用”　　B. “库存商品”
C. “生产成本”　　D. “主营业务成本”

6. 下列各项中,不属于“营业税金及附加”账户核算内容的是(　　)。

A. 增值税　　B. 教育费附加
C. 城市维护建设税　　D. 营业税

7. 下列费用中,应计入产品成本的是(　　)。

A. 制造费用　　B. 企业行政管理部门的设备折旧费
C. 咨询费　　D. 技术转让费

8. 下列各项中,不属于“销售费用”账户核算内容的是(　　)。

A. 预计产品质量保证损失　　B. 广告费
C. 业务招待费
D. 专设销售机构的固定资产修理费用

9. 将账户按用途和结构分类时,下列属于成本计算账户的是(　　)。

A. “材料采购”　　B. “库存商品”
C. “材料成本差异”　　D. “制造费用”

10. 将账户按用途和结构分类时,下列属于备抵附加账户的是(　　)。

A. “固定资产减值准备”　　B. “原材料”
C. “材料成本差异”　　D. “累计折旧”

二、多项选择题

1. 下列各项中,属于“管理费用”账户核算内容的有(　　)。

A. 聘请中介机构费　　B. 董事会费
C. 诉讼费　　D. 业务招待费

2. 企业发生的下列经济业务中,属于资金退出企业的有(　　)。

A. 用银行存款购买固定资产
B. 用银行存款交纳所得税
C. 用银行存款向投资者支付现金股利
D. 向投资者分派股票股利

3. 产品成本项目一般包括(　　)。

A. 直接材料　　B. 直接人工
C. 制造费用　　D. 管理费用

4. 下列各项中,属于制造费用的有(　　)。

A. 生产车间为组织和管理生产所发生的工资等职工薪酬

B. 生产车间为组织和管理生产所发生的机器设备折旧费

C. 企业行政管理部门房屋的折旧费

D. 生产车间为组织和管理生产所发生的办公费

5. 下列税金中,应计入管理费用的有(　　)。

A. 房产税　　B. 土地使用税

C. 车船税　　D. 印花税

6. 下列各项中,应计入生产成本的有(　　)。

A. 生产工人工资等职工薪酬　　B. 车间管理人员工资等职工薪酬

C. 企业管理人员工资等职工薪酬　　D. 矿产资源补偿费

7. 下列各项中,属于营业外支出的有(　　)。

A. 非常损失　　B. 坏账损失

C. 处置固定资产净损失　　D. 固定资产盘亏损失

8. 关于"制造费用"账户,下列说法中正确的有(　　)。

A. 属于成本类账户

B. 借方登记企业生产车间为组织和管理生产所发生的各种费用

C. 贷方登记结转生产产品和提供劳务应负担的制造费用

D. 除季节性的生产性企业外,该账户期末应无余额

9. 将账户按用途和结构分类时,下列属于债权结算账户的有(　　)。

A. "预付账款"　　B. "应付账款"

C. "应收账款"　　D. "应收票据"

10. 将账户按用途和结构分类时,下列属于调整账户的有(　　)。

A. "累计折旧"　　B. "坏账准备"

C. "材料成本差异"　　D. "递延收益"

三、判断题

1. 工业企业销售材料、商品等实现的收入均通过"主营业务收入"账户核算。(　　)

2. 费用按照功能分类,分为从事经营业务发生的成本、管理费用、销售费用、财务费用等。(　　)

3. "公允价值变动损益"账户属于待处理账户。(　　)

4. 采用表结法,各损益类账户每月月末计算出本月发生额和余额,都要将各损益类账户的余额结转"本年利润"账户。结转后各损益类账户月末无余额。(　　)

5. 债权债务结算账户的借方登记债权的增加和债务的减少，贷方登记债权的减少和债务的增加，期末余额可能在借方，也可能在贷方。 （ ）

6. 集合分配账户是用来先归集经营过程中某一阶段发生的某种费用，然后再进行分配的账户，所以期末该账户一般都有余额。 （ ）

7. “坏账准备”账户是“应收账款”账户的被调整账户。 （ ）

8. 企业生产车间(部门)和行政管理部门等发生的固定资产修理费用等后续支出，在“管理费用”账户核算。 （ ）

9. 在账结法下，各月均可通过“本年利润”账户提供企业当月以及自年初起至本月止累计实现的利润或发生的亏损。 （ ）

10. 被调整账户和附加账户的余额一定在相同的方向。 （ ）

四、业务题

（一）

1. 目的 练习借贷记账法的具体运用。

2. 资料 某工业企业是增值税一般纳税人，适用的增值税税率为17%，采用实际成本进行材料的日常核算。假定2008年5月份发生下列有关经济业务：

(1) 从银行取得3年期借款1 500 000元，借款已存入银行存款户。

(2) 购进原材料一批，取得的增值税专用发票上注明的价款为100 000元，增值税额为17 000元，材料已验收入库，货款尚未支付。

(3) 以银行存款支付厂部水电费1 090元，房租5 000元，车间水电费2 890元。

(4) 以现金购买车间办公用品120元。

(5) 向希望工程捐赠10 000元，款项已通过银行支付。

(6) 月末计提固定资产折旧，其中，车间9 962.50元，厂部管理部门1 400元。

(7) 月末根据“发料凭证汇总表”的记录，原材料消耗99 000元，其中：生产A产品耗用50 000元，生产B产品耗用42 000元，车间一般耗用2 000元，行政管理部门耗用5 000元。

(8) 月末根据“工资费用分配表”的记录，应付本月份职工工资160 090元，其中：生产A产品工人工资80 000元，生产B产品工人工资52 850元，车间管理人员工资18 240元，厂部管理人员工资9 000元。

(9) 将本月发生的制造费用按生产工人工资比例进行分配，计算A、B产品各应负担的费用数额，并结转制造费用。

(10) 本月A产品全部制造完工，并已验收入库，按实际成本转账。

3. 要求 根据上述资料，运用借贷记账法编制会计分录。

（二）

1. 目的 练习借贷记账法的具体运用。

2. 资料 某工业企业是增值税一般纳税人，适用的增值税税率为17%，采用实际成本进行材料的日常核算，月末一次结转产品销售成本。假定2008年10月份发生下列有关经济业务：

(1) 收到丙公司投入的不需要安装的设备一台，合同约定该设备的价值为2 800 000元，增值税进项税额476 000元(假定不允许抵扣)，合同约定该设备的价值与公允价值相符，假定不考虑其他因素。

(2) 购入原材料一批，收到的增值税专用发票上注明的原材料价款为8 100 000元，增值税额为1 377 000元，款项已通过银行转账支付，材料尚未验收入库。

(3) 上述原材料验收入库。

(4) 销售A产品一批，开出的增值税专用发票上注明的售价为9 000 000元，增值税额为1 530 000元，款项已存入银行存款户。该批产品已发出，产品实际成本6 500 000元。

(5) 企业专设销售机构发生固定资产修理费用20 000元，用银行存款支付。

(6) 用银行存款支付广告费50 000元。

(7) 销售B产品一批，开出的增值税专用发票上注明的售价为600 000元，增值税额为102 000元，款项尚未收到。该批产品已发出，产品实际成本390 000元。

(8) 以银行存款支付咨询费2 000元。

(9) 销售C产品一批，开出的增值税专用发票上注明的售价为500 000元，增值税额为85 000元；收到丁公司开出的不带息银行承兑汇票一张，票面金额为585 000元。期限为3个月；该批产品已发出，产品实际成本350 000元。

(10) 以银行存款支付违约金200元。

(11) 收到前欠货款702 000元，已存入银行存款户。

(12) 用银行存款偿还长期借款2 000 000元。

(13) 用银行存款交纳本月应交增值税340 000元。

(14) 结转本月销售产品的成本7 240 000元。

(15) 计算本月应交城市维护建设税23 800元。

(16) 计算本月应交教育费附加10 200元。

3. 要求 根据上述资料，运用借贷记账法编制会计分录。

（三）

1. 目的 练习借贷记账法的具体运用。

2. 资料 假定某工业企业 2008 年年度终了发生下列有关转账业务：

(1) 将各损益类账户的年末余额结转“本年利润”账户。

2008 年有关损益类账户的年末余额如表 3-9 所示(该企业采用表结法，年末一次将各损益类账户的余额结转“本年利润”账户)。

表 3-9

2008 年年末有关损益类账户结账前余额

单位：元

账户名称	借方余额	贷方余额
主营业务收入		800 000
主营业务成本	500 000	
其他业务收入		160 000
其他业务成本	110 000	
营业税金及附加	36 000	
销售费用	40 000	
管理费用	122 000	
财务费用	25 000	
营业外收入		75 000
营业外支出	90 000	

(2) 按税法规定计算当年应交纳的所得税为 28 000 元。假定该企业不存在纳税调整事项。

(3) 将“所得税费用”账户的余额结转“本年利润”账户。

(4) 将“本年利润”账户的余额结转“利润分配——未分配利润”账户。

(5) 按照净利润的 10%提取法定盈余公积。

(6) 将“利润分配”账户所属其他明细账户的余额转入其所属的“未分配利润”明细账户。

3. 要求 根据上述资料，运用借贷记账法编制会计分录。

(四)

1. 目的 练习材料采购成本的计算。

2. 资料 某工业企业购入 A 材料 3 600 千克，每千克 40 元；购入 B 材料6 400 千克，每千克 25 元。购入两种材料共支付运杂费 2 890 元。

3. 要求 分别计算 A、B 两种材料的采购总成本和单位成本。运杂费按购入材料的重量比例进行分配。

（五）

1. 目的 练习产品成本的计算。

2. 资料 某工业企业生产A、B两种产品，A产品本月完工10件，B产品本月完工500件，有关资料如表3-10所示。

表3-10

生产A、B两种产品的有关资料

单位：元

产品名称	月初在产品成本	本月生产费用			月末在产品成本
		直接材料	直接人工	制造费用	
A产品	60 000	120 000	75 000		28 000
B产品	—	80 000	25 000		12 000
合　计	60 000	200 000	100 000	86 500	40 000

3. 要求 根据上述资料，分别计算A、B两种产品的生产总成本和单位成本。制造费用按直接人工的比例进行分配。

第四章　会 计 凭 证

本章结构图

- 会计凭证
  - 会计凭证的意义和种类
    - 会计凭证的意义
    - 会计凭证的种类
  - 原始凭证的填制和审核
    - 原始凭证的基本内容
    - 原始凭证的填制
    - 原始凭证的审核
  - 记账凭证的填制和审核
    - 记账凭证的基本内容
    - 记账凭证的填制
    - 记账凭证的审核
  - 会计凭证的传递和保管
    - 会计凭证的传递
    - 会计凭证的保管

本章学习目标

- 熟悉会计凭证的意义和种类
- 熟悉原始凭证的基本内容
- 掌握原始凭证的填制和审核
- 熟悉记账凭证的基本内容
- 掌握记账凭证的填制和审核
- 了解会计凭证的传递和保管要求

在各单位的经济活动中，不断发生着各种各样的经济业务。对发生的每一笔经济业务，只有具备了记录该项经济业务的会计凭证，才能据以登记会计账簿。因此，填制和审核会计凭证是会计核算方法体系中的一种专门方法，是各单位会计核算工作的起点和基础。本章主要介绍会计凭证的意义和种类，会计凭证的填制、审核、传递和保管。

第一节　会计凭证的意义和种类

一、会计凭证的意义

会计凭证简称凭证，是用来记录经济业务，明确经济责任，作为记账依据的书面证明。

任何单位在经济活动中发生的所有经济业务，不论是涉及款项的结算、货币资金的收付，还是涉及财产的增减、物资的进出，都必须按规定办理凭证手续，证明经济业务发生的时间、地点、内容、数量和金额，并在凭证上签名或者盖章，从而对凭证的真实性和合法性负责。会计凭证要经过有关人员的严格审核，只有审核无误的会计凭证才能作为记账的依据。因此，填制和审核会计凭证，对于履行会计职能，完成会计任务，具有十分重要的意义。

（一）填制和审核会计凭证是核算和监督经济活动的重要手段

会计凭证记录了单位发生和完成的每笔经济业务，从而做到各项经济业务引起的资金增减变动都有根有据，有证可查。因此，会计凭证不仅可以反映单位经济活动的情况，而且也有利于对经济活动的真实性和合法性进行监督，便于查明各项经济活动是否符合国家有关法律法规和国家统一的会计制度的规定，是否符合单位计划或预算的规定，是否有违法乱纪、铺张浪费的行为等。进而采取有效措施，实现对经济活动的有效控制，确保经济活动健康运行。

(二) 会计凭证是登记账簿的依据

会计凭证、会计账簿和财务报表是各单位记录和储存会计信息的重要载体，而填制和审核会计凭证处于加工和整理会计信息的初始环节，是会计核算工作的第一步。填制和审核会计凭证，能够为账簿对经济业务进行归类和系统反映提供保证，并使账簿记录的经济业务与实际情况相符。由此可见，没有会计凭证，就不能记账，也就没有会计核算。我国《会计法》明确规定："会计账簿登记，必须以经过审核的会计凭证为依据，并符合有关法律、行政法规和国家统一的会计制度的规定。"因此，为使会计账簿记录真实可靠，各单位必须以审核无误的会计凭证作为登记账簿的依据。

(三) 有利于加强经济责任制

由于每笔经济业务都要由单位执行和完成该项经济业务的有关部门和人员办理凭证手续，并在凭证上签名或者盖章，这样就能促使各有关部门和人员在各自的职责范围内对自己的本职工作负责，有利于进一步加强经济责任制。同时，也便于对各有关部门和人员履行职责的情况进行评价和考核，强化内部会计控制。如发现问题，可依据会计凭证，明确经济责任，并按规定进行处理。

二、会计凭证的种类

会计凭证按其填制程序和用途的不同，可以分为原始凭证和记账凭证。

(一) 原始凭证

原始凭证又称单据，是在经济业务发生和完成时取得或填制的会计凭证。它是用来载明经济业务的实际发生和完成情况，明确经济责任，具有法律效力的书面证明，是记账的原始依据。

1. 原始凭证按其来源的不同，可以分为外来原始凭证和自制原始凭证

外来原始凭证是指在经济业务发生和完成时，从其他单位或个人取得的原始凭证。如购买货物从供货单位取得的增值税专用发票，托运货物从运输部门取得的运单，支付各种费用从外单位或个人取得的收据，职工出差取得的火车票、飞机票，以及由银行转来的收款、付款通知和其他结算凭证等。增值税专用发票的一般格式如表 4-1 所示。

自制原始凭证是指由本单位内部经办业务的部门和人员，在办理某项经济业务时自行填制的原始凭证。如仓库保管员验收材料时填制的收料单，生产车间等部门有关人员领用材料时填制的领料单，出差人员借款时填制的借据等。领料单的一般格式如表 4-2 所示。

表 4-1

增值税专用发票

开票日期：____年____月____日　　　　　　　　No.

购货单位	名　　称			纳税人登记号			
	地址、电话			开户银行及账号			
商品或劳务名称	规格型号	计量单位	数量	单价	金额	税率(%)	税　额
合　计							
价税合计(大写)	拾　万　仟　佰　拾　元　角　分　　¥________						
销售单位	名　　称			纳税人登记号			
	地址、电话			开户银行及账号			

销货单位(章)　　收款人：　　复核：　　开票人：

表 4-2

（单位名称）

领　料　单

领料单位：　　　　　　　　　　　　　　编号：

用　　途：　　　　____年____月____日　　　　仓库：

材料类别	材料编号	材料名称	规　格	计量单位	数　量		单　价	金　额
					请　领	实　发		

记账：　　发料：　　领料单位负责人：　　领料：

2. 原始凭证按其填制手续及内容的不同，可以分为一次凭证、累计凭证和汇总原始凭证

一次凭证是指对一项或若干项同类经济业务在其发生和完成时一次填制完成的原始凭证。它的特点是填制手续一次完成，即可据以编制记账凭证入账。外来原始凭证通常都是一次凭证；大部分自制原始凭证也属于一次凭证，如收料单、领料单、发货票等。

累计凭证是指在一定时期内多次记录发生的同类经济业务的原始凭证。它的特点是在一张凭证上连续记载同类经济业务，直到期末结出累计数以后才算完成，记账的数据是凭证中的累计数，这样可以简化凭证填制和记账工作，如工业企业为

了控制材料消耗而使用的限额领料单就是一种累计凭证。限额领料单的一般格式如表 4-3 所示。

表 4-3

（单 位 名 称）

限 额 领 料 单

领料单位：　　　　　　　　　　　　　　　　编号：

用　　途：　　　　　　　　　　　　　　　　发料仓库：

计划产量：　　　　____年____月____日　　　　单位消耗定额：

材料类别	材料编号	材料名称	规格	计量单位	单价	领料限额	全月实领	全月实领
							数　量	金　额

日期	请　领	请　领	请　领	实　发	实　发	代用材料	代用材料	代用材料	限额结余
	数量	领料单位负责人签章	领料人签　章	数量	发料人签章	数量	单价	金额	

仓库负责人：　　　　　　　　　　　　　　生产计划部门负责人：

汇总原始凭证又称原始凭证汇总表，是对若干反映同类经济业务的原始凭证定期加以汇总而编制的原始凭证。汇总原始凭证合并反映同类经济业务，可以简化凭证填制和记账工作，提高核算效率。如工业企业根据领料单定期汇总编制的发料凭证汇总表等。发料凭证汇总表的一般格式如表 4-4 所示。

表 4-4

（单 位 名 称）

发料凭证汇总表

第　　号

____年____月　　　　附件　　张

会计科目（借方）	领用材料	领用材料	领用材料	领用材料	领用材料	领用材料	领用材料	领用材料	领用材料	合计
	原材料	原材料	原材料	原材料	原材料	周转材料	周转材料	周转材料	周转材料	
	原料及主要材料	辅助材料	燃料		小计	包装物	低值易耗品		小计	
生产成本										
基本生产成本										
——A产品										

（续表）

会计科目(借方)	领　用　材　料									合计
	原 材 料					周 转 材 料				
	原料及主要材料	辅助材料	燃料		小计	包装物	低值易耗品		小计	
——B产品										
辅助生产成本										
——供水车间										
——修理车间										
制造费用										
管理费用										
销售费用										
在建工程										
合　计										

（二）记账凭证

记账凭证又称记账凭单，是会计人员根据审核无误的原始凭证及有关资料编制的，用来确定会计分录，作为记账直接依据的会计凭证。

1. 记账凭证按其反映经济内容的不同，可以分为收款凭证、付款凭证和转账凭证

收款凭证是用来记录现金和银行存款收入业务的记账凭证。收款凭证根据有关现金和银行存款收入业务的原始凭证填制，是登记现金日记账、银行存款日记账以及有关总分类账和明细分类账的依据。其格式如表 4-5 所示。

表 4-5

（单 位 名 称）

收 款 凭 证

借方科目：库存现金（或银行存款）＿年＿月＿日　现收字第　号（或银收字第　号）

摘　要	贷 方 科 目		金　额	记　账
	一级科目	二级或明细科目		
合　计				

会计主管：　　记账：　　出纳：　　审核：　　填制：

付款凭证是用来记录现金和银行存款支付业务的记账凭证。付款凭证根据有关现金和银行存款支付业务的原始凭证填制，是登记现金日记账、银行存款日记账以及有关总分类账和明细分类账的依据。其格式如表 4-6 所示。

表 4-6

(单 位 名 称)

付 款 凭 证

贷方科目：库存现金(或银行存款) __年__月__日 现付字第 号(或银付字第 号)

摘 要	借 方 科 目		金 额	记 账
	一级科目	二级或明细科目		
合 计				

会计主管： 记账： 出纳： 审核： 填制：

对于涉及“库存现金”和“银行存款”之间的相互划转业务，如将现金存入银行或从银行提取现金，一般只填制付款凭证，不填制收款凭证，以免重复记账。

转账凭证是用来记录不涉及现金和银行存款收、付的其他经济业务的记账凭证。转账凭证根据有关转账业务的原始凭证填制，是登记有关总分类账和明细分类账的依据。其格式如表 4-7 所示。

表 4-7

(单 位 名 称)

转 账 凭 证

____年____月____日 转字第 号

摘 要	一级科目	二级或明细科目	借方金额	贷方金额	记 账
合 计					

会计主管： 记账： 审核： 填制：

2. 记账凭证按其用途的不同，可以分为专用记账凭证和通用记账凭证

专用记账凭证是指按经济内容不同分别编制的收款凭证、付款凭证和转账凭证。

通用记账凭证是不区分收款、付款和转账业务，只采用一种通用格式来反映所有经济业务的记账凭证。其格式与转账凭证的格式基本相同。

对于一个单位而言，采用专用记账凭证，还是采用通用记账凭证，应视单位自身的规模大小和经济业务繁简而定。采用收款凭证、付款凭证和转账凭证，有利于区别不同经济业务进行分类管理，也有利于对经济业务的检查，但工作量较大，它适用于规模较大，收、付款业务较多的单位。对于经济业务简单，规模较小，收、付款业务较少的单位，可以采用通用记账凭证来记录所有的经济业务。

3. 记账凭证按其填列方式的不同，可以分为分录记账凭证和汇总记账凭证

分录记账凭证是用来确定会计分录，反映一笔经济业务全貌的记账凭证。它是在实际工作中应用最普遍的记账凭证。上述收款凭证、付款凭证和转账凭证以及通用记账凭证都属于分录记账凭证。

汇总记账凭证是为了减少总分类账的登记次数，将若干记账凭证逐日或者定期（如每3天、5天或每旬）加以汇总而填制的，用以登记总分类账的记账凭证。例如，将一段时间的所有记账凭证，按照相同的会计科目进行归类、汇总出每一账户的借方发生额和贷方发生额，这种汇总记账凭证称为科目汇总表；如果将收款凭证、付款凭证、转账凭证按一定的时间间隔分别汇总，汇总记账凭证又有汇总收款凭证、汇总付款凭证和汇总转账凭证之分。

科目汇总表以及汇总收款凭证、汇总付款凭证和汇总转账凭证的格式分别如表4-8～4-11所示。

表4-8

科目汇总表

___年___月___日至___日　　　　科汇字第　　号

会计科目	总账页数	本期发生额		记账凭证起讫号数
		借方	贷方	

表 4-9

汇总收款凭证

借方科目：库存现金（或银行存款）　___年___月 汇现收字第　号（或汇银收字第　号）

贷方科目	金　　额				记　账	
	(1)	(2)	(3)	合　计	借　方	贷　方
合　　计						

附注：(1) 自__________日至__________日　收款凭证共计__________张

(2) 自__________日至__________日　收款凭证共计__________张

(3) 自__________日至__________日　收款凭证共计__________张

表 4-10

汇总付款凭证

贷方科目：库存现金（或银行存款）　__年__月 汇现付字第　号（或汇银付字第　号）

借方科目	金　　额				记　账	
	(1)	(2)	(3)	合　计	借　方	贷　方
合　　计						

附注：(1) 自__________日至__________日　付款凭证共计__________张

(2) 自__________日至__________日　付款凭证共计__________张

(3) 自__________日至__________日　付款凭证共计__________张

表 4-11

汇总转账凭证

贷方科目：　　　　　　　　　____年____月　　　　　　　　　汇转字第　号

借方科目	金额				记账	
	(1)	(2)	(3)	合 计	借 方	贷 方
合　计						

附注：(1) 自________日至________日　转账凭证共计________张

(2) 自________日至________日　转账凭证共计________张

(3) 自________日至________日　转账凭证共计________张

（三）原始凭证和记账凭证的区别

虽然原始凭证和记账凭证都属于会计凭证，但两者存在以下一些差别。

1. 填制人员不同

原始凭证大多是由经办人员取得或填制的，而记账凭证则必须由会计人员填制。

2. 填制依据不同

原始凭证是根据发生和完成的经济业务填制的，而记账凭证是根据审核无误的原始凭证及有关资料填制的。

3. 填制方式不同

原始凭证只是记录和证明经济业务发生和完成的情况，而记账凭证则必须具备按照复式记账要求反映资金增减变化所编制的会计分录的内容。

4. 作用不同

原始凭证是记录经济业务发生和完成情况的业务凭证，它确定业务经办和审批人员的责任，是记账的原始依据，而记账凭证是会计工作的手续凭证，它确定处理账务的有关人员的责任，是记账的直接依据。

第二节　原始凭证的填制和审核

按照我国《会计法》的规定，下列经济业务事项，应当办理会计手续，进行会计核算：

(1) 款项和有价证券的收付。

(2) 财物的收发、增减和使用。

(3) 债权债务的发生和结算。

(4) 资本、基金的增减。

(5) 收入、支出、费用、成本的计算。

(6) 财务成果的计算和处理。

(7) 需要办理会计手续、进行会计核算的其他事项。

各单位办理上述有关经济业务事项,必须取得或者填制原始凭证,并及时送交会计机构。原始凭证是用来载明经济业务的实际发生和完成情况的,由于经济业务的种类繁多,反映经济业务所使用的原始凭证的内容也就千差万别。例如,收料单是记录材料的收入,领料单是记录材料的发出,两者的内容明显不同。但作为明确经济责任,具有法律效力的书面证明,必须具备一些基本要素,并按规定的要求进行填制和审核。

一、原始凭证的基本内容

不论是哪种原始凭证,都必须具备以下内容:

(1) 凭证的名称,如发票、收据、收料单和领料单等。

(2) 填制凭证的日期。

(3) 填制凭证的单位名称或填制人姓名。

(4) 经办人员的签名或者盖章。

(5) 接受凭证单位名称。

(6) 经济业务内容。

(7) 有关经济业务的实物数量、单价和金额。

实际工作中,根据经济管理和特殊业务的需要,有些原始凭证,除了必须具备上述内容以外,还应当增加一些必要的内容。

(1) 从外单位取得的原始凭证,必须盖有填制单位的公章;从个人取得的原始凭证,必须有填制人员的签名或者盖章。自制原始凭证必须有经办单位负责人或者其指定的人员签名或者盖章。对外开出的原始凭证,必须加盖本单位公章。

(2) 购买实物的原始凭证,必须有验收证明。支付款项的原始凭证,必须有收款单位和收款人的收款证明。

(3) 发生销货退回的,除填制退货发票外,还必须有退货验收证明;退货时,必须取得对方的收款收据或者汇款银行的凭证,不得以退货发票代替收据。

(4) 职工公出借款凭据,必须附在记账凭证之后。收回借款时,应当另开收据或者退还借据副本,不得退还原借款收据。

(5) 经上级有关部门批准的经济业务,应当将批准文件作为原始凭证附件。

如果批准文件需要单独归档的，应当在凭证上注明批准机关名称、日期和文件字号。

对于不同单位经常发生的共同性经济业务，有关部门可以制定统一的凭证格式。如人民银行统一制定的银行转账结算凭证，标明了结算双方单位名称、账号等内容；铁道部统一制定的铁路运单，标明了发货单位、收货单位、提货方式等内容。

二、原始凭证的填制

（一）原始凭证填制的基本要求

原始凭证的填制应当符合以下基本要求。

1. 真实可靠

原始凭证所填列的经济业务内容和金额必须真实可靠，符合实际情况，不得弄虚作假，不得伪造、变造原始凭证。凡填有大写和小写金额的原始凭证，大写和小写金额必须相符。从外单位取得的原始凭证如有遗失，应当取得原开出单位盖有公章的证明，并注明原来凭证的号码、金额和内容等，由经办单位会计机构负责人（会计主管人员）和单位负责人批准后，才能代作原始凭证。如果确实无法取得证明的，如火车、轮船、飞机票等凭证，由当事人写出详细情况，由经办单位会计机构负责人（会计主管人员）和单位负责人批准后，可以代作原始凭证。

2. 填制及时

各单位经办业务的部门和人员应当在经济业务发生和完成时及时取得或填制原始凭证，并按规定的凭证传递程序及时送交会计机构，以便审核后及时编制记账凭证，据以记账。

3. 内容完整

原始凭证所要求填列的项目必须按照规定逐项填列齐全，不得省略或者遗漏。凭证填写的手续必须完备，符合单位内部牵制制度的要求。

4. 书写规范、清楚

原始凭证要按规定填写，书写要规范、清楚，内容要简明扼要，字迹必须清晰、工整。

（二）原始凭证填制的具体要求

原始凭证的填制除符合上述基本要求外，还应当符合以下具体要求：

（1）阿拉伯数字应当一个一个地写，不得连写。阿拉伯金额数字前面应当书写货币币种符号或者货币名称简写和币种符号。币种符号与阿拉伯金额数字之间不得留有空白。凡阿拉伯数字前写有币种符号的，数字后面不得写货币单位。

（2）所有以元为单位（其他货币种类为货币基本单位，下同）的阿拉伯数字，除表示单价等情况外，一律填写到角分；无角分的，角位和分位可写“00”，或者符号“—”；有角无分的，分位应当写“0”，不得用符号“—”代替。

(3) 汉字大写数字金额如零、壹、贰、叁、肆、伍、陆、柒、捌、玖、拾、佰、仟、万、亿，一律用正楷或者行书体书写，不得用0、一、二、三、四、五、六、七、八、九、十等简化字代替，不得任意自造简化字。大写金额数字到元或者角为止的，在“元”或者“角”字之后应当写“整”字或者“正”字；大写金额数字有分的，分字后面不写“整”或者“正”字。

(4) 大写金额数字前未印有货币名称的，应当加填货币名称，货币名称与金额数字之间不得留有空白。

(5) 阿拉伯金额数字中间有“0”时，汉字大写金额要写“零”字；阿拉伯数字金额中间连续有几个“0”时，汉字大写金额中可以只写一个“零”字；阿拉伯金额数字元位是“0”，或者数字中间连续有几个“0”、元位也是“0”但角位不是“0”时，汉字大写金额可以只写一个“零”字，也可以不写“零”字。

(6) 一式几联的原始凭证，应当注明各联的用途，只能以一联作为报销凭证。一式几联的发票和收据，必须用双面复写纸（发票和收据本身具备复写纸功能的除外）套写，并连续编号。作废时应当加盖“作废”戳记，连同存根一起保存，不得撕毁。

三、原始凭证的审核

为了如实反映经济业务的发生和完成情况，充分发挥会计的监督职能，保证会计信息真实可靠、内容完整，各单位对所有原始凭证都必须进行严格、认真的审核。只有审核无误的原始凭证，才能据以编制记账凭证。

（一）原始凭证审核的主要内容

1. 审核原始凭证的真实性

审核原始凭证的真实性包括审核原始凭证本身是否真实以及审核原始凭证所反映的经济业务是否真实两个方面。即确定原始凭证是否弄虚作假、是否存在伪造、变造等情况；核实原始凭证所反映的经济业务是否发生和完成，是否真实反映了经济业务的本来面貌等。

2. 审核原始凭证的合法性

审核原始凭证的合法性就是审核原始凭证所反映的经济业务是否符合国家有关法律法规和国家统一会计制度的规定，是否符合有关审批权限和手续的规定，以及是否符合单位的有关规章制度，有无违法乱纪等行为。

3. 审核原始凭证的准确性

审核原始凭证的准确性就是审核原始凭证的摘要和数字是否填写正确，数量、单价、金额的计算有无错误,大写、小写金额是否相符等。

4. 审核原始凭证的完整性

审核原始凭证的完整性就是审核原始凭证的内容是否完整,手续是否完备,应填项目是否填写齐全,有关人员的签名或者盖章是否具备等。

(二) 原始凭证审核后发现问题的处理

原始凭证的审核是一项非常重要、严肃的工作。我国《会计法》规定:"会计机构、会计人员必须按照国家统一的会计制度的规定对原始凭证进行审核,对不真实、不合法的原始凭证有权不予接受,并向单位负责人报告;对记载不准确、不完整的原始凭证予以退回,并要求按照国家统一的会计制度的规定更正、补充。"

1. 对不真实、不合法的原始凭证有权不予接受,并向单位负责人报告

不真实的原始凭证是指原始凭证所记录和反映的经济业务是虚假的。不合法的原始凭证是指原始凭证所记录和反映的经济业务违反国家有关法律法规和国家统一会计制度的规定。对不真实、不合法的原始凭证,会计机构、会计人员有权不予接受。这一方面要求会计机构、会计人员在审核原始凭证的过程中,应当坚持原则,不徇私情,认真履行职责,发现原始凭证记载的经济业务虚假或者违反国家有关法律法规和国家统一的会计制度的规定时,应当拒绝接受;另一方面也强调了这是《会计法》赋予会计机构、会计人员的一种权利,体现了对会计人员的法律保护。同时,为了保证单位负责人及时了解情况或者及时纠正违法行为,会计机构、会计人员应当将审核中发现的不真实、不合法的原始凭证的情况向单位负责人报告。单位负责人接到报告后,应当采取相应措施:第一,责成有关经办人员改正错误,如属违法行为的,应当报告有关部门予以查处;第二,应当查找出现这种情况的原因,并制定相应的规章制度,防止类似问题再度发生。

2. 对记载不准确、不完整的原始凭证予以退回,并要求按照国家统一的会计制度的规定更正或补充

记载不准确的原始凭证是指原始凭证的内容记载有误;记载不完整的原始凭证是指原始凭证的填写有遗漏或者省略。对于记载不准确、不完整的原始凭证,因其只是有填写错误或项目不齐全、手续不完备的问题,因此在处理方法上和上述第一种情况有所不同,而是将其退回,并要求有关经济业务的经办人员按照国家统一的会计制度的规定进行更正、补充,待内容补充完整、手续完备后,再予以办理。

需要强调的是,我国《会计法》还规定:"原始凭证记载的各项内容均不得涂改;原始凭证有错误的,应当由出具单位重开或者更正,更正处应当加盖出具单位印章。原始凭证金额有错误的,应当由出具单位重开,不得在原始凭证上更正。"

原始凭证记载的各项内容均不得涂改，其目的就是为了保证原始凭证确实能够真实记录经济业务发生和完成的实际情况。但如果原始凭证是有错误的，则应当由原始凭证的出具单位重开或者更正。究竟是重开还是更正，应视错误的性质而定。

如果只是一般性的笔误，而且出错的不是金额问题，可以采取直接在原始凭证上更正的办法。更正时要注意两点：第一，更正只能提请出具单位进行，其他单位或者个人无权更正；第二，更正处应由出具单位盖章，以示负责。

如果是原始凭证填写的金额有错误的，则只能由原始凭证的出具单位重开，而不得在原始凭证上更正。应将金额错误的原始凭证交还给出具单位重开。这是因为金额是反映经济业务真实与否最为重要的内容，也是最容易出问题的一项内容，因此法律要求上就更严格一些。

对于审核无误的原始凭证，应及时据以编制记账凭证入账。

第三节　记账凭证的填制和审核

一、记账凭证的基本内容

记账凭证必须具备以下基本内容：

(1) 填制凭证的日期。

(2) 凭证编号。

(3) 经济业务摘要。

(4) 经济业务所涉及的会计科目（包括总分类科目和明细分类科目）及其应借应贷的金额。

(5) 所附原始凭证张数。

(6) 填制凭证人员、稽核人员、记账人员、会计机构负责人（会计主管人员）签名或者盖章。收款凭证和付款凭证还应当由出纳人员签名或者盖章。

以自制的原始凭证或者原始凭证汇总表代替记账凭证的，也必须具备记账凭证应有的项目。

二、记账凭证的填制

(一) 记账凭证填制的基本要求

记账凭证的填制应当符合以下基本要求。

1. 以审核无误的原始凭证为依据

我国《会计法》规定："记账凭证应当根据经过审核的原始凭证及有关资料编

制。”填制记账凭证时，必须依据审核无误的原始凭证。经过审核，真实、合法、准确、完整的原始凭证，才能作为填制记账凭证的依据。

2. 填制及时

会计人员要根据盖有“收讫”和“付讫”印记的收、付款原始凭证及时编制记账凭证；对其他经济业务，要定期根据原始凭证编制记账凭证。

3. 书写规范、清楚

记账凭证的摘要应简明扼要，反映经济业务的主要内容；会计科目必须按照国家统一的会计制度的规定填写，不得随意简化或改动；阿拉伯金额数字和货币币种符号等都要按规定填写正确；字迹必须清晰、工整。

(二) 记账凭证填制的具体要求

记账凭证的填制除符合上述基本要求外，还应当符合以下具体要求：

(1) 填制记账凭证时，应当对记账凭证进行连续编号。采用专用记账凭证，可分别按收款凭证、付款凭证和转账凭证编号，每月从现收字第 1 号、银收字第 1 号、现付字第 1 号、银付字第 1 号和转字第 1 号编起，按顺序编至月末。采用通用记账凭证，每月都从 1 号编起，按顺序编至月末。一笔经济业务需要填制多张记账凭证的，可以采用分数编号法编号。例如，第 12 笔经济业务需要填制 3 张记账凭证，就可以编成 $12\frac{1}{3}$ 号、$12\frac{2}{3}$ 号、$12\frac{3}{3}$ 号。

(2) 记账凭证可以根据每一张原始凭证填制，或者根据若干张同类原始凭证汇总填制，也可以根据原始凭证汇总表填制。但不得将不同内容和类别的原始凭证汇总填制在一张记账凭证上。

(3) 除结账和更正错误的记账凭证可以不附原始凭证外，其他记账凭证必须附有原始凭证。如果一张原始凭证涉及几张记账凭证，可以把原始凭证附在一张主要的记账凭证后面，并在其他记账凭证上注明附有该原始凭证的记账凭证的编号或者附有原始凭证复印件。

一张原始凭证所列支出需要几个单位共同负担的，应当将其他单位负担部分，开给对方原始凭证分割单，进行结算。原始凭证分割单必须具备原始凭证的基本内容：凭证名称、填制凭证日期、填制凭证单位名称或者填制人姓名、经办人的签名或者盖章、接受凭证单位名称、经济业务内容、数量、单价、金额和费用分摊情况等。

(4) 如果在填制记账凭证时发生错误，应当重新填制。已经登记入账的记账凭证，在当年内发现填写错误时，可以用红笔填写一张与原内容相同的记账凭证，在摘要栏注明“注销某月某日某号凭证”字样，同时再蓝字重新填制一张正确的记账凭证，注明“订正某月某日某号凭证”字样，如果会计科目没有错误，只是金额错误，也可以将正确数字与错误之间的差额，另编一张调整的记账凭证，调增金额用蓝字，调减金额用红字。发现以前年度记账凭证有错误的，应当用蓝字填制一张更正的记账凭证。

(5) 记账凭证填制完经济业务事项后，如有空行，应当自金额栏最后一笔金额数字下的空行处至合计数上的空行处划线注销。

这里需要注意的是，实行会计电算化的单位，对于机制记账凭证，要认真审核，做到会计科目使用正确，数字准确无误。打印出的机制记账凭证要加盖制单人员、审核人员、记账人员及会计机构负责人、会计主管人员印章或者签字。

三、记账凭证的审核

为了保证账簿记录的正确性，必须对记账凭证进行审核。如前所述，记账凭证是根据原始凭证填制的，所以对记账凭证进行审核，实际上是对原始凭证的进一步复核。记账凭证审核的主要内容如下。

(一) 编制依据是否真实

审核记账凭证所附的原始凭证是否手续齐全、符合规定，记账凭证的内容与所附原始凭证的内容是否一致；汇总记账凭证的内容是否与据以汇总的有关记账凭证的内容一致。

(二) 填写项目是否齐全

审核记账凭证的各项目是否填写齐全，如填制凭证的日期，凭证编号，摘要，会计科目的名称及应借、应贷的金额，所附原始凭证的张数，有关人员是否都已签章等。

(三) 金额计算是否准确

审核记账凭证中所记录的金额与所附原始凭证的金额是否一致，反映经济业务内容的数量、单价、金额计算是否正确。审核汇总记账凭证的金额与据以汇总的有关记账凭证的金额合计是否相符。

(四) 会计分录是否正确

审核记账凭证中填写的应借、应贷的会计科目是否正确，应借、应贷的金额是否一致，账户的对应关系是否清晰，账户的核算内容是否符合国家统一的会计制度的规定。

(五) 书写是否清楚

审核记账凭证中的记录是否书写规范，字迹是否清晰、工整，不得污染、抹擦、刀刮和挖补。

经过审核，符合规定要求的记账凭证才能作为记账的依据。不符合规定要求的记账凭证，应补办手续、更正错误或重新填制。

第四节 会计凭证的传递和保管

一、会计凭证的传递

会计凭证的传递是指从会计凭证的取得或填制时起至归档保管为止，在单位内部有关部门和人员之间按规定的时间、程序办理业务手续和进行处理的过程。会计凭证的传递是会计核算得以正常、有效进行的前提。

会计凭证的传递，包括传递程序、传递时间和传递过程中的手续衔接。由于各单位的机构设置、人员分工、经济业务的内容和管理要求不同，会计凭证的传递也有所不同。为此，各单位会计凭证的传递应当科学、合理，具体办法由各单位根据会计业务需要自行规定。

各单位应根据经济业务的特点和人员分工情况，满足内部会计控制制度的要求，明确传递程序。既要保证会计凭证经过必要的环节进行处理和审核，又要避免会计凭证在不必要的环节停留，使传递程序合理有效。应明确规定会计凭证在必要环节进行处理和审核的时间，会计凭证应当及时传递，不得积压，以免影响会计工作的正常秩序。传递过程中的手续衔接，应当做到既严密合理，又简便易行，尽量节约传递时间，减少传递的工作量，使会计凭证的传递工作有条不紊、迅速有效地进行。

各单位还应根据具体情况制定每一种凭证的传递程序和方法。例如，对收料单的传递应规定：材料到达单位后多长时间内验收入库，收料单由谁填制，一式几联，各联次的用途是什么，何时传递到会计部门，会计机构由谁负责收料单的审核工作，由谁据以编制记账凭证、登记账簿、整理归档等。会计凭证的传递是否科学、严密、有效，对于加强单位内部管理、提高会计信息的质量具有重要的影响。

二、会计凭证的保管

会计凭证是记录和反映单位经济业务的重要史料和证据，是重要的会计档案，必须认真负责地加以整理，妥善保管。会计凭证的保管是指对会计凭证的整理、装订和归档工作。本单位以及有关部门、单位，可能因各种需要要查阅会计凭证，特别是发生贪污、盗窃、违法乱纪等行为时，会计凭证还是依法处理的有效证据。因此，任何单位必须将会计凭证按照分类和编号顺序及规定的立卷归档制度形成会计档案资料，妥善保管，不得散乱丢失，不得任意销毁，以便日后随时查阅。

会计凭证的保管，既要做到完整无缺，又要便于查阅。其具体要求是：

(1) 会计凭证应定期装订成册，防止散失。会计机构和会计人员在依据会计凭证记账以后，应定期(每天、每旬或每月)对各种会计凭证进行分类整理，将各种记账凭证连同所附的原始凭证或者汇总原始凭证，按照编号顺序，折叠整齐，加具封面，封底，按期装订成册，并在封订线上加贴封签，由装订人员在装订线封签处签名或者盖章。

(2) 会计凭证封面应注明单位名称、年度、月份、凭证种类、凭证张数、起止号数、会计机构负责人(会计主管人员)和保管人员等有关事项，会计机构负责人(会计主管人员)和保管人员应在会计凭证封面上签名或者盖章。会计凭证封面的一般格式如图 4-1 所示。

	(单 位 名 称)	
年	收款	____年____月份共　　册第　　册
月份	付款	凭证第　　号至　　号　　共　　张
	转账	附:原始凭证　　　张
第册		
	会计主管:	保管:

图 4-1　会计凭证封面的一般格式

(3) 对于数量过多的原始凭证，可以单独装订保管，但应在凭证封面注明所属记账凭证的日期、编号和种类，同时在所属的记账凭证上应注明“附件另订”及原始凭证的名称和编号，以便查阅。对各种重要的原始凭证，如存出保证金收据等，以及各种随时需要查阅和退回的单据，应当另编目录，单独登记保管，并在有关的记账凭证和原始凭证上分别注明日期和编号。

(4) 严格遵守《会计档案管理办法》的有关规定。

(a) 各单位必须加强对会计档案管理工作的领导，建立会计档案的立卷、归档、保管、查阅和销毁等管理制度，保证会计档案妥善保管、有序存放、方便查阅、严防毁损、散失和泄密。

(b) 各单位每年形成的会计档案，应当由会计机构按照归档要求，负责整理立卷，装订成册，编制会计档案保管清册。

当年形成的会计档案，在会计年度终了后，可暂由会计机构保管 1 年，期满之后，应当由会计机构编制移交清册，移交本单位档案机构统一保管；未设立档案机构的，应当在会计机构内部指定专人保管。出纳人员不得兼管会计档案。

移交本单位档案机构保管的会计档案，原则上应当保持原卷册的封装，个别需要拆封重新整理的，档案机构应当会同会计机构和经办人员共同拆封整理，以分清责任。

(c) 各单位保存的会计档案不得借出。如有特殊需要，经本单位负责人批准，可以提供查阅或者复制，并办理登记手续。查阅或者复制会计档案的人员，严禁在会计档案上涂画、拆封和抽换。

各单位应当建立健全会计档案查阅、复制登记制度。

(d) 原始凭证、记账凭证和汇总凭证保管 15 年。会计档案的保管期限，从会计年度终了后的第一天算起。《会计档案管理办法》规定的会计档案保管期限为最低保管期限。

(e) 保管期满的会计档案可以按照以下程序销毁：

第一，由本单位档案机构会同会计机构提出销毁意见，编制会计档案销毁清册，列明销毁会计档案的名称、卷号、册数、起止年度和档案编号、应保管期限、已保管期限、销毁时间等内容。

第二，单位负责人在会计档案销毁清册上签署意见。

第三，销毁会计档案时，应当由档案机构和会计机构共同派员监销。国家机关销毁会计档案时，应当由同级财政部门、审计部门派员参加监销。财政部门销毁会计档案时，应当由同级审计部门派员参加监销。

第四，监销人在销毁会计档案前，应当按照会计档案销毁清册所列内容清点核对所要销毁的会计档案；销毁后，应当在会计档案销毁清册上签名盖章，并将监销情况报告本单位负责人。

应当注意的是，保管期满但未结清的债权债务原始凭证和涉及其他未了事项的原始凭证，不得销毁，应当单独抽出立卷，保管到未了事项完结时为止。单独抽出立卷的会计档案，应当在会计档案销毁清册和会计档案保管清册中列明。正在项目建设期间的建设单位，其保管期满的会计档案不得销毁。

(f) 采用电子计算机进行会计核算的单位，应当保存打印出的纸质会计档案。具备采用磁带、磁盘、光盘、微缩胶片等磁性介质保存会计档案条件的，由国务院业务主管部门统一规定，并报财政部、国家档案局备案。

本章小结

会计凭证是用来记录经济业务，明确经济责任，作为记账依据的书面证明。会计凭证按其填制程序和用途的不同，可以分为原始凭证和记账凭证。

本章重点介绍原始凭证的填制要求、原始凭证的审核以及记账凭证的填制要求、记账凭证的审核;简要说明会计凭证的传递程序和保管要求。

复习思考题

1. 什么是会计凭证?会计凭证如何分类?
2. 什么是原始凭证?原始凭证必须具备哪些内容?
3. 对原始凭证的填制有哪些要求?
4. 对原始凭证如何进行审核?审核后发现问题如何处理?
5. 什么是记账凭证?记账凭证必须具备哪些内容?
6. 对记账凭证的填制有哪些要求?
7. 对记账凭证如何进行审核?
8. 对会计凭证的保管有哪些具体要求?

习 题

一、单项选择题

1. 会计日常核算工作的起点是(　　)。
   A. 填制和审核会计凭证　　B. 财产清查
   C. 设置会计科目和账户　　D. 登记账簿
2. 档案机构接收保管的会计档案需要拆封重新整理的,应当由(　　)。
   A. 原封装人员拆封整理　　B. 会计机构拆封整理
   C. 档案机构拆封整理
   D. 档案部门会同会计机构和经办人员共同拆封整理
3. 为保证会计账簿记录的正确性,会计人员填制记账凭证的依据必须是(　　)。
   A. 从企业外部取得的原始凭证　　B. 填写齐全的原始凭证
   C. 审核无误的原始凭证
   D. 盖有填制单位财务公章的原始凭证
4. 在会计实务中,原始凭证按照填制手续及内容的不同,可以分为(　　)。
   A. 通用凭证和专用凭证　　B. 收款凭证、付款凭证和转账凭证
   C. 外来原始凭证和自制原始凭证
   D. 一次凭证、累计凭证和汇总原始凭证
5. 下列原始凭证中,属于累计凭证的是(　　)。

A. 收料单　　B. 发货票
C. 领料单　　D. 限额领料单

6. 会计人员对不真实、不合法的原始凭证应(　　)。
A. 予以退回　　B. 更正补充
C. 不予接受,并向单位负责人报告　　D. 无权自行处理

7. 下列各项中,不属于原始凭证审核内容的是(　　)。
A. 原始凭证的真实性　　B. 原始凭证的合法性
C. 原始凭证的完整性　　D. 会计科目的正确性

8. 下列记账凭证中,可以不附原始凭证的是(　　)。
A. 所有收款凭证　　B. 所有付款凭证
C. 所有转账凭证　　D. 用于结账的记账凭证

9. 我国1999年1月1日起实施的《会计档案管理办法》规定,企业原始凭证、记账凭证和汇总凭证的保管期限为(　　)年。
A. 15　　B. 5
C. 3　　D. 10

10. 会计凭证划分为原始凭证和记账凭证的主要依据是(　　)。
A. 凭证反映的经济业务不同　　B. 凭证填制的时间不同
C. 凭证的格式不同　　D. 凭证填制程序和用途不同

二、多项选择题

1. 下列各项中,属于原始凭证基本内容的有(　　)。
A. 经济业务发生日期　　B. 经济业务内容
C. 会计人员记账标记　　D. 凭证的名称

2. 按照我国《会计法》的规定,下列各项中,属于会计核算具体内容的有(　　)。
A. 款项和有价证券的收付　　B. 财物的收发、增减和使用
C. 债权债务的发生和结算　　D. 资本、基金的增减

3. 下列会计凭证中,属于原始凭证的有(　　)。
A. 领料单　　B. 账存实存对比表
C. 购货发票　　D. 发料凭证汇总表

4. 下列原始凭证中,属于外来凭证的有(　　)。
A. 购入材料取得的增值税专用发票　　B. 出差的住宿费收据
C. 银行结算凭证　　D. 收料单

5. 下列原始凭证中,属于一次凭证的有(　　)。

A. 限额领料单　　B. 领料单

C. 销货发票　　D. 购货发票

6. 在会计实务中，记账凭证按其反映经济内容的不同，可以分为(　　)。

A. 收款凭证　　B. 付款凭证

C. 转账凭证　　D. 累计凭证

7. 下列会计科目中，可能成为银行存款付款凭证借方科目的有(　　)。

A. “库存现金”　　B. “应付账款”

C. “销售费用”　　D. “应交税费”

8. 下列凭证中，属于汇总原始凭证的有(　　)。

A. 发料凭证汇总表　　B. 制造费用分配表

C. 科目汇总表　　D. 工资结算汇总表

9. 根据下列经济业务，应当填制转账凭证的有(　　)。

A. 收回前欠货款存入银行　　B. 结转销售材料的成本

C. 计提固定资产折旧　　D. 预提短期借款利息

10. 下列会计科目中，可能成为银行存款收款凭证贷方科目的有(　　)。

A. “库存现金”　　B. “应收账款”

C. “预收账款”　　D. “应收票据”

三、判断题

1. 企业每笔经济业务的发生都必须从外部取得原始凭证。(　　)

2. 原始凭证对于经济业务的发生和完成具有证明效力。(　　)

3. 从外单位取得的原始凭证如有遗失，又确实无法取得证明的，如火车、轮船、飞机票等凭证，由当事人写出详细情况，由经办单位会计机构负责人(会计主管人员)和单位负责人批准后，代作原始凭证。(　　)

4. 企业将现金存入银行或从银行提取现金，为了避免重复记账，一般只编制收款凭证，不编制付款凭证。(　　)

5. 科目汇总表是一种累计凭证。(　　)

6. 保管期满的原始凭证均可予以销毁。(　　)

7. 在证明经济业务发生，据以编制记账凭证的作用方面，自制原始凭证与外来原始凭证具有同等的效力。(　　)

8. 会计机构、会计人员对记载不准确、不完整的原始凭证予以退回，并要求按照国家统一的会计制度的规定更正、补充。(　　)

9. 一笔经济业务需要填制多张记账凭证的，可以采用分数编号法编号。(　　)

10. 原始凭证金额有错误的，应当由出具单位重开或更正。　（　　）

四、业务题

1. 目的　练习收款凭证、付款凭证和转账凭证的编制。

2. 资料　长江公司 2008 年 4 月份发生的部分经济业务（均已取得或填制原始凭证）如下：

(1) 4 月 3 日，从银行取得生产经营用借款 200 000 元，借款期限为 6 个月，月利率 0.4%，该项借款的本金到期后一次归还，利息分月预提，按季支付。借款已存入银行存款户。

(2) 4 月 3 日，销售 A 产品一批，开出的增值税专用发票上注明的售价为 304 000元，增值税额为 51 680 元，款项已存入银行存款户。

(3) 4 月 3 日，从银行提取现金 2 000 元备用。

(4) 4 月 3 日，用银行存款归还前欠 A 公司货款 102 000 元。

(5) 4 月 3 日，用银行存款支付广告费 250 000 元。

(6) 4 月 3 日，从银行取得借款 500 000 元，借款期限为 3 年，年利率为 8.4%，到期一次还本付息，借款已存入银行存款户。

(7) 4 月 3 日，购买不需安装的设备一台，取得的增值税专用发票上注明的货款为 400 000 元，增值税额为 68 000 元，(不允许抵扣)，另支付运杂费 2 000 元，款项通过银行支付，设备已投入使用。

(8) 4 月 8 日，向新兴公司购入甲材料一批，取得的增值税专用发票上注明的货款为 200 000 元，增值税额为 34 000 元，另新兴公司代垫运杂费 400 元，材料已验收入库，款项尚未支付。

(9) 4 月 9 日，以现金支付企业行政管理人员张某差旅费 1 500 元。

(10) 4 月 24 日，取得罚没收入 50 元，现金收讫。

(11) 4 月 30 日，A 产品本月制造完工 1 000 件，已验收入库。实际成本为 580 000元，予以结转。

(12) 4 月 30 日，结转本月销售 A 产品的成本 220 400 元。

3. 要求　根据上述经济业务取得或填制的原始凭证，填制收款凭证、付款凭证和转账凭证。

（收款凭证、付款凭证和转账凭证的格式如本章表 4-5～4-7 所示）

第五章　会计账簿

本章结构图

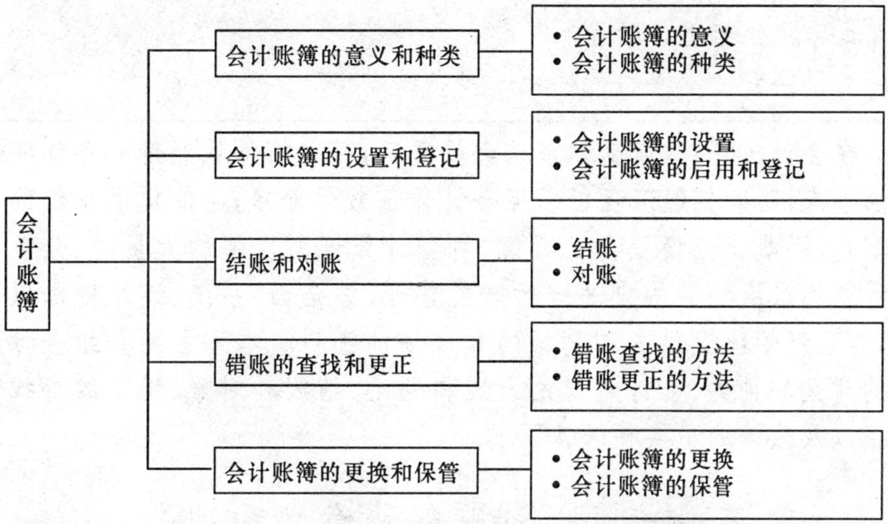

本章学习目标

- 熟悉会计账簿的意义和种类
- 熟悉会计账簿启用和登记的要求
- 熟悉会计账簿的格式和登记方法
- 掌握结账的有关规定和方法
- 掌握对账的有关规定和方法
- 熟悉错账查找的方法
- 掌握错账更正的方法
- 了解会计账簿的更换和保管要求

在会计核算中，填制和审核会计凭证，可以将每笔经济业务如实地记录下来，明确其经济责任。但会计凭证数量繁多，不能提供系统的会计信息，因此还应设置会计账簿，将会计凭证所反映的大量的、分散的会计信息采用科学的方法进行归类整理，并全面、系统、连续地加以记录，为经济管理提供各种总括的和详细的资料。本章主要介绍会计账簿的意义和种类、会计账簿的设置和登记、结账和对账、错账的查找和更正以及账簿的更换和保管要求。

第一节　会计账簿的意义和种类

会计账簿是用来全面、系统、连续地记录各项经济业务的簿籍。它是由具有专门格式，并以一定形式联结在一起的账页所组成。账页是账户的载体，账簿则是若干账页的集合，登记会计账簿就是根据会计凭证在有关账户中进行登记，简称记账。在整个会计核算体系中，会计账簿是一个中心环节，对于会计凭证和财务报表来说，会计账簿起着承前启后的作用。设置和登记会计账簿是会计核算的一种专门方法，科学地设置和正确地登记会计账簿，对于充分发挥会计的作用，有着重要的意义。

一、会计账簿的意义

（一）可以提供全面、系统、连续的会计信息

账簿的设置和登记，可以把会计凭证上所记录的大量的、分散的会计核算资

料，按账户进行归类、汇总、整理，以全面、系统、连续地反映各单位在一定时期内所发生的经济活动的情况，记载、储存各种会计信息。账簿的设置和登记，既可以分类反映各项经济业务，又可以序时反映经济活动的过程；既可以提供各种总括的核算资料，又可以提供各种详细的核算资料，账簿在会计工作中起着主要信息库的作用。

（二）为编制财务会计报告提供依据

为了对外提供会计主体某一特定日期的财务状况和某一会计期间的经营成果、现金流量等会计信息，各单位还必须定期编制财务会计报告。财务会计报告主要是根据账簿资料编制的，因此，账簿记录是否正确、完整、系统，直接影响到财务会计报告的质量。

（三）为开展会计分析和会计检查提供依据

账簿记录可以为开展会计分析和会计检查提供依据。通过对账簿提供的核算资料进行分析和检查，可以了解单位执行国家法律法规和国家统一的会计制度的情况，可以具体反映各项资产的增减变动及其结存情况，可以对资金使用是否合理，费用开支是否符合标准等进行评价，可以考核单位预算的执行情况和结果。

二、会计账簿的种类

为了全面、系统、连续地记录单位的经济活动，满足经济管理的需要，必须设置各种不同的账簿。不同的账簿，其用途、形式等都有所不同，为了正确地使用会计账簿，有必要了解会计账簿的种类。对会计账簿进行分类的方法主要有以下两种。

（一）会计账簿按其用途的不同，可以分为序时账簿、分类账簿和辅助性账簿

1. 序时账簿

序时账簿又称日记账，是按经济业务发生或完成时间的顺序，逐日逐笔登记的账簿。序时账簿可以用来核算和监督某一类经济业务或全部经济业务的发生和完成的情况。用来核算和监督某一类经济业务的发生和完成情况的序时账簿称为特种日记账，如记录现金收付业务及其结存情况的现金日记账，记录银行存款收付业务及其结存情况的银行存款日记账以及专门记录转账业务的转账日记账。用来核算和监督全部经济业务的发生和完成的情况的序时账簿称为普通日记账。在我国，大多数单位一般只设置现金日记账和银行存款日记账，转账日记账和普通日记账使用较少。

2. 分类账簿

分类账簿是按照总分类账户和明细分类账户分类登记经济业务的账簿。按照总分类账户登记的账簿，称为总分类账，简称总账；按照明细分类账户分类登记的账簿，称为明细分类账，简称明细账。分类账簿可以用来核算和监督资产、负债、所

有者权益、收入、费用和利润的增减变动情况和结果。

序时账簿和分类账簿的用途不同。序时账簿能够按照时间顺序提供连续的会计信息;分类账簿则是分类、汇总各类会计信息。在账簿组织中,分类账簿占有特别重要的地位,分类账簿提供的核算资料是编制财务报表的主要依据。

在经济业务比较简单、总分类账户为数不多的单位,为了简化记账工作,可以把序时账簿和总分类账簿结合在一起,这种既进行序时登记,又进行总分类登记,同时具备日记账和总分类账两种用途的账簿,称为联合账簿。日记总账就是兼有日记账和总分类账作用的联合账簿。

3. 辅助性账簿

辅助性账簿是对某些在序时账簿和分类账簿等主要账簿中未能记载或记载不完整的会计事项进行补充登记的账簿。如“租入固定资产登记簿”、“委托加工材料登记簿”等。辅助性账簿的设置应视单位的实际需要而定,并非一定要设置,也没有固定的格式。

(二) 会计账簿按其外表形式的不同,可以分为订本式账簿、活页式账簿和卡片式账簿

1. 订本式账簿

订本式账簿是在启用前就把许多具有一定格式和按顺序编号的账页固定装订在一起的账簿。这类账簿的优点是可以避免账页散失和防止账页被抽换,缺点是账页固定后,不能根据记账需要增减账页。各单位的现金日记账、银行存款日记账以及具有统驭和控制作用的总分类账,必须采用订本式账簿。

2. 活页式账簿

活页式账簿是把零散的账页装存在账夹内,可以随时增减账页的账簿。这类账簿的优点是可以根据记账的需要增减或重新排列账页,缺点是账页容易丢失。各单位的明细分类账一般都使用活页式账簿。

3. 卡片式账簿

卡片式账簿是将硬卡片作为账页,并将其存放在卡片箱中保管的账簿。卡片式账簿实际上也是一种活页式账簿,只是因为有些账页需要经常抽取,为了防止破损而采用硬卡片作为账页。卡片式账簿可以跨年度使用,不一定每年更换新账。各单位的固定资产明细账常常采用卡片式账簿。

第二节　会计账簿的设置和登记

各单位应当根据经济业务的特点和管理的需要,科学、合理地设置账簿。账簿的设置要组织严密、层次分明、账簿之间要互相衔接,互相补充,互相制约,以便提

供全面、系统的核算资料。

一、会计账簿的设置

我国《会计法》规定:“各单位必须依法设置会计账簿,并保证其真实、完整。”

(一) 会计账簿的设置要求

各单位需要具体设置哪些账簿,应当根据本单位经济活动的特点和管理的需要来确定。设置账簿应当符合以下要求:

(1) 账簿的设置要能保证全面、系统、连续地核算和监督经济活动的情况,满足经济管理的需要。

(2) 账簿的设置要能保证组织严密,各账簿之间既要有明确的分工,又要有密切的联系,考虑人力和物力的节约,力求避免重复或者遗漏。

(3) 账簿的格式应简明适用,便于登记、保管和查阅。

这里特别强调的是,任何单位都不得私设会计账簿登记、核算。我国《内部会计控制规范——货币资金(试行)》明确规定:“单位取得的货币资金收入必须及时入账,不得私设小金库,不得账外设账,严禁收款不入账。”私设会计账簿登记、核算,势必扰乱会计工作秩序,导致会计核算资料失真、隐藏或者诱发一些违法犯罪行为。各单位必须严格遵守我国《会计法》的规定:“各单位发生的各项经济业务事项应当在依法设置的会计账簿上统一登记、核算,不得违反本法和国家统一的会计制度的规定私设会计账簿登记、核算。”

(二) 会计账簿的基本内容

会计账簿一般应具备以下基本内容:

(1) 封面。写明单位名称和账簿名称。

(2) 扉页。填明账簿启用及经管人员一览表、账户目录等。账簿启用及经管人员一览表如表 5-1 所示。

(3) 账页。账页的基本内容包括:账户的名称(总账科目、二级科目、明细科目)、记账日期、凭证种类和号数栏、摘要栏、金额栏以及总页次和分户页次等。

二、会计账簿的启用和登记

(一) 会计账簿的启用要求

启用会计账簿时,应当在会计账簿封面上写明单位名称和账簿名称。在账簿扉页上应当附启用表,内容包括:启用日期、账簿页数、记账人员和会计机构负责人(会计主管人员)姓名,并加盖名章和单位公章。记账人员或者会计机构负责人(会计主管人员)调动工作时,应当注明交接日期、接办人员或者监交人员姓名,并由交接双方人员签名或者盖章。

表 5-1

账簿启用及经管人员一览表

<table>
<tr><td colspan="2">单位名称</td><td colspan="5"></td><td colspan="6">印　鉴</td></tr>
<tr><td colspan="2">账簿名称</td><td colspan="5">（第　册）</td><td colspan="6" rowspan="4"></td></tr>
<tr><td colspan="2">账簿编号</td><td colspan="5"></td></tr>
<tr><td colspan="2">账簿页数</td><td colspan="5">自第　页起至第　页止
共　页</td></tr>
<tr><td colspan="2">启用日期</td><td colspan="5">年　月　日</td></tr>
<tr><td rowspan="3">经管人员</td><td colspan="3">单位主管</td><td colspan="3">财务主管</td><td colspan="3">复核</td><td colspan="3">记账</td></tr>
<tr><td>姓名</td><td colspan="2">盖章</td><td>姓名</td><td colspan="2">盖章</td><td>姓名</td><td colspan="2">盖章</td><td>姓名</td><td colspan="2">盖章</td></tr>
<tr><td></td><td colspan="2"></td><td></td><td colspan="2"></td><td></td><td colspan="2"></td><td></td><td colspan="2"></td></tr>
<tr><td rowspan="6">交接记录</td><td colspan="4">经管人员</td><td colspan="4">接管</td><td colspan="4">交出</td></tr>
<tr><td colspan="2">职别</td><td colspan="2">姓名</td><td>年</td><td>月</td><td>日</td><td>盖章</td><td>年</td><td>月</td><td>日</td><td>盖章</td></tr>
<tr><td colspan="2"></td><td colspan="2"></td><td></td><td></td><td></td><td></td><td></td><td></td><td></td><td></td></tr>
<tr><td colspan="2"></td><td colspan="2"></td><td></td><td></td><td></td><td></td><td></td><td></td><td></td><td></td></tr>
<tr><td colspan="2"></td><td colspan="2"></td><td></td><td></td><td></td><td></td><td></td><td></td><td></td><td></td></tr>
<tr><td colspan="2"></td><td colspan="2"></td><td></td><td></td><td></td><td></td><td></td><td></td><td></td><td></td></tr>
<tr><td>备注</td><td colspan="12"></td></tr>
</table>

启用订本式账簿，应当从第一页到最后一页顺序编定页数，不得跳页、缺号。使用活页式账页，应当按账户顺序编号，并须定期装订成册。装订后再按实际使用的账页顺序编定页码。另加目录，记明每个账户的名称和页次。

（二）会计账簿的登记要求

按照我国《会计法》的规定，会计账簿登记，必须以经过审核的会计凭证为依据，并符合有关法律、行政法规和国家统一的会计制度的规定。会计账簿应当按照连续编号的页码顺序登记。会计账簿记录发生错误或者隔页、缺号、跳行的，应当按照国家统一的会计制度规定的方法更正，并由会计人员和会计机构负责人（会计主管人员）在更正处盖章。使用电子计算机进行会计核算的，其会计账簿的登记、更正，应当符合国家统一的会计制度的规定。

会计人员应当根据审核无误的会计凭证登记会计账簿。登记账簿的基本要求是：

(1) 登记会计账簿时，应当将会计凭证日期、编号、业务内容摘要、金额和其他有关资料逐项记入账内，做到数字准确、摘要清楚、登记及时、字迹工整。

(2) 登记完毕后，要在记账凭证上签名或者盖章，并注明已登账的符号，表示已记账。

(3) 账簿中书写的文字和数字上面要留有适当空格，不要写满格，一般应占格距的的 1/2。

(4) 登记账簿要用蓝黑墨水或者碳素墨水书写，不得使用圆珠笔(银行的复写账簿除外)或者铅笔书写。

(5) 下列情况，可以用红色墨水记账：

(a) 按照红字冲账的记账凭证，冲销错误记录。

(b) 在不设借贷等栏的多栏式账页中，登记减少数。

(c) 在三栏式账户的余额栏前，如未印明余额方向的，在余额栏内登记负数余额。

(d) 根据国家统一会计制度的规定可以用红字登记的其他会计记录。

(6) 各种账簿按页次顺序连续登记，不得跳行、隔页。如果发生跳行、隔页，应当将空行、空页划线注销，或者注明"此行空白"、"此页空白"字样，并由记账人员和会计机构负责人(会计主管人员)盖章。

(7) 凡需要结出余额的账户，结出余额后，应当在"借或贷"等栏内写明"借"或者"贷"等字样。没有余额的账户，应当在"借或贷"等栏内写"平"字，并在余额栏内用"0"表示。

现金日记账和银行存款日记账必须逐日结出余额。

(8) 每一账页登记完毕结转下页时，应当结出本页合计数及余额，写在本页最后一行和下页第一行有关栏内，并在摘要栏内注明"过次页"和"承前页"字样；也可以将本页合计数及金额只写在下页第一行有关栏内，并在摘要栏内注明"承前页"字样。

对需要结计本月发生额的账户，结计"过次页"的本页合计数应当为自本月初起至本页末止的发生额合计数；对需要结计本年累计发生额的账户，结计"过次页"的本页合计数应当为自年初起至本页末止的累计数；对既不需要结计本月发生额也不需要结计本年累计发生额的账户，可以只将每页末的余额结转次页。

需要注意的是，实行会计电算化的单位，总账和明细账应当定期打印。

发生收款和付款业务的，在输入收款凭证和付款凭证的当天必须打印出现金日记账和银行存款日记账，并与库存现金核对无误。

(三) 序时账簿的格式和登记方法

1. 现金日记账的格式和登记方法

现金日记账是用来核算和监督库存现金每天的收入、付出和结存情况的账簿。现金日记账的账页格式有“三栏式”和“多栏式”两种，一般采用“三栏式”，其基本结构为“收入”、“付出”、“结余”三栏，如表 5-2 所示。

表 5-2

现 金 日 记 账

第　页

年		凭证号数	摘　要	对方科目	收　入	付　出	结　余
月	日						

现金日记账由出纳人员根据现金的收款凭证和付款凭证及其所附的原始凭证逐日逐笔序时进行登记。每日终了应分别计算出当天库存现金的收入和付出的合计数并结出账面余额。逐日结出的现金余额，应与库存现金实存数进行核对，检查账款是否相符，做到日结日清。

2. 银行存款日记账的格式和登记方法

银行存款日记账是用来核算和监督银行存款每天的收入、付出和结存情况的账簿。单位可按开户银行和其他金融机构、存款种类等设置银行存款日记账。银行存款日记账的账页格式和现金日记账相同，有“三栏式”和“多栏式”两种，一般采用“三栏式”，其基本结构为“收入”、“付出”、“结余”三栏，如表 5-3 所示。

表 5-3

银行存款日记账

第　页

年		凭证号数	摘　要	对方科目	收　入	付　出	结　余
月	日						

银行存款日记账由出纳人员根据银行存款的收款凭证和付款凭证及其所附的原始凭证逐日逐笔序时进行登记。每日终了应分别计算出当天银行存款的收入和付出的合计数并结出账面余额。银行存款日记账应定期与开户银行提供的银行对账单相互核对,单位银行存款账面余额与银行对账单余额之间如有差额,应编制"银行存款余额调节表",详见本教材第六章。

3. 转账日记账的格式和登记方法

转账日记账是用来核算和监督转账业务的账簿。转账日记账的账页一般只设置借方和贷方两个金额栏,其格式如表 5-4 所示。

表 5-4

转账日记账

第 页

年		凭证号数	摘 要	借 方		贷 方	
月	日			一级科目	金 额	一级科目	金 额

转账日记账根据转账凭证逐日逐笔序时进行登记。

4. 普通日记账的格式和登记方法

普通日记账又称分录簿,是用来核算和监督全部经济业务发生和完成情况的账簿。普通日记账的账页一般也只设置借方和贷方两个金额栏,其格式如表 5-5 所示,也可以采用表 5-4 所示的转账日记账的格式。

表 5-5

普通日记账

第 页

年		凭证号数	摘 要	账户名称	记 账	借 方	贷 方
月	日						

使用普通日记账的优点是：

(1) 便于了解企业在一定时期内发生的所有经济业务的全貌。

(2) 比较容易发现记账差错。

(3) 比较容易进行发生额试算平衡。

使用普通日记账的缺点是：

(1) 不便于记账分工。

(2) 难以了解某一特定账户的发生额和余额的变化情况。

(3) 过账的工作量大。

对于规模较小、经济业务不多的企业，使用普通日记账较为简便。如果企业规模较大、经济业务较多，则不宜使用普通日记账。

普通日记账可以根据经济业务直接登记，然后再根据普通日记账过入分类账。因此，设置普通日记账一般可不再编制记账凭证。

(四) 分类账簿的格式和登记方法

1. 总分类账的格式和登记方法

总分类账按总分类账户设置，用来提供总括的核算资料。总分类账只能以货币作为计量单位。总分类账的账页格式有“三栏式”和“多栏式”两种，一般采用“三栏式”，其金额分为“借方”、“贷方”、“余额”三栏，一般的三栏式总分类账如表 5-6 所示，设对应科目的三栏式总分类账如表 5-7 所示。

表 5-6

总分类账(一般的三栏式)

账户名称：　　　　　　　　　　　　第　页

年		凭证		摘要	借方	贷方	借或贷	余额
月	日	种类	号数					

表 5-7

总分类账(设对应科目的三栏式)

账户名称： 第 页

年		凭证		摘 要	对方科目	借 方	贷 方	借或贷	余 额
月	日	种类	号数						

总分类账的登记方法比较灵活,可以根据记账凭证逐笔登记,也可以通过一定的方式分次或月终一次汇总登记。单位采用的账务处理程序不同,登记总分类账的方法也就有所不同,详见本教材第八章。

2. 明细分类账的格式和登记方法

明细分类账按明细分类账户设置,提供详细的核算资料,它是对总分类账的详细反映和补充。明细分类账既可以反映资产、负债、所有者权益、收入、费用等具体项目金额的变动情况,又可以反映实物数量的增减变化情况。所以,明细分类账的账页,应根据其不同的经济内容和管理要求,采用不同的格式。主要有“三栏式”、“数量金额式”、“多栏式”和“横线登记式”四种。

(1) 三栏式。“三栏式”明细分类账的基本结构为“借方”、“贷方”、“余额”三栏。

“三栏式”明细分类账主要适用于只进行金额核算的经济业务。如“应收账款”、“应付账款”、“短期借款”等账户的明细分类账采用三栏式。应收账款明细账的格式如表 5-8 所示。

“三栏式”明细分类账一般可根据记账凭证及其所附的原始凭证或汇总原始凭证逐笔登记其借方金额、贷方金额,并逐日结出余额。月终,结出本月借方发生额合计、贷方发生额合计和月末余额。

(2) 数量金额式。“数量金额式”明细分类账的基本结构为“收入”、“发出”、“结存”三栏,并在这三栏下面,再分设“数量”、“单价”、“金额”三栏,以分别登记实物的数量、单价和金额。

表 5-8

应收账款明细账

第　　页

年		凭证		摘要	借方	贷方	借或贷	余额
月	日	种类	号数					

"数量金额式"明细分类账主要适用于既要求进行金额核算,又要求进行数量核算的经济业务。如"原材料"、"库存商品"等账户的明细分类账账页采用数量金额式。原材料明细账的格式如表 5-9 所示。

表 5-9

原材料明细账

第　　页

二级科目:原料及主要材料　　最高储备:
计量单位:元/千克　　最低储备:
材料名称:A 材料　　材料规格:

年		摘要	收入			发出			结存		
月	日		数量	单价	金额	数量	单价	金额	数量	单价	金额

"数量金额式"明细分类账的记账依据和登记方法与"三栏式"明细账基本相同,所不同的是在登记金额的同时,还要登记实物的数量和单价。

(3) 多栏式。"多栏式"明细分类账的基本结构为"借方"、"贷方"、"余额"三栏,并在"借方"、"贷方"两栏下面,再分别按照明细项目设置若干专栏。在实际工作中,对于成本类账户和费用类账户的明细分类账,因其贷方发生额每月发生的笔数较少,也可以只按借方设置若干专栏,贷方发生额直接用红字登记;还可以在借方设置若干专栏,在贷方只设总的金额栏。

"多栏式"的明细分类账主要适用于需要进一步反映其构成内容的经济业务,如"应交税费——应交增值税"明细分类账(一般纳税人)、"生产成本"、"制造费用"等成本类账户和"销售费用"、"管理费用"等费用类账户的明细分类账通常采用多栏式。"应交税费——应交增值税"明细账的格式如表 5-10 所示,生产成本明细账的格式如表5-11所示,"管理费用"明细账的格式如表 5-12 和表 5-13 所示。

表 5-10

"应交税费——应交增值税"明细账

第　页

年		凭证号数	摘要	借方			贷方				余额
月	日			进项税额	已交税金		销项税额	出口退税	进项税额转出		

表 5-11

生产成本明细账

产品名称：A 产品　　　　第　页

年		凭证		摘要	成本项目			
月	日	种类	号数		直接材料	直接人工	制造费用	合计

表 5-12

管理费用明细账

第　　页

年		凭证号	摘　要	借　方							
月	日			职工薪酬	办公费	差旅费	董事会费	咨询费	业务招待费		合计

表 5-13

管理费用明细账

第　　页

年		凭证号数	摘　要	借　方								贷方	余额
月	日			职工薪酬	办公费	差旅费	董事会费	咨询费	业务招待费		合计		

“多栏式”明细分类账的记账依据和登记方法与“三栏式”明细账基本相同，所不同的是登记的金额要具体到各栏明细项目的金额。

(4) 横线登记式。“横线登记式”明细分类账实际上也是一种“多栏式”明细分类账，但要求将每一前后密切相关的经济业务在同一横行中登记，从而可根据每一行各个栏目的登记是否齐全来判断该项业务的进展情况。例如，一笔差旅费的借支与该笔差旅费的报销、归还，前后经济业务是密切相关的，在有关“其他应收款”

明细账中都在同一横行中登记。

“横线登记式”明细账一般适用于要求按每笔金额结算的经济业务，如材料采购业务、一次性备用金业务等。如“材料采购”、“其他应收款”等账户的明细分类账可以采用横线登记式。有关“其他应收款”明细账的格式如表 5-14 所示。

表 5-14

其他应收款明细账

账户名称： 第 页

年		凭证号数	户名	摘要	借方（借支）	贷方（报销和收回）					备注
						年		凭证号数	报销金额	收回金额	
月	日					月	日				

“横线登记式”的明细账一般应逐笔登记并严格按照横线登记法记账。

第三节 结账和对账

登记账簿作为会计核算的专门方法之一，它包括记账、结账和对账三个相互联系、不可分割的工作环节。前面我们详细说明了记账的要求和方法，在此基础上，本节介绍结账和对账的有关规定和方法。

一、结账

结账，即在将一定时期内所发生的经济业务事项全部登记入账的基础上，按照规定的方法结算出每个账户的本期发生额合计和期末余额，并将期末余额结转至下期或者转入下年新账。结账工作可以在月末、季末、年末进行，所以结账一般分为月结、季结和年结三种。

按照我国《会计基础工作规范》的规定，各单位应当按照规定定期结账。

(1) 结账前，必须将本期内所发生的各项经济业务全部登记入账。

(2) 结账时，应当结出每个账户的期末余额。需要结出当月发生额的，应当在摘要栏内注明“本月合计”字样，并在下面通栏划单红线。需要结出本年累计发生额的，应当在摘要栏内注明“本年累计”字样，并在下面通栏划单红线；12 月末的

"本年累计"就是全年累计发生额。全年累计发生额下面应当通栏划双红线。年度终了结账时,所有总账账户都应当结出全年发生额和年末余额。

(3) 年度终了,要把各账户的余额结转到下一会计年度,并在摘要栏注明"结转下年"字样;在下一会计年度新建有关会计账簿的第一行余额栏内填写上年结转的余额,并在摘要栏内注明"上年结转"字样。

二、对账

对账,即核对账目,是指在会计核算过程中对会计账簿的记录进行检查和核对。对账一般可以分为日常核对和定期核对两种。日常核对主要是指登记会计账簿时随时进行的核对。定期核对一般是指月末、季末、年末对会计账簿记录的有关数据进行的核对。为了保证账簿记录的正确性,做到账证相符、账账相符、账实相符、账表相符,对账工作每年至少进行一次。

(一) 账证核对

账证核对是指核对会计账簿的记录与原始凭证、记账凭证的时间、凭证字号、内容、金额是否一致,记账方向是否相符。

(二) 账账核对

账账核对是指核对不同会计账簿之间的账簿记录是否相符,具体包括:

(1) 总分类账记录的核对。总分类账中全部账户的借方余额合计应与贷方余额合计核对相符。

(2) 总分类账与明细分类账核对。总分类账中各账户的余额应与其所属明细分类账户的余额之和核对相符。

(3) 总分类账与日记账核对。总分类账中"库存现金"、"银行存款"账户的余额应分别与"库存现金"、"银行存款"日记账的余额核对相符。

(4) 会计部门的财产物资明细分类账与财产物资保管和使用部门的有关明细分类账核对。会计部门的财产物资明细分类账各账户的余额应与财产物资保管和使用部门的有关明细分类账有关账户的余额核对相符。

(三) 账实核对

账实核对是指核对会计账簿记录与货币资金、财产物资、债权债务等实有数额是否相符。具体包括:

(1) 现金日记账账面余额与现金实际库存数核对。

(2) 银行存款日记账与银行对账单核对。

(3) 各种财产物资明细分类账各账户的余额与各种财产物资的实存数额核对。

(4) 各种债权债务明细分类账各账户的余额与有关债务、债权单位的账面记录核对。

（四）账表核对

账表核对是指核对会计账簿记录与各种财务报表的有关数据是否相符。

通过上述的对账工作，做到账证相符、账账相符、账实相符、账表相符，确保会计信息真实可靠。

第四节 错账的查找和更正

由于疏忽或者其他原因，会计账簿记录难免会发生错误，发生错误的情况不同，更正错账的方法也不同。账簿记录发生错误，不准涂改、挖补、刮擦或者用药水消除字迹，不准重新抄写，必须按照规定的方法进行更正。

一、错账查找的方法

在记账过程中，可能发生各种各样的差错，产生错账，如重记、漏记、数字颠倒、数字错位、数字记错、科目记错、借贷方向记反（反向）等，从而影响会计信息的准确性，应及时找出差错，并予以更正。错账查找的方法主要有以下几种。

（一）差数法

差数法是指按照错账的差数查找错账的方法。例如，在记账过程中，只登记了会计分录的借方金额或贷方金额，漏记了其中一方，从而导致试算平衡表中借方合计与贷方合计不相等。其表现形式是：借方金额漏记，会使该金额在贷方超出；贷方金额漏记，会使该金额在借方超出。对于这样的差错，可由会计人员通过回忆，并与相关金额的记录进行核对来查找错账。

（二）尾数法

尾数法是指对于发生的角、分的差错，可以只查找金额的角、分部分，以提高查找错账的效率。

（三）除 2 法

除 2 法是指以错账的差数除以 2 来查找错账的方法。将某个账户的借方金额错记入贷方（或相反）时，出现错账的差数表现为错误金额的两倍，将此差数除以 2 得出的商，即是错误的金额。例如，在“原材料”总分类账户所属的明细分类账户中，将应记入“原材料——甲材料”明细分类账户借方的 4 000 元误记入贷方，则“原材料”总分类账户所属的明细分类账户的期末余额之和将小于“原材料”总分类账户的期末余额 8 000 元，除以 2 得出的商 4 000 元即为误记入贷方的金额。如果将应记入“原材料——甲材料”明细分类账户贷方的 4 000 元误记入借方，则“原材料”总分类账户所属的明细分类账户的期末余额之和将大于“原材料”总分类账户的期末余额 8 000 元,除以 2 得出的商 4 000 元即为误记入借方的金额。

（四）除 9 法

除 9 法是指以错账的差数除以 9 来查找错账的方法。它适用于以下三种情况:

(1) 将数字写小。如将 200 误写为 20,错误数字小于正确数字 9 倍。查找的方法是:以错账的差数除以 9 得出的商,即为错误的数字,商乘以 10,即为正确的数字。该例中,差数 180(200—20)除以 9,得出的商 20,即为错误的数字,20 乘以 10,即为正确的数字 200。

(2) 将数字写大。如将 10 误写为 100,错误数字大于正确数字 9 倍。查找的方法是:以错账的差数除以 9 得出的商,即为正确的数字,商乘以 10,即为错误的数字。该例中,差数 90(100—10)除以 9 得出的商 10,即为正确的数字,10 乘以 10,即为错误的数字 100。

(3) 邻数颠倒。如将 96 写为 69,将 36 写为 63 等。颠倒的两个数字之差最小为 1,最大为 8(9—1)。查找的方法是:将错账的差数除以 9 得出的商,连续加 11,直到找出颠倒的数字为止。如将 96 写为 69,其差数为 27。查找此错误的方法是,将差数除以 9 得出的商 3,连加 11 后,得到的结果为 14,25,36,47,58,69。当发现账簿记录中出现上述数字(该例为 69)时,则有可能正是颠倒的数字。如表5-15所示。

表 5-15

邻位数字颠倒速查表

颠倒数字的差数	1		2		3		4		5		6		7		8	
颠倒的数字	12	21	13	31	14	41	15	51	16	61	17	71	18	81	19	91
	23	32	24	42	25	52	26	62	27	72	28	82	29	92		
	34	43	35	53	36	63	37	73	38	83	39	93				
	45	54	46	64	47	74	48	84	49	94						
	56	65	57	75	58	85	59	95								
	67	76	68	86	69	96										
	78	87	79	97												
	89	98														

二、错账更正的方法

对于账簿记录中所发生的错误,应当按照国家统一的会计制度规定的方法予以更正。

(一) 划线更正法

在结账前发现账簿记录有文字或数字错误,而记账凭证没有错误,可以采用划线更正法进行更正。更正时,应当将错误的文字或者数字划红线注销,但必须使原有字迹仍可辨认;然后在划线上方填写正确的文字或者数字,并由记账人员和会计机构负责人(会计主管人员)在更正处盖章,以明确责任。应当注意的是,对于文字错误,可只划去错误的部分,但对于错误的数字,应当全部划红线更正,不得只更正其中的错误数字。例如,将 9 823.54 误记为 8 923.54,应先在 8 923.54 上划一条红线注销。然后在其上方空白处填写正确的数字 9 823.54,而不能只将前两位数字"89"更正为"98"。

(二) 红字更正法

由于记账凭证错误而使账簿记录发生错误,应当编制更正的记账凭证,并根据更正的记账凭证登记入账。

红字更正法适用于以下两种情况:

(1) 记账后发现记账凭证中应借、应贷的会计科目有错误,从而引起记账错误。更正的方法是:用红字填写一张与原记账凭证内容相同的记账凭证,以示注销,然后用蓝字填写一张正确的记账凭证,并根据更正的记账凭证登记入账。

【例 5-1】 某企业生产车间生产产品耗用原材料一批,价值 4 000 元。该企业记账凭证上编制的会计分录为:

借:制造费用 4 000
　贷:原材料 4 000

并据以登记入账。

经检查,发现记账凭证上应借、应贷的会计科目有错误,将"生产成本"科目误记为"制造费用"科目,应采用红字更正法进行更正。

更正时,先用红字填写一张与原记账凭证内容相同的记账凭证,以示注销。应编制的会计分录为:

借:制造费用 [4 000]
　贷:原材料 [4 000]

然后用蓝字填写一张正确的记账凭证。应编制的会计分录为:

借：生产成本　　4 000

　贷：原材料　　4 000

根据上述两张更正错误的记账凭证登记入账后，账簿记录发生的错误得以更正。

(2) 记账后发现记账凭证中应借、应贷的会计科目没有错，只是所记金额大于应记金额，从而引起记账错误。更正的方法是：按多记的金额用红字填写一张与原记账凭证应借、应贷的会计科目相同的记账凭证，以冲销多记的金额，并根据更正的记账凭证登记入账。

【例 5-2】 某企业生产车间生产产品耗用原材料一批，价值 4 000 元。该企业记账凭证上编制的会计分录为：

借：生产成本　　40 000

　贷：原材料　　40 000

并据以登记入账。

经检查，发现记账凭证上应借、应贷的会计科目没有错，只是金额误记为 40 000元。所记金额大于应记金额 36 000 元，应采用红字更正法进行更正。

更正时，按多记的金额 36 000 元用红字填写一张与原记账凭证应借、应贷的会计科目相同的记账凭证，以冲销多记的金额。应编制的会计分录为：

借：生产成本　　[36 000]

　贷：原材料　　[36 000]

根据上述更正错误的记账凭证登记入账后，账簿记录发生的错误得以更正。

(三) 补充登记法

记账后发现记账凭证中应借、应贷的会计科目没有错，只是所记金额小于应记金额，从而引起记账错误。更正的方法是：按少记的金额用蓝字填写一张与原记账凭证应借、应贷的会计科目相同的记账凭证，以补充少记的金额，并根据更正的记账凭证登记入账。

【例 5-3】 某企业生产车间生产产品耗用原材料一批，价值 4 000 元。该企业记账凭证上编制的会计分录为：

借：生产成本　　400

　贷：原材料　　400

并据以登记入账。

经检查，发现记账凭证上应借、应贷的会计科目没有错，只是金额误记为 400 元。所记金额小于应记金额 3 600 元，应采用补充登记法进行更正。

更正时，按少记的金额 3 600 元用蓝字填写一张与原记账凭证应借、应贷的会计科目相同的记账凭证，以补充少记的金额。应编制的会计分录为：

借：生产成本　　3 600
　贷：原材料　　3 600

根据上述更正错误的记账凭证登记入账后，账簿记录发生的错误得以更正。

需要注意的是，在采用红字更正法和补充登记法更正错误时，在更正错误的记账凭证上，应注明被更正的记账凭证的日期和编号，以便核对查考。

第五节　会计账簿的更换和保管

一、会计账簿的更换

为了保持会计账簿资料的连续性，在每一会计年度结束、新的会计年度开始时，应按国家统一的会计制度的规定，进行账簿的更换。账簿的更换是指在新的会计年度开始时，将上年度的旧账簿更换为新年度的新账簿。

总账、日记账和大多数明细账，要每年更换一次。年度终了，要把各账户的余额结转到下一会计年度，并在旧账簿中各账户的账页最后一行的“摘要”栏内加盖“结转下年”戳记，以下的空行处，划一条斜红线注销。同时，在下一会计年度新建会计账簿有关账户的账页第一行余额栏内填写上年结转的余额，并在“摘要”栏内加盖“上年结转”戳记。在新旧账簿之间转记余额，可不必填制凭证。

少数明细账，如固定资产明细账等，年初可以不必更换账簿，还可以继续使用，但要在“摘要”栏内，加盖“结转下年”戳记，以划分新旧年度之间的金额。

二、会计账簿的保管

会计账簿是重要的会计档案之一，在经济管理中具有重要作用。因此，每一个单位都应当按照国家的有关规定，做好账簿的保管工作。

各种账簿应按年度分类归档，妥善保管，便于查阅。新会计年度开始时，会计人员对更换下来的上年度旧账簿应进行整理、分类，对有些缺少手续的账簿，应补办必要的手续，对活页式账簿，应将账页统一编号，前面加上封面和扉页，在封面上写明单位名称和账簿名称，在扉页上填明账簿启用及经管人员一览表、账户目录等，然后装订成册，连同各种订本式账簿一并整理立卷，并编制目录，归档保管，严防丢失和损坏。

账簿的保管，应当明确责任，防止交接手续不清和可能发生的舞弊行为，保证各种账簿的安全和完整。

按照我国《会计档案管理办法》的规定，各种账簿的保管期限分别为：日记账一般保管 15 年，其中：现金日记账和银行存款日记账保管 25 年；总分类账、明细分类账和辅助性账簿保管 15 年；固定资产卡片在固定资产报废清理后保管 5 年。保管期满前不得任意销毁。各单位应当严格遵守《会计档案管理办法》的有关规定。

本章小结

会计账簿是用来全面、系统、连续地记录各项经济业务的簿籍。它是由具有专门格式，并以一定形式联结在一起的账页所组成。

本章首先介绍会计账簿的意义和种类、会计账簿的设置和登记；在此基础上，重点介绍结账和对账的有关规定和要求、错账查找和更正的方法；最后简要说明会计账簿的更换和保管要求。

复习思考题

1. 什么是会计账簿？设置和登记会计账簿有何重要意义？
2. 简述会计账簿的种类。
3. 简述登记会计账簿的基本要求。
4. 查找错账的方法有哪几种？说明各自的适用范围。
5. 更正错账的方法有哪几种？说明各自的适用范围。
6. 什么是结账？说明结账的方法。
7. 什么是对账？说明对账的主要内容。
8. 简述会计账簿保管的基本要求。

习　题

一、单项选择题

1. 能够提供企业某一类经济业务增减变化总括会计信息的账簿是(　　)。

A. 明细分类账　　B. 总分类账

C. 辅助性账簿　　D. 日记账

2. 能够序时反映企业某一类经济业务会计信息的账簿是(　　)。

A. 明细分类账　　B. 总分类账

C. 辅助性账簿　　D. 日记账

3. 日记账的最大特点是(　　)。

A. 按现金和银行存款设置账户

B. 可以提供现金和银行存款的每日发生额

C. 可以提供现金和银行存款的每日的动态和静态资料

D. 序时逐笔顺序登记并逐日结出余额

4. 下列明细分类账中,应采用数量金额式账页的是(　　)。

A. “库存商品”明细分类账　　B. “应付账款”明细分类账

C. “管理费用”明细分类账　　D. “生产成本”明细分类账

5. 下列各项中,应设置辅助性账簿登记的是(　　)。

A. 融资租入固定资产　　B. 经营租入固定资产

C. 资本公积　　D. 无形资产

6. 下列账簿中,可以采用卡片式账簿的是(　　)。

A. 现金日记账　　B. 总分类账

C. 管理费用明细账　　D. 固定资产明细账

7. 企业用现金支付行政管理部门购买的文具用品 68 元,会计人员编制的付款凭证为借记“管理费用”账户 86 元,贷记“库存现金”账户 86 元,并登记入账。对发生的该项记账错误应采用的更正方法是(　　)。

A. 红字更正法　　B. 划线更正法

C. 除 9 法　　D. 补充更正法

8. 我国 1999 年 1 月 1 日起实施的《会计档案管理办法》规定,企业的现金日记账和银行存款日记账的保管期限为(　　)。

A. 15 年　　B. 3 年

C. 25 年　　D. 永久

9. 登记账簿的依据是(　　)。

A. 经济业务　　B. 经济合同

C. 审核无误的会计凭证　　D. 领导批示

10. 某企业是一般纳税人,“应交税费——应交增值税”明细分类账账页应采用的格式是(　　)。

A. 横线登记式　　B. 三栏式

C. 多栏式　　D. 数量金额式

二、多项选择题

1. 账簿按其外表形式分类,包括(　　)。

A. 订本式账簿　　B. 活页式账簿

C. 卡片式账簿　　D. 辅助性账簿

2. 企业明细分类账账页的格式有(　　)。

A. 横线登记式　　B. 三栏式

C. 多栏式　　D. 数量金额式

3. 在会计实务中,必须采用订本式账簿的有(　　)。

A. 银行存款日记账　　B. 固定资产明细账

C. 现金日记账　　D. 总分类账

4. 下列账簿可以采用三栏式账页的有(　　)。

A. 原材料明细账　　B. 应收账款明细账

C. 库存商品明细账　　D. 银行存款日记账

5. 下列各项中,属于账账核对的有(　　)。

A. 总分类账记录的核对

B. 银行存款日记账与银行对账单的核对

C. 总分类账与日记账的核对

D. 总分类账与明细分类账的核对

6. 可用于更正因记账凭证错误而导致账簿登记错误的方法有(　　)。

A. 划线更正法　　B. 红字更正法

C. 补充登记法　　D. 除 2 法

7. 下列记账错误中,适用于用除 9 法查找的有(　　)。

A. 将 5 000 元写为 500 元　　B. 发生角、分的差错

C. 将 900 元写为 9 000 元　　D. 将 96 000 元写为 69 000 元

8. 下列明细分类账中,通常采用多栏式账页的有(　　)。

A. “生产成本”明细分类账　　B. “制造费用”明细分类账

C. “销售费用”明细分类账　　D. “管理费用”明细分类账

9. 明细分类账的登记依据可以有(　　)。

A. 记账凭证　　B. 原始凭证

C. 汇总原始凭证　　D. 科目汇总表

10. 下列各项中,属于账实核对的有(　　)。

A. 现金日记账账面余额与现金实际库存数核对

B. 会计部门的财产物资明细分类账与财产物资保管和使用部门的有关明细分类账核对

C. 各种财产物资明细分类账各账户的余额与各种财产物资的实存数额核对

D. 各种债权债务明细分类账各账户的余额与有关债务、债权单位的账面

记录核对

三、判断题

1. 现金日记账和银行存款日记账必须逐日结出余额。 ( )
2. 会计中的红色数字表示负数。 ( )
3. 日记总账就是兼有日记账和总分类账作用的联合账簿。 ( )
4. 年度终了结账时,对有余额的账户,必须编制转账凭证,并据以将其余额结转下年。 ( )
5. 我国 1999 年 1 月 1 日起实施的《会计档案管理办法》规定,固定资产卡片在固定资产报废清理后保管 5 年。 ( )
6. 记账后发现记账凭证中应借、应贷的会计科目没有错,只是所记金额小于应记金额,从而引起记账错误,可采用划线更正法予以更正。 ( )
7. 辅助性账簿是对某些在序时账簿和分类账簿等主要账簿中未能记载或记载不完整的会计事项进行补充登记的账簿。 ( )
8. 单位取得的货币资金收入必须及时入账,不得私设小金库,不得账外设账,严禁收款不入账。 ( )
9. 会计账簿记录发生错误或者隔页、缺号、跳行的,应当按照国家统一的会计制度规定的方法更正,并由会计人员在更正处盖章。 ( )
10. 结账前,必须将本期内所发生的各项经济业务全部登记入账。 ( )

四、业务题

(一)

1. 目的 练习银行存款日记账的登记方法。

2. 资料 长江公司有关银行存款日记账的资料如下:

(1) 2008 年 4 月 2 日,银行存款日记账的余额为 98 300 元。

(2) 2008 年 4 月 3 日发生的有关银行存款的收付业务,见本教材第四章业务题第 1 题资料。

3. 要求

(1) 根据资料(1)设置银行存款日记账,并登记 4 月 2 日的余额(银行存款日记账的格式如本章表 5-3 所示)。

(2) 根据第四章业务题第 1 题所填制的银行存款收款凭证和付款凭证登记银行存款日记账,计算出当天银行存款的收入和付出的合计数并结出余额。

(二)

1. 目的 练习更正错账的方法。

2. 资料 光明公司 2008 年 5 月 31 日在进行对账时,发现下列经济业务的记账凭证或账簿记录发生错误:

(1) 从银行提取现金 3 500 元。记账凭证没有错误,过账后,账簿金额误记为 5 300 元。

(2) 厂部购买办公用品 500 元,用银行存款支付。该公司记账凭证上编制的会计分录为:

借:制造费用　500

　贷:银行存款　500

并据以登记入账。

(3) 以银行存款偿还短期借款 2 000 元。经检查,发现记账凭证上应借、应贷的会计科目没有错,只是金额误记为 20 000 元,并据以登记入账。

(4) 以一张面值为 54 000 元的商业承兑汇票抵付应付账款。经检查,发现记账凭证上应借、应贷的会计科目没有错,只是金额误记为 34 000 元,并据以登记入账。

3. 要求 根据上述资料,采用正确的方法更正错账。

第六章　财 产 清 查

本章结构图

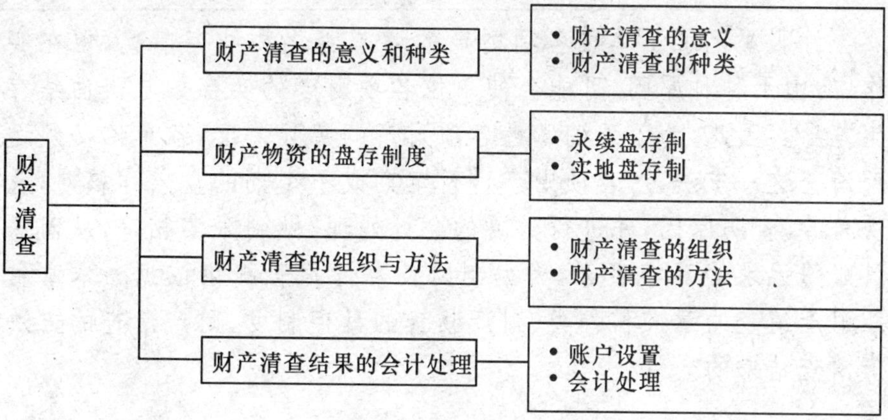

本章学习目标

- 熟悉财产清查的意义和种类
- 理解永续盘存制和实地盘存制的主要区别
- 熟悉财产清查的方法
- 掌握银行存款余额调节表的编制方法
- 掌握财产清查结果的会计处理

会计账簿记录了单位各项财产的增减变化和结存情况，但在实际工作中，由于种种原因，可能会使单位各项财产的实存数与账面结存数产生差异。因此，为了正确掌握各项财产的实际情况，各单位必须运用财产清查这一方法，对各项财产进行定期或不定期的盘点和核对，及时发现差异，查明原因，并进行必要的会计处理，做到账实相符，从而保证会计账簿记录的真实可靠，为编制财务会计报告提供依据。本章主要介绍财产清查的意义和种类、财产物资的盘存制度、财产清查的方法和财产清查结果的会计处理。

第一节　财产清查的意义和种类

一、财产清查的意义

财产清查是通过实地盘点，核对账目，查明单位各项财产的实存数和账面结存数是否相符的一种会计核算的专门方法。

财产清查的重要意义，概括起来，主要有以下几个方面。

(一) 保护各项财产的安全、完整

通过财产清查，可以查明单位各项财产有无短缺、损坏或霉烂变质现象，有无被不法分子贪污、盗窃等，以便分析原因，采取有效措施，改进管理工作，堵塞漏洞，消除隐患，保护各项财产的安全、完整。

(二) 保证会计信息的真实、可靠

在实际工作中，造成各项财产账实不符的原因是多方面的。例如，财产物资在保管过程中发生自然损耗；在财产物资日常收发过程中，由于计量、计算、检验不准而造成差错；由于管理不善和保管人员的过失而发生的短缺、损坏和霉烂变质；因

贪污、盗窃等不法行为而造成的财产损失；还有因为在会计凭证和账簿的记录中，出现错记、漏记或计算错误等也会造成账实不符。通过财产清查，可以查明单位各项财产的实存数，并与账面结存数核对，确定各项财产的实存数和账面结存数之间的差异，查明原因，按规定进行会计处理，做到账实相符。在账实相符的基础上，根据会计账簿记录和有关资料编制财务会计报告，从而保证会计信息的真实、可靠。

(三) 挖掘财产物资潜力，加速资金周转

通过财产清查，可以查明单位各项财产物资的储备和利用情况。例如，各种材料的储备是否合理，利用是否充分，有无超储、积压等；机器设备等固定资产是否正常有效地运转，有无闲置等现象。对超储、积压或闲置的财产物资，应及时处理，以加速资金周转，提高资金使用效果，提高经济效益。

(四) 确保国家有关法律法规和单位内部会计控制制度的贯彻执行

通过财产清查，可以查明单位有关人员是否严格遵守国家有关法律法规，查明单位不相容职务相互分离控制、财产保全控制等措施是否落实到位，内部会计控制制度是否有效运行，从而促进有关人员自觉遵纪守法，确保国家有关法律法规的贯彻执行，促进单位内部会计控制制度的不断健全和完善。

二、财产清查的种类

根据财产清查的不同要求，可以按以下三种标志对财产清查进行分类。

(一) 按照财产清查对象和范围的不同，可以分为全面清查和局部清查

1. 全面清查

全面清查就是对单位各项财产进行全面的盘点和核对。以工业企业为例，全面清查的对象主要包括以下内容：

(1) 所有固定资产、原材料、低值易耗品、包装物、在产品、自制半成品、产成品和其他实物资产。

(2) 库存现金、银行存款、有价证券。

(3) 各种债权、债务等往来结算款项。

(4) 在途材料、商品和物资。

(5) 委托外单位保管、加工的材料、商品和物资。

(6) 租出的包装物和固定资产。

(7) 接受外单位委托，代为保管、加工的材料、商品和物资。

(8) 租入的包装物和固定资产。

(9) 各种工程物资、在建工程等。

全面清查由于范围广、内容多，工作量很大。一般只是在以下几种情况下才需要进行全面清查：

第一，为保证年度财务报表各项指标的正确性和真实性，在年终决算前，需要进行一次全面清查。

第二，在中外合资、企业合并、改组或改变隶属关系时，需要进行一次全面清查。

第三，为了摸清家底，在开展清产核资时，需要进行一次全面清查。

第四，单位负责人调离工作时，需要进行一次全面清查。

2. 局部清查

局部清查是指根据需要对单位部分财产所进行的盘点和核对。仍以工业企业为例，局部清查的对象主要包括以下内容：

(1) 对于流动性较大的材料、在产品、自制半成品、产成品等存货，除在年终决算前需要进行全面盘点外，在年度内要轮流清查盘点或重点抽查一次至若干次。

(2) 对于一些贵重物资，一般每月都要清查盘点一次。

(3) 对于库存现金，出纳人员要每日清点实存数，与现金日记账的账面结存数保持相等。

(4) 对于银行存款要同银行对账单核对，每月至少核对一次。

(5) 对于债权、债务等往来结算款项，每年至少核对一至两次。

(6) 在遭受自然灾害等发生非常损失后，对有关财产要及时进行必要的清查。

(二) 按财产清查时间的不同，可以分为定期清查和不定期清查

1. 定期清查

定期清查是指按照预先计划安排的时间所进行的财产清查。一般在年末、季末或月末结账前进行。定期清查的对象和范围，应根据实际情况和需要，可以是全面清查，也可以是局部清查。一般在年末进行全面清查，而在季末、月末进行局部清查。

2. 不定期清查

不定期清查是指事先不规定清查时间，而是根据实际需要临时进行的财产清查。不定期清查一般在以下几种情况下进行：

(1) 在更换财产物资或库存现金保管人员时，需要对有关人员所保管的财产物资和库存现金进行清查，以分清经济责任。

(2) 在发生自然灾害或意外损失时，需要对遭受损失的有关财产物资进行清查，以查明财产物资的损失情况。

(3) 在财政、审计、税务、人民银行等部门对本单位实施监督检查时，需要按照监督检查的要求和范围进行财产清查。

(4) 在开展清产核资时，需要对本单位的各项财产进行清查。

(5) 在保管和使用财产物资的相关部门和人员发生营私舞弊、贪污、盗窃等不

法行为时，需要对有关的财产进行清查。

(6) 在中外合资、企业合并、改组或改变隶属关系时，需要对各项财产进行清查。

不定期清查，可以是局部清查，也可以是全面清查。

(三) 按照财产清查主体的不同，可以分为内部清查和外部清查

内部清查主要是指本单位的有关部门和有关人员对本单位的财产进行的清查。

外部清查主要是指社会中介机构和政府有关部门根据国家法律或制度的规定，对有关单位的财产进行的清查。

以上各种财产清查既有区别，又有联系，在实际工作中应当相互结合起来加以运用，以充分发挥财产清查的重要作用。

第二节 财产物资的盘存制度

财产物资的盘存制度有永续盘存制和实地盘存制两种。

一、永续盘存制

永续盘存制又称账面盘存制。它是指设置财产物资明细分类账，日常对各项财产物资的增加和减少变化，都要随时根据会计凭证在有关账簿中连续登记，并随时结出账面结存数的一种制度。其计算公式为：

期末账面结存数＝期初账面结存数＋本期增加数－本期减少数

采用永续盘存制，仍需对财产物资进行实地盘点，以查明账实是否相符。

永续盘存制的优点是：可以通过财产物资的明细分类账，随时了解各项财产物资的收入、发出和结存情况，有利于加强对财产物资的管理。它的缺点是：对财产物资进行明细分类核算的工作量较大。永续盘存制与实地盘存制比较，在加强对财产物资的管理方面具有明显的优越性。所以，永续盘存制在实际工作中得到广泛运用。

二、实地盘存制

实地盘存制又称以存计耗制或以存计销制。它是指平时在有关账簿中只登记各种财产物资的增加数，不登记减少数，期末通过实地盘点来确定财产物资的实际结存数，然后倒挤推算出本期财产物资的减少数，再据以登记有关账簿的一种制度。其计算公式为：

本期减少数＝期初账面结存数＋本期增加数－期末实际结存数

实地盘存制的优点是：日常核算比较简单。它的缺点是：手续不严密，以存计

耗或以存计销，势必隐含短缺，不仅影响成本计算的正确性，也不易发现在财产物资保管中存在的问题，不利于加强对财产物资的管理，难以达到加强会计监督的要求。因此，除经营那些品种繁多，价值低，交易频繁的商品或数量不稳定，损耗大且难以控制的鲜活商品等特殊情况外，实际工作中一般不宜采用实地盘存制。

第三节　财产清查的组织与方法

一、财产清查的组织

财产清查是一项复杂、细致的工作，涉及面广，工作量大，因而，必须有计划、有组织地进行。财产清查的组织主要指财产清查前的准备工作，包括组织准备和业务准备。

（一）组织准备

组织准备主要是建立财产清查领导小组，制定财产清查计划，配备财产清查人员。财产清查领导小组应由单位负责人或总会计师牵头，由有关职能部门的主管人员、会计人员、实物保管人员和职工代表等组成。财产清查领导小组的主要任务是：① 研究制定财产清查的详细计划，明确财产清查的范围、期限和组织程序。② 在财产清查过程中，做好具体的组织、检查和督促工作，及时研究和处理财产清查中出现的问题。③ 在财产清查结束后，要将清查的结果及其处理意见写成书面报告。

（二）业务准备

为了做好财产清查工作，单位各职能部门和有关人员，特别是会计机构和会计人员应主动配合，积极做好准备工作。业务准备工作主要包括：① 会计机构和会计人员要在进行财产清查之前，将有关账目登记齐全，并结出余额，核对清楚，做到账证相符，账账相符，为财产清查提供正确可靠的依据。② 财产物资部门和保管人员要在进行财产清查之前，将各项财产物资的增减变动办理好凭证手续，全部登记入账，并结出余额，以便盘点和核对；同时，将各种财产物资排放整齐，贴上标签，标明品种、规格、结存数量，以便进行实地盘点。③ 要准备好各种必要的计量器具和有关清查的凭证、表格等。此外，对银行存款和往来结算款项等的清查，还要取得对账单等。

二、财产清查的方法

由于各单位的财产物资种类繁多，实物形态不同，特点各异，因而在财产清查时，对货币资金、实物资产和往来结算款项等要分别采用不同的方法进行清查。

（一）货币资金的清查

货币资金的清查主要包括库存现金的清查和银行存款的清查。

1. 库存现金的清查

库存现金的清查，即通过实地盘点，确定库存现金的实存数，并与现金日记账的账面结存数进行核对，以查明有无溢余或短缺情况。我国《内部会计控制规范——货币资金（试行）》明确规定："单位应当定期和不定期地进行现金盘点，确保现金账面余额与实际库存相符。发现不符，及时查明原因，作出处理。"在盘点时，出纳人员必须在场，并且不允许以不符合有关制度要求的借条、收据抵充现金。如果有挪用现金、白条顶库的情况，应及时予以纠正。对于超过库存限额的现金应及时送存银行。盘点完毕，应根据盘点结果，填制"库存现金盘点报告表"。该表不仅是反映库存现金实存数的重要原始凭证，也同时具有"盘存单"和"实存账存对比表"的作用。其格式如表 6-1 所示。

表 6-1

库存现金盘点报告表

单位名称：　　　　______年____月____日　　　　编号：

实存金额	账存金额	对比结果		备注
		溢余	短缺	

盘点人签章：　　　　　　　　出纳员签章：

2. 银行存款的清查

与库存现金、实物资产的清查方法不同，银行存款的清查是采用与开户银行核对账目的方法进行的。我国《内部会计控制规范——货币资金（试行）》明确规定："单位应当指定专人定期核对银行账户，每月至少核对一次，编制银行存款余额调节表，使银行存款账面余额与银行对账单调节相符。如调节不符，应查明原因，及时处理。"

开户银行提供给各单位的银行对账单，是各单位清查银行存款账目的重要依据。各单位在同银行核对账目以前，应首先详细检查本单位银行存款日记账的正确性和完整性，然后再同银行对账单逐日逐笔进行核对。必须注意的是，如果银行对账单上的存款余额与本单位银行存款日记账上的存款余额不一致，不能就认为本单位或银行的账簿记录有错误。因为即使双方的账簿记录都正确，常常也会出现不一致的情况。这是因为双方之间往往会发生"未达账项"。所谓"未达账项"，是指由于双方记账时间不一致而发生的一方已入账，另一方尚未入账的账项。单位与银行之间的未达账项，一般有以下四种情况：

第一，单位已收款入账，但开户银行尚未收款入账。

第二，单位已付款入账，但开户银行尚未付款入账。

第三，开户银行已收款入账，但单位尚未收款入账。

第四，开户银行已付款入账，但单位尚未付款入账。

上述任何一种情况的发生，都会使单位和银行的账簿记录出现未达账项，而使双方账面余额不相一致。具体说来，在上述第一、第四两种情况下，单位银行存款的账面余额会大于银行对账单的余额，在第二、第三两种情况下，单位银行存款的账面余额会小于银行对账单的余额。为了查明单位银行存款的准确余额，在核对双方账目时，就要排除未达账项的影响。如果发现有未达账项，应据以编制银行存款余额调节表进行调节。

现举例说明银行存款余额调节表的编制方法。

【例 6-1】 假设某企业 2008 年 1 月 31 日银行存款日记账的余额为 50 000 元，银行对账单的余额为 52 000 元，将银行存款日记账同银行对账单逐笔核对，发现的未达账项有：

(1) 企业月末送存从其他单位收到的转账支票 1 张，金额 2 000 元，并已登记银行存款增加，但银行尚未入账。

(2) 企业开出转账支票 1 张，金额 500 元，并已登记银行存款减少，但持票人尚未到银行办理转账手续，银行尚未入账。

(3) 企业委托银行代收某公司购货款 5 000 元，银行已收妥，并已登记该企业银行存款增加，但企业未收到银行的收款通知，因而尚未入账。

(4) 银行代企业支付电话费 1 500 元，银行已登记该企业银行存款减少，但企业尚未收到银行的付款通知，所以尚未入账。

根据上述未达账项，调节双方的账面余额，编制银行存款余额调节表，如表6-2 所示。

表 6-2

银行存款余额调节表

存款种类：结算户存款　　　　2008 年 1 月 31 日　　　　单位：元

项　　目	金　额	项　　目	金　额
银行对账单余额	52 000	企业银行存款日记账余额	50 000
加：企业已收，银行未收	2 000	加：银行已收，企业未收	5 000
减：企业已付，银行未付	500	减：银行已付，企业未付	1 500
调节后的存款余额	53 500	调节后的存款余额	53 500

银行存款余额调节表的编制方法是将双方账面余额各自补上对方已记增加或减少而本方尚未入账的金额，然后求出调节后的存款余额。如经调节后双方账面余额相等，表明双方所记账目相符，否则，说明单位或银行记账有错误，应查明原因，及时处理。

需要指出的是，表 6-2 中经过调节后的存款余额是 2008 年 1 月 31 日单位银行存款的实有数额，但银行存款余额调节表只是用来核对账目，不能作为单位调整银行存款账面余额的记账依据。对于银行已入账，而本单位尚未入账的未达账项，只有在收到银行的有关结算凭证后，才能进行账务处理。对于长期存在的未达账项，应查阅会计凭证、账簿等有关资料，并和银行取得联系，尽早予以解决。

（二）实物资产的清查

对实物资产的清查，是指对各种存货，如材料、在产品、自制半成品、产成品等以及固定资产的数量和质量的清查。由于各种实物资产的形态、体积、重量、堆放方式等不同，其清查方法也不同。对实物数量方面的清查，常用的有以下两种方法。

1. 实地盘点

实地盘点即通过逐个点数或用计量器具来计量实物资产的实存数量。这种方法适用范围较广，大多数实物资产都可采用这种方法进行清查。

2. 技术推算盘点

对于那些大量成堆，难以逐个点数的财产物资，可通过测量计算，推算出各种实物的实有数量，即技术推算盘点。例如，对于大量存放的矿石、煤等数量的清查，就可以采用量方、计尺等方法进行推算。

对实物资产质量方面的检查，可针对不同的实物资产采用不同的方法。如有的实物资产需要采用物理方法检查其物理性能，以确定其保管质量，有的实物则需要采用化学方法检查其化学成分，以确定其保管质量。

在进行盘点时，为了明确经济责任，实物保管人员必须在现场并参加盘点工作。对盘点的结果，要如实登记在盘存单上，并由盘点人员和实物保管人员签章，以明确责任。盘存单是记录实物资产盘点结果的书面证明，也是反映实物资产实有数的原始凭证。盘存单的格式如表 6-3 所示。

为了进一步查明盘点后的实存数与账面结存数是否相符，确定实物资产盘盈或盘亏的情况，还要根据盘点单和有关账簿记录，填制“实存账存对比表”。该表是用以调整账面记录的重要原始凭证，也是分析产生差异原因，明确经济责任的依据。其格式如表 6-4 所示。

（三）往来结算款项的清查

各种往来结算款项的清查，是采用同对方单位核对账目的方法。各单位应在

表 6-3

盘 存 单

单位名称：　　　　　　　　盘点时间：

财产类别：　　　　　　　　存放地点：　　　　　　　　编号：

编号	名 称	规 格	计量单位	实存数量	单 价	金 额	备 注

盘点人签章：　　　　　　　　实物保管人签章：

表 6-4

实存账存对比表

单位名称：　　　　　____年____月____日　　　　　编号：

编号	类别及名称	计量单位	单价	实存		账存		对比结果		备 注
				数量	金额	数量	金额	盘盈	盘亏	

主管：　　　　　　　　复核：　　　　　　　　制表：

检查本单位各项往来结算款项正确完整的基础上，编制往来结算款项对账单，送交对方单位进行核对。对账单一式两联，其中一联作为回单，对方单位如核对相符，应在回单上盖章后退回本单位，如发现有不符的情况，应在回单上注明，或另抄对账单退回本单位，作为进一步核对的依据。在核对过程中，如发现未达账项，双方都应采用调节账面余额的方法，核对往来结算款项是否相符。

通过往来结算款项的清查，该收回的款项及时收回，该偿还的款项及时偿还，还应查明有无双方发生争议的账款和可能发生的坏账，以便及时采取措施，减少或避免坏账损失。清查结束，应编制债权债务清查报告表，其格式如表 6-5 所示。

表 6-5

债权债务清查报告表

_____年____月____日　　　　　　　　单位：元

总账账户和明细账账户名称	我方账面余额	对方账面余额	对比结果		金额和形成原因分析			备注
			我方＜对方	我方＞对方	争议账款	未达账项	坏账	
合计								

会计主管：　　　　　　　　　　　　　　　制表：

第四节　财产清查结果的会计处理

通过财产清查，发现单位各项财产的实存数和账面结存数之间的差异，应查明原因，并及时进行会计处理，主要是调整账面记录，以做到账实相符。对于在财产清查过程中查明的各种财产盘盈、盘亏和毁损，必须执行国家统一的会计制度的规定，按管理权限报经批准后进行转销处理。因此，会计处理一般分两步进行：

第一步：在发现财产盘盈、盘亏和毁损时，根据“库存现金盘点报告表”、“实存账存对比表”等原始凭证，编制记账凭证，据以调整账面记录，做到账实相符；

第二步：按管理权限报经批准后，根据处理意见及有关规定进行转销处理，编制记账凭证，据以登记有关账簿。

一、账户设置

为了进行财产清查结果的会计处理，应设置和运用以下主要账户。

（一）“待处理财产损溢”账户

“待处理财产损溢”账户核算企业在清查财产过程中查明的各种财产盘盈、盘亏和毁损的价值。物资在运输途中发生的非正常短缺与损耗，也通过本账户核算。企业如有盘盈固定资产的，应作为前期差错，记入“以前年度损益调整”账户。

“待处理财产损溢”账户属于资产类账户，它的借方登记本期发生的财产盘亏和毁损以及本期已批准处理的盘盈，贷方登记本期已批准处理的盘亏和毁损以及本期发现的财产盘盈。企业的财产损益，应查明原因，在期末结账前处理完毕，处理后该账户应无余额。

“待处理财产损溢”账户可按盘盈、盘亏的资产种类和项目进行明细核算。

(二)"以前年度损益调整"账户

"以前年度损益调整"账户核算企业本年度发生的调整以前年度损益的事项以及本年度发现的重要前期差错更正涉及调整以前年度损益的事项。企业在资产负债表日至财务报告批准报出日之间发生的需要调整报告年度损益的事项,也可以通过本账户核算。

"以前年度损益调整"账户属于损益类账户,它的借方登记企业减少以前年度利润或增加以前年度亏损以及由于以前年度损益调整增加的所得税费用,贷方登记企业调整增加以前年度利润或减少以前年度亏损以及由于以前年度损益调整减少的所得税费用。

经上述调整后,应将本账户的余额转入"利润分配——未分配利润"账户。本账户如为贷方余额,借记"以前年度损益调整"账户,贷记"利润分配——未分配利润"账户;如为借方余额,作相反的会计分录。本账户结转后应无余额。

除了需要设置和运用上述主要账户以外,还需要设置和运用一些其他账户,这些账户已在本教材第三章结合有关经济业务的核算作了说明。

二、会计处理

(一)库存现金清查结果的会计处理

在财产清查中,发现现金溢余时,借记"库存现金"账户,贷记"待处理财产损溢"账户。按管理权限报经批准后处理时,借记"待处理财产损溢"账户,同时,属于应支付给有关单位或个人的,贷记"其他应付款"账户,属于无法查明原因的,贷记"营业外收入"账户。

在财产清查中,发现现金短缺时,借记"待处理财产损溢"账户,贷记"库存现金"账户。按管理权限报经批准后处理时,贷记"待处理财产损溢"账户,同时,按可收回的保险赔偿或过失人赔偿,借记"其他应收款"账户,属于无法查明原因的,借记"管理费用"账户。

【例 6-2】 某企业在库存现金清查中发现现金盈余 40 元。

应编制的会计分录为:

(1) 发现现金盈余时:

借:库存现金	40	
贷:待处理财产损溢		40

(2) 报经批准后转销时:

借:待处理财产损溢	40	
贷:营业外收入		40

【例 6-3】 某企业在库存现金清查中发现现金短缺 50 元。经查明，该短缺属于出纳人员王某的责任，应由出纳人员王某赔偿。

应编制的会计分录为：

(1) 发现现金短缺时：

借：待处理财产损溢 50
　贷：库存现金 50

(2) 报经批准后转销时：

借：其他应收款——王某 50
　贷：待处理财产损溢 50

(二) 存货清查结果的会计处理

在财产清查中，发现盘盈的各种材料、产成品、商品等，借记“原材料”、“库存商品”等账户，贷记“待处理财产损溢”账户。按管理权限报经批准后处理时，借记“待处理财产损溢”账户，贷记“管理费用”账户。

在财产清查中，发现盘亏、毁损的各种材料、产成品、商品等，借记“待处理财产损溢”账户，贷记“原材料”、“库存商品”等账户。材料、产成品、商品采用计划成本(或售价)核算的，还应同时结转成本差异(或商品进销差价)，涉及增值税的，还应进行相应处理。按管理权限报经批准后处理时，贷记“待处理财产损溢”账户；同时按残料价值，借记“原材料”等账户；按可收回的保险赔偿或过失人赔偿，借记“其他应收款”账户；扣除残料价值和应由保险公司、过失人赔款后的净损失，属于一般经营损失的部分，借记“管理费用”账户，属于非常损失的部分，借记“营业外支出”账户。

【例 6-4】 某企业财产清查中盘盈丙材料 200 千克。经查明是由于收发计量上的错误所造成的，按每千克 2 元入账。

应编制的会计分录为：

(1) 发现丙材料盘盈时：

借：原材料——丙材料 400
　贷：待处理财产损溢 400

(2) 报经批准后转销时：

借：待处理财产损溢 400
　贷：管理费用 400

【例 6-5】 某企业在财产清查中发现盘亏甲材料 100 千克，实际单位成本 20 元。经查明，属于一般经营损失。

应编制的会计分录为：

(1) 发现甲材料盘亏时：

借：待处理财产损溢 2 340

　贷：原材料——甲材料 2 000

　　应交税费——应交增值税(进项税额转出) 340

(2) 报经批准后转销时：

借：管理费用 2 340

　贷：待处理财产损溢 2 340

【例 6-6】 某企业在财产清查中发现毁损乙材料 300 千克，实际单位成本 100 元。经查明，属于非常事故造成的损失，根据保险责任范围及保险合同约定，保险公司应给予 15 000 元的赔偿，残料已办理入库手续，价值 1 000 元。

应编制的会计分录为：

(1) 发现乙材料盘亏时：

借：待处理财产损溢 35 100

　贷：原材料——乙材料 30 000

　　应交税费——应交增值税(进项税额转出) 5 100

(2) 报经批准后转销时，分别不同情况处理：

① 应由保险公司赔偿：

借：其他应收款——保险公司 15 000

　贷：待处理财产损溢 15 000

② 残料入库：

借：原材料 1 000

　贷：待处理财产损溢 1 000

③ 计入营业外支出：

借：营业外支出 19 100

　贷：待处理财产损溢 19 100

(三) 固定资产清查结果的会计处理

在财产清查中，发现盘盈的固定资产，根据《企业会计准则第 28 号——会计政策、会计估计变更和差错更正》的规定，作为前期差错处理，不需要通过“待处理财产损溢”账户进行核算。盘盈的固定资产，应按以下规定确定其入账价值：如果同类或类似固定资产存在活跃市场的，按同类或类似固定资产的市场价格，减去按该项资产的新旧程度估计的价值损耗后的余额，作为入账价值；如果同类或类似固定资产不存在活跃市场的，按该项固定资产的预计未来现金流量的现值，作为入账价值。企业发现盘盈的固定资产时，应按上述规定确定的入账价值，借记"固定资产"账户，贷记"以前年度损益调整"账户。确定应交纳的所得税时，借记"以前年度损益调整"账户，贷记"应交税费——应交所得税"账户。经上述调整后，应将"以前年度损益调整"账户的余额转入"利润分配——未分配利润"账户，借记"以前年度损益调整"账户，贷记"利润分配——未分配利润"账户，结转后，"以前年度损益调整"账户无余额。

在财产清查中，发现盘亏的固定资产，企业应按盘亏固定资产的账面价值，借记"待处理财产损溢"账户，按已计提的累计折旧，借记"累计折旧"账户，按已计提的减值准备，借记"固定资产减值准备"账户，按固定资产的原价，贷记"固定资产"账户。按管理权限报经批准后处理时，按可收回的保险赔偿或过失人赔偿，借记"其他应收款"账户，按应记入营业外支出的金额，借记"营业外支出"账户，贷记"待处理财产损溢"账户。

【例 6-7】 乙公司在财产清查过程中，发现一台未入账的设备，按同类或类似商品市场价格，减去按该项资产的新旧程度估计的价值损耗后的余额为 600 000 元(假定与其计税基础不存在差异)。该盘盈固定资产作为前期差错进行处理。该公司适用的所得税税率为 25%。

应编制的会计分录为：

(1) 发现盘盈固定资产时：

借：固定资产　　600 000

　贷：以前年度损益调整　　600 000

(2) 确定应交纳的所得税时：

借：以前年度损益调整　　150 000

　贷：应交税费——应交所得税　　150 000

(3) 将"以前年度损益调整"账户的余额结转"利润分配——未分配利润"账户：

借：以前年度损益调整　　450 000

　贷：利润分配——未分配利润　　450 000

【例 6-8】 某企业在财产清查中，发现盘亏设备一台，其原价为 20 000 元，已提折旧为 5 000 元。

应编制的会计分录为：

（1）发现固定资产盘亏时：

借：待处理财产损溢 15 000
　累计折旧 5 000
　贷：固定资产 20 000

（2）报经批准后转销时：

借：营业外支出 15 000
　贷：待处理财产损溢 15 000

（四）往来结算款项清查结果的会计处理

1. 应收款项清查结果的会计处理

在财产清查中，对于确实无法收回的应收款项，按管理权限报经批准后作为坏账，转销应收款项。坏账损失不需要通过“待处理财产损溢”账户进行核算。转销方法通常采用备抵法。备抵法是指按期估计坏账损失，计提坏账准备并计入当期损益，实际发生坏账损失时再冲销坏账准备的方法。估计坏账损失的方法有应收款项余额百分比法、账龄分析法、销货百分比法和个别认定法。

采用备抵法，企业计提坏账准备时，借记“资产减值损失”账户，贷记“坏账准备”账户；对于确实无法收回的应收款项，按管理权限报经批准后作为坏账，转销应收款项。借记“坏账准备”账户，贷记“应收账款”等账户。如果已确认并转销的应收款项以后又收回，应按实际收回的金额，借记“应收账款”等账户，贷记“坏账准备”账户，同时，借记“银行存款”账户，贷记“应收账款”等账户。对于已确认并转销的应收款项以后又收回的，也可以按实际收回的金额，借记“银行存款”账户，贷记“坏账准备”账户。

【例 6-9】 假定某企业自 2007 年年末开始计提坏账准备，采用应收款项余额百分比法估计坏账损失，坏账准备提取比例为 0.5%。2007 年年末应收账款余额 4 000 000 元，2008 年 6 月份发生坏账 5 000 元，报经批准后予以转销。

应编制的会计分录为：

（1）2007 年年末计提坏账准备 20 000 元（4 000 000×0.5%）：

借：资产减值损失 20 000
　贷：坏账准备 20 000

（2）2008 年 6 月发生坏账 5 000 元，报经批准后予以转销：

借：坏账准备 5 000
　贷：应收账款 5 000

2. 应付款项清查结果的会计处理

在财产清查中，如发现因债权单位撤销等原因而产生无法支付的应付款项，不需要通过“待处理财产损溢”账户进行核算，应按其账面价值计入营业外收入。

【例 6-10】 在财产清查中，企业确定一笔应付账款 2 000 元为无法支付的款项，予以转销。应编制的会计分录为：

借：应付账款　　2 000

　贷：营业外收入　　2 000

本章小结

财产清查是通过实地盘点，核对账目，查明单位各项财产的实存数和账面结存数是否相符的一种会计核算的专门方法。

财产物资的盘存制度有永续盘存制和实地盘存制两种。本章将永续盘存制与实地盘存制进行比较，强调永续盘存制在加强对财产物资的管理方面具有明显的优越性，因而在实际工作中得到广泛运用；重点阐明财产清查的方法以及财产清查结果的会计处理。

复习思考题

1. 什么是财产清查？财产清查有何重要意义？
2. 如何对财产清查进行分类？
3. 什么是永续盘存制和实地盘存制？各有何优缺点？
4. 什么是未达账项？单位和银行之间的未达账项有哪几种情况？
5. “待处理财产损溢”账户的结构如何？说明其具体运用。

习　题

一、单项选择题

1. 企业在现金清查中，经检查，仍无法查明原因的现金短缺，按管理权限报经批准后处理时，应借记（　　）账户。

A. “财务费用”　　B. “管理费用”

C. “其他应收款”　　D. “营业外支出”

2. 对于银行已入账而企业尚未入账的未达账项，企业应当（　　）。

A. 在编制银行存款余额调节表的同时入账

B. 根据银行对账单记录的金额入账

C. 根据银行对账单编制自制原始凭证入账

D. 待银行结算凭证到达后进行账务处理，登记入账

3. 某企业在遭受洪灾后，对其受损财产物资进行的清查，属于(　　)。

A. 局部清查和定期清查　　B. 全面清查和定期清查

C. 局部清查和不定期清查　　D. 全面清查和不定期清查

4. 对各项财产物资的盘点结果，应编制并据以调整账面记录的原始凭证是(　　)。

A. 入库单　　B. 实存账存对比表

C. 出库单　　D. 领料单

5. 库存现金的清查方法是(　　)。

A. 技术推算法　　B. 实地盘点法

C. 函证法　　D. 倒挤法

6. 企业在现金清查中，查出现金溢余，并将溢余数记入“待处理财产损溢”账户。后经进一步核查，无法查明原因，按管理权限报经批准后处理时，正确的会计处理方法是(　　)。

A. 将其从“待处理财产损溢”账户转入“其他业务收入”账户

B. 将其从“待处理财产损溢”账户转入“管理费用”账户

C. 将其从“待处理财产损溢”账户转入“其他应付款”账户

D. 将其从“待处理财产损溢”账户转入“营业外收入”账户

7. 企业的应付账款如果确实无法支付时，应贷记(　　)账户。

A. “资本公积”　　B. “营业外支出”

C. “管理费用”　　D. “营业外收入”

8. 关于实地盘存制，下列说法正确的有(　　)。

A. 平时在有关账簿中，只登记各种财产物资的增加数，不登记减少数

B. 平时在有关账簿中，既登记各种财产物资的增加数，又登记减少数

C. 平时在有关账簿中，只登记各种财产物资的减少数，不登记增加数

D. 平时在有关账簿中，对各种财产物资的增加数和减少数均不予登记

9. 在财产清查中，企业对固定资产盘亏净损失，按管理权限报经批准后处理时，应借记(　　)账户。

A. “待处理财产损溢”　　B. “营业外支出”

C. “固定资产清理”　　D. “累计折旧”

10. 在财产清查中，企业发现盘盈的固定资产时，应按确定的入账价值，贷记(　　)账户。

A. “以前年度损益调整”　　B. “待处理财产损溢”

C. “固定资产”　　D. “累计折旧”

二、多项选择题

1. 造成单位各项财产账实不符的原因是多方面的。主要有(　　)。

A. 财产物资在保管过程中发生自然损耗

B. 财产物资的日常收发计量差错

C. 由于管理不善和保管人员的过失而发生财产物资的短缺、损坏

D. 在会计凭证和账簿的记录中,出现错记、漏记或计算错误

2. 下列情况中,需要进行全面清查的有(　　)。

A. 年终决算前　　B. 中外合资时

C. 清产核资时　　D. 企业改变隶属关系时

3. 企业发生的原材料盘亏或毁损,按管理权限报经批准后处理时,应作为管理费用列支的有(　　)。

A. 自然灾害造成的毁损净损失　B. 保管中发生的定额内自然损耗

C. 收发计量造成的盘亏损失　　D. 管理不善造成的盘亏损失

4. 下列各项中,属于未达账项的有(　　)。

A. 单位已收款入账,但开户银行尚未收款入账

B. 单位已付款入账,但开户银行尚未付款入账

C. 开户银行已收款入账,但单位尚未收款入账

D. 开户银行已付款入账,但单位尚未付款入账

5. 按照财产清查的对象和范围不同,财产清查可以分为(　　)。

A. 全面清查　　B. 局部清查

C. 内部清查　　D. 外部清查

6. 财产物资的盘存制度有(　　)。

A. 权责发生制　　B. 收付实现制

C. 永续盘存制　　D. 实地盘存制

7. 下列各项中,会导致单位银行存款日记账的余额大于银行对账单余额的未达账项有(　　)。

A. 单位已收款入账,开户银行尚未收款入账

B. 单位已付款入账,开户银行尚未付款入账

C. 开户银行已收款入账,单位尚未收款入账

D. 开户银行已付款入账,单位尚未付款入账

8. 下列各项中,可以采用实地盘点法进行清查的有(　　)。

A. 机器设备　　　　　　B. 库存现金

C. 银行存款　　　　　　D. 运输工具

9. 在财产清查中，企业对于盘亏的存货，按管理权限报经批准后处理时，可能借记(　　)账户。

A. “待处理财产损溢”　　B. “营业外支出”

C. “管理费用”　　　　　D. “其他应收款”

10. 单位需要进行不定期清查的情况有(　　)。

A. 更换财产物资或库存现金保管人员时

B. 发生自然灾害或意外损失时

C. 财政、审计、税务、人民银行等部门对本单位实施监督检查时

D. 保管和使用财产物资的相关部门和人员发生营私舞弊、贪污、盗窃等不法行为时

三、判断题

1. 企业的财产损溢，应查明原因，在期末结账前处理完毕，处理后“待处理财产损溢”账户应无余额。(　　)

2. 银行存款的清查是指将企业银行存款日记账的账面余额与总分类账中银行存款账户的账面余额进行核对。(　　)

3. 定期清查的对象和范围，应根据实际情况和需要，可以是全面清查，也可以是局部清查。(　　)

4. 在财产清查中，发现盘盈或盘亏的固定资产，均需要通过“待处理财产损溢”账户进行核算。(　　)

5. 企业发生的坏账损失，不需要通过“待处理财产损溢”账户进行核算。(　　)

6. 单位应当指定专人定期核对银行账户，每月至少核对一次，编制银行存款余额调节表，使银行存款账面余额与银行对账单调节相符。如调节不符，应查明原因，及时处理。(　　)

7. 单位对于超过库存限额的现金应及时送存银行。(　　)

8. 企业采用永续盘存制，仍需对财产物资进行实地盘点，以查明账实是否相符。(　　)

9. 实地盘存制与永续盘存制比较，在加强对财产物资的管理方面具有明显的优越性，所以，实地盘存制在实际工作中得到广泛运用。(　　)

10. 单位在同银行核对账目时，对发现的未达账项，应当编制银行存款余额调节表进行调节，并以银行存款余额调节表作为调整单位银行存款账面余额的原始凭证，进行相应的账务处理。(　　)

四、业务题

（一）

1. 目的　练习银行存款余额调节表的编制。

2. 资料　某企业 2008 年 8 月 31 日银行存款日记账的余额为 112 000 元，银行对账单的余额为 148 000 元，经核对，发现以下未达账项：

(1) 企业将收到的销货款 4 000 元存入银行，企业已登记银行存款增加，而银行尚未入账。

(2) 企业开出转账支票 36 000 元支付购料款，企业已登记银行存款减少，而银行尚未入账。

(3) 收到某单位汇来的购货款 20 000 元，银行已登记增加，企业尚未入账。

(4) 银行代企业支付水费 16 000 元，银行已登记减少，企业尚未入账。

3. 要求　根据上述资料编制银行存款余额调节表，银行存款余额调节表的格式如表 6-2 所示。

（二）

1. 目的　练习财产清查结果的会计处理。

2. 资料　某企业在财产清查中发现财产物资盘盈、盘亏的情况如下：

(1) 确定甲材料盘盈 100 千克，按每千克 1 元入账。经查明，盘盈甲材料属于吸潮自然升溢，按管理权限报经批准后转销。

(2) 确定盘亏机床一台，其账面原价 48 000 元，已提折旧 26 000 元。盘亏的机床按管理权限报经批准后转销。

(3) 查明无法收回的应收账款 800 元，按管理权限报经批准后作为坏账损失处理。

(4) 确定一项应付账款 8 000 元无法支付，予以转销。

(5) 发现账外设备一台，按同类或类似商品市场价格，减去按该项资产的新旧程度估计的价值损耗后的余额为 850 000 元（假定与其计税基础不存在差异）。该盘盈固定资产作为前期差错进行处理。该企业适用的所得税税率为 25%。

(6) 清查中发现毁损丙材料 800 千克，单位成本 20 元。经查明，属于自然灾害造成的损失，根据保险责任范围及保险合同约定，保险公司应给予 10 000 元的赔偿，残料已办理入库手续，价值 200 元。毁损的丙材料，按管理权限报经批准后转销。

(7) 在库存现金清查中发现现金盈余 50 元，无法查明原因，按管理权限报经批准后转销。

(8) 在库存现金清查中发现现金短缺 20 元。经查明，该短缺属于出纳人员陈某的责任，应由出纳人员陈某赔偿。

3. 要求　根据上述资料编制会计分录。

第七章　财务会计报告

本章结构图

- 财务会计报告
  - 财务会计报告概述
    - 财务会计报告的目标
    - 财务会计报告的构成
    - 财务报表的分类
    - 财务报表列报的基本要求
  - 资产负债表
    - 资产负债表的作用
    - 资产负债表的结构
    - 资产负债表项目的列示
    - 资产负债表的编制方法
  - 利润表
    - 利润表的作用
    - 利润表的结构
    - 利润表的编制方法
  - 现金流量表
    - 现金流量表的作用
    - 现金流量的分类
    - 现金流量表的结构
    - 现金流量表的编制方法
  - 所有者权益变动表
    - 所有者权益变动表的作用
    - 所有者权益变动表的结构
    - 所有者权益变动表的编制方法
  - 附注

本章学习目标

- 理解财务会计报告的目标
- 掌握财务会计报告的构成内容
- 掌握财务报表列报的基本要求
- 熟悉资产负债表的作用、结构和编制方法
- 熟悉利润表的作用、结构和编制方法
- 了解现金流量表的作用、结构和编制方法
- 了解所有者权益变动表的作用、结构和编制方法
- 熟悉一般企业报表附注包括的主要内容

各单位在日常的会计核算工作中，反映在会计凭证和会计账簿中的会计信息存在着比较分散、不够概括、不便于理解和利用等不足，因此有必要在日常会计核算的基础上，根据会计信息使用者的需要，定期地对日常的会计核算资料进行整理、归类和汇总，编制财务会计报告，以综合反映会计主体的财务状况、经营成果和现金流量等情况。财务会计报告是单位会计核算的最终成果。本章以企业财务会计报告为例，说明财务会计报告的目标、构成内容以及财务报表列报的基本要求和编制方法。

第一节 财务会计报告概述

财务会计报告又称财务报告，是指企业对外提供的反映企业某一特定日期的财务状况和某一会计期间的经营成果、现金流量等会计信息的文件。

一、财务会计报告的目标

我国《企业会计准则——基本准则》明确规定：企业应当编制财务会计报告。财务会计报告的目标是向财务会计报告使用者提供与企业财务状况、经营成果和现金流量等有关的会计信息，反映企业管理层受托责任履行情况，有助于财务会计报告使用者作出经济决策。财务会计报告使用者包括投资人、债权人、政府及其有关部门和社会公众等。

（一）向财务会计报告使用者提供决策有用的信息

我国《企业会计准则——基本准则》着眼于提高社会经济资源的配置效率，在

财务会计报告的目标方面，强化了会计信息决策有用的要求，企业会计准则体系以强调高质量会计信息的供给与需求为核心，要求财务会计报告应当向财务会计报告使用者提供决策有用的信息。因此，向财务会计报告使用者提供决策有用的信息是财务会计报告的基本目标。

（二）反映企业管理层受托责任履行情况

在现代企业制度下，企业所有权和经营权相分离，形成各负其责、协调运转、有效制衡的公司法人治理结构，企业管理层受所有者之托经营管理企业。企业管理层要切实履行受托责任，必须保证会计信息的真实可靠，保护各项资产的安全完整，实现资本的有效运营，最终达到资本保值增值的目的。企业管理层是否尽到责任？所有者如何保证自己目标的实现？如何有效激励并制约经营者为所有者的目标服务？所有者正是利用会计信息，考核与评价企业管理层的经营业绩。因此，财务会计报告应当反映企业管理层受托责任履行情况。

二、财务会计报告的构成

财务会计报告包括财务报表和其他应当在财务会计报告中披露的相关信息和资料。不同类型的企业，经营活动各有其自身的特点。因此，在《企业会计准则第30号——财务报表列报》及其应用指南中，对财务报表格式和附注分别按一般企业、商业银行、保险公司、证券公司等企业类型予以规定。政策性银行、信托投资公司、租赁公司、财务公司、典当公司应当执行商业银行财务报表格式和附注规定，担保公司应当执行保险公司财务报表格式和附注规定，资产管理公司、基金公司、期货公司应当执行证券公司财务报表格式和附注规定。如有特别需要，可以结合本企业的实际情况，进行必要调整和补充。企业应当根据其经营活动的性质，确定本企业适用的财务报表格式和附注。

（一）财务报表

财务报表至少应当包括资产负债表、利润表、现金流量表、所有者权益（或股东权益）变动表等报表及其附注。

资产负债表反映企业在某一特定日期的财务状况，利润表反映企业在一定会计期间的经营成果，现金流量表反映企业在一定会计期间的现金和现金等价物的流入和流出情况，所有者权益变动表反映构成所有者权益的各组成部分当期的增减变动情况，它们从不同的角度综合反映企业价值运动的会计信息。其中，资产负债表在报表体系中处于核心地位，因为企业只有在资产减去负债后的余额，即所有者权益（净资产）增加的情况下，才能真正表明企业价值的增加，股东财富的增长。确立资产负债表的核心地位，有助于促进企业树立科学发展观，改善资产负债管理，优化资产和资本结构，提高决策水平，避免只注重眼前利益和收益超前分配，有利于促进企业长远的可持续发展。

附注是对在资产负债表、利润表、现金流量表和所有者权益变动表等报表中列示项目的文字描述或明细资料，以及对未能在这些报表中列示项目的说明等。附注应当提供充分、详细、及时的补充信息和说明信息。通过附注形式来补充说明报表的内容以及报表不能反映的内容，有助于进一步提高财务报表的真实性与公允性，加大企业会计信息的透明度。

（二）其他应当在财务会计报告中披露的相关信息和资料

其他相关信息和资料的披露，具体可以根据有关法律法规的规定和外部使用者的信息需求而定。比如，企业可以在财务会计报告中披露其承担的社会责任，对社区的贡献，可持续发展能力等信息，这些信息对于使用者的决策也是相关的，尽管属于非财务信息，无法包括在财务报表中，但是如果有规定或者使用者有需求的，企业应当在财务会计报告中予以披露，有时企业也可以自愿选择在财务会计报告中披露这些相关信息。

三、财务报表的分类

财务报表按照不同的标志，可以分为不同的种类，主要有以下几种。

1. 按照反映内容的不同，可以分为静态报表和动态报表

会计信息有存量信息和流量信息。静态报表是指反映存量信息的财务报表，如资产负债表；动态报表是指反映流量信息的财务报表，如利润表、现金流量表和所有者权益变动表。

2. 按照编报时间的不同，可以分为中期财务报表和年度财务报表

中期是指短于一个完整的会计年度的报告期间。中期财务报表是指以中期为基础编制的财务报表，包括月报、季报和半年报等。中期财务报表至少应当包括资产负债表、利润表和现金流量表。年度财务报表是指一个会计年度终了时编制的财务报表，如企业的年度资产负债表、利润表、现金流量表和所有者权益变动表。

3. 按照编报主体的不同，可以分为个别财务报表和合并财务报表

个别财务报表是反映一个企业自身的财务状况、经营成果和现金流量的财务报表。它是以一个企业作为会计主体来编制的。

合并财务报表是指反映母公司和其全部子公司形成的企业集团整体财务状况、经营成果和现金流量的财务报表。它是以企业集团作为会计主体来编制的，母公司应当编制合并财务报表。

四、财务报表列报的基本要求

按照《企业会计准则第 30 号——财务报表列报》及其应用指南的规定，企业财

务报表列报应当符合以下基本要求。

（一）公允列报

企业财务报表列报应当严格按照《企业会计准则——基本准则》对会计要素的定义和确认条件，如实反映企业发生的交易或者事项，真实而公允地提供企业的财务状况、经营成果和现金流量等会计信息，以有助于会计信息的使用者对企业的过去、现在和将来作出科学的评价和合理的预测，以便作出正确的经济决策。

（二）以持续经营为基础

企业应当以持续经营为基础，根据实际发生的交易和事项，按照《企业会计准则——基本准则》和其他各项会计准则的规定进行确认和计量，在此基础上编制财务报表。企业管理层应当评价企业的持续经营能力，对持续经营能力产生重大怀疑的，应当在附注中披露导致对持续经营能力产生重大怀疑的影响因素。企业正式决定或被迫在当期或将在下一个会计期间进行清算或停止营业的，表明其处于非持续经营状态，应当采用其他方法编制财务报表，并在附注中声明财务报表未以持续经营为基础列报，披露未以持续经营为基础的原因和财务报表的编制基础。

（三）项目列报的一致性

财务报表项目的列报应当在各个会计期间保持一致，不得随意变更，但下列项目除外：

(1) 会计准则要求改变财务报表项目的列报。

(2) 企业经营业务的性质发生重大变化后，变更财务报表项目的列报能够提供更可靠、更相关的会计信息。

（四）重要性

性质或功能不同的项目，应当在财务报表中单独列报，但不具有重要性的项目除外。性质或功能类似的项目，其所属类别具有重要性的，应当按其类别在财务报表中单独列报。

重要性是指财务报表某项目的省略或错误会影响使用者据此作出经济决策的，该项目具有重要性。重要性应当根据企业所处环境，从项目的性质和金额大小两方面予以判断。判断项目性质的重要性，应当考虑该项目的性质是否属于企业日常活动等因素；判断项目金额大小的重要性，应当通过单项金额占资产总额、负债总额、所有者权益总额、营业收入总额、营业成本总额、净利润等直接相关项目金额的比重加以确定。

（五）不得互相抵销的规定

财务报表中的资产项目和负债项目的金额，收入项目和费用项目的金额不得互相抵销，但其他会计准则另有规定的除外。这里需要说明的是，资产项目按扣除减值准备后的净额列示，不属于抵销。非日常活动产生的损益，以收入扣减费用后的净额列示，不属于抵销。

（六）提供比较数据的规定

当期财务报表的列报，至少应当提供所有列报项目上一可比会计期间的比较数据，以及与理解当期财务报表相关的说明，但其他会计准则另有规定的除外。

财务报表项目的列报发生变更的，应当对上期比较数据按照当期的列报要求进行调整，并在附注中披露调整的原因和性质，以及调整的各项目金额。对上期比较数据进行调整不切实可行的，应当在附注中披露不能调整的原因。不切实可行，是指企业在作出所有合理努力后仍然无法采用某项规定。

（七）在财务报表的显著位置至少披露的内容

企业应当在财务报表的显著位置至少披露下列各项：

(1) 编报企业的名称。

(2) 资产负债表日或财务报表涵盖的会计期间。

(3) 人民币金额单位。

(4) 财务报表是合并财务报表的，应当予以标明。

（八）编制财务报表的时间规定

企业至少应当按年编制财务报表。年度财务报表涵盖的期间短于 1 年的，应当披露年度财务报表的涵盖期间，以及短于 1 年的原因。对外提供中期财务报告的，还应遵循《企业会计准则第 32 号——中期财务报告》的规定。

（九）单独列报项目的规定

《企业会计准则第 30 号——财务报表列报》规定在财务报表中单独列报的项目，应当单独列报。其他会计准则规定单独列报的项目，应当增加单独列报项目。

第二节 资产负债表

资产负债表是指反映企业在某一特定日期的财务状况的会计报表。

一、资产负债表的作用

资产负债表可以反映企业在某一特定日期资产、负债和所有者权益的金额。通过编制资产负债表，至少可以提供以下重要会计信息：

(1) 反映企业拥有的经济资源及其构成情况。

(2) 反映企业资金的来源及其构成情况。

(3) 通过有关财务指标的分析，了解企业的财务实力、偿债能力和支付能力。

(4) 通过比较资产负债表的分析，看出企业财务状况的发展趋势。

二、资产负债表的结构

我国企业的资产负债表采用账户式结构。资产负债表分为左右两方，左方列示资产各项目，右方列示负债和所有者权益各项目。资产各项目的总计等于负债和所有者权益各项目的总计。根据我国《企业会计准则第 30 号——财务报表列报》应用指南的规定，一般企业资产负债表的格式如表 7-1 所示。

表 7-1

资 产 负 债 表

编制单位：　　　　＿＿＿年＿＿＿月＿＿＿日　　　　单位：元

资　　产	期末余额	年初余额	负债和所有者权益（或股东权益）	期末余额	年初余额
流动资产：			流动负债：		
货币资金			短期借款		
交易性金融资产			交易性金融负债		
应收票据			应付票据		
应收账款			应付账款		
预付款项			预收款项		
应收利息			应付职工薪酬		
应收股利			应交税费		
其他应收款			应付利息		
存货			应付股利		
一年内到期的非流动资产			其他应付款		
其他流动资产			一年内到期的非流动负债		
流动资产合计			其他流动负债		
非流动资产：			流动负债合计		
可供出售金融资产			非流动负债：		
持有至到期投资			长期借款		
长期应收款			应付债券		
长期股权投资			长期应付款		
投资性房地产			专项应付款		
固定资产			预计负债		
在建工程			递延所得税负债		
工程物资			其他非流动负债		
固定资产清理			非流动负债合计		

（续表）

资　　产	期末余额	年初余额	负债和所有者权益（或股东权益）	期末余额	年初余额
生产性生物资产			负债合计		
油气资产			所有者权益（或股东权益）：		
无形资产			实收资本（或股本）		
开发支出			资本公积		
商誉			减：库存股		
长期待摊费用			盈余公积		
递延所得税资产			未分配利润		
其他非流动资产			所有者权益（或股东权益）合计		
非流动资产合计					
资产总计			负债和所有者权益（或股东权益）总计		

三、资产负债表项目的列示

资产和负债应当分别流动资产和非流动资产、流动负债和非流动负债列示。

资产满足下列条件之一的，应当归类为流动资产：

(1) 预计在一个正常营业周期中变现、出售或耗用。

(2) 主要为交易目的而持有。

(3) 预计在资产负债表日起 1 年内（含 1 年，下同）变现。

(4) 自资产负债表日起 1 年内交换其他资产或清偿负债的能力不受限制的现金或现金等价物。

流动资产以外的资产应当归类为非流动资产，并应按其性质分类列示。

负债满足下列条件之一的，应当归类为流动负债：

(1) 预计在一个正常营业周期中清偿。

(2) 主要为交易目的而持有。

(3) 自资产负债表日起 1 年内到期应予以清偿。

(4) 企业无权自主地将清偿推迟至资产负债表日后 1 年以上。

流动负债以外的负债应当归类为非流动负债，并应按其性质分类列示。

对于在资产负债表日起 1 年内到期的负债，企业预计能够自主地将清偿义务展期至资产负债表日后 1 年以上的，应当归类为非流动负债，不能自主地将清偿义务展期的，即使在资产负债表日后，财务报告批准报出日前签订了重新安排清偿计划协议，该项负债仍应归类为流动负债。

企业在资产负债表日或之前违反了长期借款协议，导致贷款人可随时要求清偿的负债，应当归类为流动负债。贷款人在资产负债表日或之前同意提供在资产负债表日后1年以上的宽限期，企业能够在此期限内改正违约行为，且贷款人不能要求随时清偿，该项负债应当归类为非流动负债。

按照《企业会计准则第30号——财务报表列报》及其应用指南的规定，判断流动资产、流动负债所指的一个正常营业周期，通常是指企业从购买用于加工的资产起至实现现金或现金等价物的期间。正常营业周期通常短于1年，在1年内有几个营业周期。但是，也存在正常营业周期长于1年的情况，如房地产开发企业用于出售的房地产开发产品、造船企业制造用于出售的大型船只等，往往超过1年才变现、出售或耗用，仍应划分为流动资产。正常营业周期不能确定的，应当以1年(12个月)作为正常营业周期。

四、资产负债表的编制方法

资产负债表“年初余额”栏各项目的数字，应根据上年年末资产负债表“期末余额”栏内所列数字填列。如果上年年末资产负债表与本年度规定的资产负债表的项目名称和内容不相一致，应对上年年末资产负债表各项目的名称和数字按照本年度的规定进行调整，填入本表“年初余额”栏内。

资产负债表“期末余额”栏各项目的填列方法有以下几种。

1. 直接根据相关某一总账账户的余额填列

例如，交易性金融资产、应收利息、应收股利、固定资产清理、短期借款、交易性金融负债、应付票据、应付职工薪酬、应交税费、应付利息、应付股利、其他应付款、实收资本(或股本)、资本公积、库存股、盈余公积等项目，应当根据相关总账账户的余额直接填列。

2. 根据相关总账账户的余额合计填列

例如，“货币资金”项目，应当根据“库存现金”、“银行存款”、“其他货币资金”三个总账账户余额的合计填列。

【例7-1】 某企业2008年12月31日结账后的“库存现金”账户余额为5 818元，“银行存款”账户余额为2 380 000元，“其他货币资金”账户余额为16 800元。

该企业2008年12月31日资产负债表中的“货币资金”项目金额为：

$$5\,818+2\,380\,000+16\,800=2\,402\,618(\text{元})$$

3. 根据相关明细账户的余额合计填列

例如，“应收账款”项目，应当根据“应收账款”和“预收账款”两个账户所属明细账户期末借方余额的合计填列(假定未计提坏账准备)。

“预付款项”项目,应当根据“预付账款”和“应付账款”两个账户所属明细账户期末借方余额的合计填列。

“应付账款”项目,应当根据“应付账款”和“预付账款”两个账户所属明细账户期末贷方余额的合计填列。

“预收款项”项目,应当根据“预收账款”和“应收账款”两个账户所属明细账户期末贷方余额的合计填列。

【例 7-2】 某企业 2008 年 12 月 31 日结账后有关账户的余额如表 7-2 所示。

表 7-2

某企业 2008 年 12 月 31 日结账后有关账户的余额

单位:元

账户名称	借方余额	贷方余额
应收账款	400 000	
预付账款	30 000	
应付账款		40 000
预收账款		200 000

其中:“应收账款——A 公司”账户借方余额 500 000 元,“应收账款——B 公司”账户贷方余额 100 000 元;“预付账款——C 公司”账户借方余额 50 000 元,“预付账款——D 公司”账户贷方余额 20 000 元;“应付账款——甲公司”账户贷方余额 55 000 元,“应付账款——乙公司”账户借方余额 15 000 元;“预收账款——丙公司”账户贷方余额 220 000 元,“预收账款——丁公司”账户借方余额 20 000 元。

该企业 2008 年 12 月 31 日资产负债表中有关项目的金额为:

“应收账款”项目的金额:500 000+20 000=520 000(元)

“预付款项”项目的金额:50 000+15 000=65 000(元)

“应付账款”项目的金额:55 000+20 000=75 000(元)

“预收款项”项目的金额:220 000+100 000=320 000(元)

4. 根据相关总账账户和明细账户的余额分析计算填列

例如,“长期待摊费用”项目应当根据“长期待摊费用”账户余额扣除“长期待摊费用”账户所属明细账户中将于 1 年内摊销后的金额填列。

“长期借款”项目,应当根据“长期借款”账户余额扣除“长期借款”账户所属明细账户中将于 1 年内到期、且企业不能自主地将清偿义务展期的长期借款后的金额填列。

【例 7-3】 某企业 2008 年 12 月 31 日“长期待摊费用”账户的期末余额为 750 000元，将于 1 年内摊销的数额为 150 000 元。

该企业 2008 年 12 月 31 日资产负债表中“长期待摊费用”项目金额为：

750 000－150 000＝600 000(元)

将于 1 年内摊销的数额 150 000 元，应当填列在资产负债表中流动资产下“一年内到期的非流动资产”项目中。

【例 7-4】 某企业长期借款 4 800 000 元，具体情况如表 7-3 所示。

表 7-3

长期借款的有关详细资料

借款起始日期	借款期限(年)	金　额(元)
2008 年 1 月 1 日	3	1 800 000
2006 年 1 月 1 日	5	1 000 000
2005 年 9 月 1 日	4	2 000 000

该企业 2008 年 12 月 31 日资产负债表中“长期借款”项目的金额为：

4 800 000－2 000 000＝2 800 000(元)

将在 1 年内到期的长期借款 2 000 000 元，应当填列在资产负债表中流动负债下“一年内到期的非流动负债”项目中。

5. 根据有关总账账户余额减去其备抵账户余额后的净额填列

例如，“其他应收款”项目应当根据“其他应收款”账户的余额减去“坏账准备”账户余额中为其他应收款计提的坏账准备后的净额填列。“持有至到期投资”、“长期股权投资”、“在建工程”等项目应当根据“持有至到期投资”、“长期股权投资”、“在建工程”等账户的余额减去“持有至到期投资减值准备”、“长期股权投资减值准备”、“在建工程减值准备”等备抵账户的余额后的净额填列。“固定资产”项目，应当根据“固定资产”账户的余额减去“累计折旧”、“固定资产减值准备”备抵账户余额后的净额填列；“无形资产”项目，应当根据“无形资产”账户的余额，减去“累计摊销”、“无形资产减值准备”备抵账户余额后的净额填列。

【例 7-5】 某企业 2008 年 12 月 31 日结账后“其他应收款”账户余额为 43 000 元，“坏账准备”账户余额中有关其他应收款计提的坏账准备为 3 000 元。

该企业 2008 年 12 月 31 日资产负债表中“其他应收款”项目金额为：

43 000－3 000＝40 000(元)

【例 7-6】 某企业 2008 年 12 月 31 日结账后“长期股权投资”账户余额为

2 000 000元,“长期股权投资减值准备”账户余额为 360 000 元。

该企业 2008 年 12 月 31 日资产负债表中“长期股权投资”项目金额为:

2 000 000－360 000＝1 640 000(元)

【例 7-7】 某企业 2008 年 12 月 31 日结账后“在建工程”账户余额为 2 560 000 元,“在建工程减值准备”账户余额为 200 000 元。

该企业 2008 年 12 月 31 日资产负债表中“在建工程”项目金额为:

2 560 000－200 000＝2 360 000(元)

【例 7-8】 某企业 2008 年 12 月 31 日结账后“固定资产”账户余额为 30 000 000元,“累计折旧”账户余额为 8 000 000 元,“固定资产减值准备”账户余额为 500 000 元。

该企业 2008 年 12 月 31 日资产负债表中“固定资产”项目金额为:

30 000 000－8 000 000－500 000＝21 500 000(元)

【例 7-9】 某企业 2008 年 12 月 31 日结账后“无形资产”账户余额为 4 600 000 元,“累计摊销”账户余额为 920 000 元,“无形资产减值准备”账户余额为 300 000 元。

该企业 2008 年 12 月 31 日资产负债表中“无形资产”项目金额为:

4 600 000－920 000－300 000＝3 380 000(元)

6. 综合运用上述填列方法分析计算填列

例如,在计提坏账准备的企业,“应收账款”项目,应当根据“应收账款”和“预收账款”两个总账账户所属明细账户期末借方余额的合计减去“坏账准备”账户余额中为应收账款计提的坏账准备后的净额填列。

“存货”项目,应当根据“材料采购”、“在途物资”、“原材料”、“库存商品”、“发出商品”、“委托加工物资”、“周转材料”、“生产成本”等账户的余额加总后,再减去“存货跌价准备”账户余额后的净额填列。材料采用计划成本核算,以及库存商品采用计划成本核算或售价核算的企业,还应加上或减去“材料成本差异”、“商品进销差价”账户余额后的数额填列(若为借方余额,应加上,若为贷方余额,应减去)。

【例 7-10】 接[例 7-2],假定该企业计提坏账准备,“坏账准备”账户余额中有关应收账款计提的坏账准备为 50 000 元。

该企业 2008 年 12 月 31 日资产负债表中“应收账款”项目的金额为:

500 000＋20 000－50 000＝470 000(元)

【例 7-11】 某企业采用计划成本进行原材料的日常核算,2008 年 12 月 31 日结账后有关账户的余额为:“材料采购”账户余额为 40 000 元,“原材料”账户余额为4 800 000元，“周转材料”账户余额为60 000元，“库存商品”账户余额为5 600 000元，“生产成本”账户余额为500 000元，“材料成本差异”账户贷方余额为46 000元，“存货跌价准备”账户余额为 200 000 元。

该企业 2008 年 12 月 31 日资产负债表中“存货”项目金额为：

40 000＋4 800 000＋60 000＋5 600 000＋500 000－46 000－200 000＝10 754 000(元)

【例 7-12】 某公司 2008 年 12 月 31 日的科目余额表如表 7-4 所示。

表 7-4

科目余额表

2008 年 12 月 31 日

科目名称	借方余额	科目名称	贷方金额
库存现金	2 000	短期借款	50 000
银行存款	807 535	应付票据	100 000
其他货币资金	7 300	应付账款	953 800
应收票据	46 000	应付职工薪酬	80 000
应收账款	600 000	应交税费	100 034
坏账准备	－1 800	应付股利	32 214.85
其他应收款	5 000	长期借款	1 160 000
材料采购	75 000	其中：一年内到期的非流动负债	0
原材料	247 000	股本	4 800 000
周转材料	38 050	盈余公积	133 675.15
库存商品	2 212 400	利润分配(未分配利润)	208 611
材料成本差异	2 250		
长期股权投资	250 000		
固定资产	2 401 000		
累计折旧	－200 000		
在建工程	488 000		
工程物资	150 000		
无形资产	488 600		
合计	7 618 335	合计	7 618 335

注：表中“坏账准备”、“累计折旧”账户为贷方余额；坏账准备均为应收账款计提的坏账准备。

根据上述资料，编制该公司 2008 年 12 月 31 日的资产负债表(填入期末余额，年初余额略)如表 7-5 所示。

表 7-5

资产负债表

编制单位： 2008 年 12 月 31 日 单位：元

资　　产	期末余额	年初余额	负债和所有者权益（或股东权益）	期末余额	年初余额
流动资产：			流动负债：		
货币资金	816 835		短期借款	50 000	
交易性金融资产			交易性金融负债		
应收票据	46 000		应付票据	100 000	
应收账款	598 200		应付账款	953 800	
预付款项			预收款项		
应收利息			应付职工薪酬	80 000	
应收股利			应交税费	100 034	
其他应收款	5 000		应付利息		
存货	2 574 700		应付股利	32 214.85	
一年内到期的非流动资产			其他应付款		
其他流动资产			一年内到期的非流动负债		
流动资产合计	4 040 735		其他流动负债		
非流动资产：			流动负债合计	1 316 048.85	
可供出售金融资产			非流动负债：		
持有至到期投资			长期借款	1 160 000	
长期应收款			应付债券		
长期股权投资	250 000		长期应付款		
投资性房地产			专项应付款		
固定资产	2 201 000		预计负债		
在建工程	488 000		递延所得税负债		
工程物资	150 000		其他非流动负债		
固定资产清理			非流动负债合计		
生产性生物资产			负债合计	2 476 048.85	
油气资产			所有者权益(或股东权益)：		
无形资产	488 600		实收资本(或股本)	4 800 000	

（续表）

资　　产	期末余额	年初余额	负债和所有者权益（或股东权益）	期末余额	年初余额
开发支出			资本公积		
商誉			减：库存股		
长期待摊费用			盈余公积	133 675.15	
递延所得税资产			未分配利润	208 611	
其他非流动资产			所有者权益（或股东权益）合计	5 142 286.15	
非流动资产合计	3 577 600				
资 产 总 计	7 618 335		负债和所有者权益（或股东权益）总计	7 618 335	

第三节　利　润　表

利润表是指反映企业在一定会计期间的经营成果的会计报表。

一、利润表的作用

利润表可以反映企业在一定会计期间实现利润或发生亏损的情况。通过编制利润表，至少可以提供以下重要会计信息：

(1) 从总体上了解企业收入、费用、利润的组成情况。

(2) 评价企业的经营成果。

(3) 分析企业的盈利能力。

二、利润表的结构

我国企业的利润表采用多步式结构。根据利润表各项目之间的关系，主要分为以下五个方面。

（一）营业收入

由主营业务收入和其他业务收入组成。

（二）营业利润

营业收入减去营业成本（主营业务成本和其他业务成本）、营业税金及附加、销售费用、管理费用、财务费用、资产减值损失，加上公允价值变动收益、投资收益，得到营业利润。

（三）利润总额

营业利润加上营业外收入，减去营业外支出，得到利润总额。

（四）净利润

利润总额减去所得税费用，得到净利润。

（五）每股收益

每股收益包括基本每股收益和稀释每股收益。其计算方法将在“财务会计”课程里介绍。

根据我国《企业会计准则第30号——财务报表列报》及其应用指南的规定，一般企业利润表的格式见表7-6所示。

表7-6

利 润 表

编制单位： ______年____月 单位：元

项 目	本期金额	上期金额
一、营业收入		
减：营业成本		
营业税金及附加		
销售费用		
管理费用		
财务费用		
资产减值损失		
加：公允价值变动收益（损失以“－”号填列）		
投资收益（损失以“－”号填列）		
其中：对联营企业和合营企业的投资收益		
二、营业利润（亏损以“－”号填列）		
加：营业外收入		
减：营业外支出		
其中：非流动资产处置损失		
三、利润总额（亏损总额以“－”号填列）		
减：所得税费用		
四、净利润（净亏损以“－”号填列）		
五、每股收益		
（一）基本每股收益		
（二）稀释每股收益		

三、利润表的编制方法

利润表中的“本期金额”栏反映各项目的本期实际发生数，主要根据各损益类账户的本期发生额分析填列。如果上年度利润表与本年度规定的利润表的项目名称和内容不相一致，应对上年度利润表各项目的名称和数字按照本年度的规定进行调整，填入本表“上期金额”栏内。

在实际工作中，会计期末结转本年利润的方法有表结法和账结法两种不同的方法。因此，虽然在表结法和账结法下，月度利润表中的“本期金额”栏主要根据各损益类科目的本月发生额分析填列，但年度利润表的编制方法却略有不同。在表结法下，年度利润表中的“本期金额”栏一般可以直接根据各损益类科目年末结账前的余额填列，而在账结法下，年度利润表中的“本期金额”栏一般根据各损益类科目全年发生额合计填列。

【例 7-13】 某公司 2008 年有关损益类科目的年末余额如表 7-7 所示（该公司采用表结法，年末一次将各损益类科目的余额结转“本年利润”科目）。

表 7-7

2008 年年末有关损益类科目结账前余额

科目名称	借方余额	贷方余额
主营业务收入		1 050 000
主营业务成本	600 000	
其他业务收入		150 000
其他业务成本	100 000	
营业税金及附加	20 400	
销售费用	20 000	
管理费用	108 100	
财务费用	31 500	
营业外收入		60 300
营业外支出	60 000	
所得税费用	80 075	

根据上述资料，编制该公司 2008 年度的利润表（填入本期金额，上期金额略）。如表 7-8 所示。

表 7-8

利 润 表

编制单位： 2008 年度 单位：元

项 目	本期金额	上期金额
一、营业收入	1 200 000	
减：营业成本	700 000	
营业税金及附加	20 400	
销售费用	20 000	
管理费用	108 100	
财务费用	31 500	
资产减值损失		
加：公允价值变动收益(损失以"—"号填列)		
投资收益(损失以"—"号填列)		
其中：对联营企业和合营企业的投资收益		
二、营业利润(亏损以"—"号填列)	320 000	
加：营业外收入	60 300	
减：营业外支出	60 000	
其中：非流动资产处置损失		
三、利润总额(亏损总额以"—"号填列)	320 300	
减：所得税费用	80 075	
四、净利润(净亏损以"—"号填列)	240 225	
五、每股收益		
(一) 基本每股收益		
(二) 稀释每股收益		

第四节 现 金 流 量 表

现金流量表是指反映企业在一定会计期间的现金和现金等价物流入和流出的会计报表。

按照《企业会计准则第 31 号——现金流量表》及其应用指南的规定，现金是指企业库存现金以及可以随时用于支付的存款。不能随时用于支付的存款不属于现金。现金等价物是指企业持有的期限短、流动性强、易于转换为已知金额现金、价值变动风险很小的投资。期限短一般是指从购买日起 3 个月内到期。现金等价物通常包括 3 个月内到期的债券投资等。权益性投资变现的金额通常不确定，因而不属于现金等价物。企业应当根据具体情况，确定现金等价物的范围，一经确定，不得随意变更。

现金流量是指现金和现金等价物的流入和流出。

一、现金流量表的作用

现金流量表可以反映企业一定会计期间现金流动的情况，通过编制现金流量表，至少可以提供以下会计信息：

(1) 说明企业现金流入和流出的原因。

(2) 评价企业的偿债能力和支付股利的能力。

(3) 分析企业理财活动对财务状况和经营成果的影响。

(4) 预测企业未来的现金流量。

二、现金流量的分类

现金流量分为经营活动产生的现金流量、投资活动产生的现金流量和筹资活动产生的现金流量。

(一) 经营活动产生的现金流量

经营活动是指企业投资活动和筹资活动以外的所有交易和事项。它包括销售商品、提供劳务，收到的税费返还，购买商品、接受劳务，支付职工薪酬，支付的各项税费等。通过列示经营活动产生的现金流量，可以反映企业的经营活动对现金流入和流出的影响程度。

(二) 投资活动产生的现金流量

投资活动是指企业长期资产的购建和不包括在现金等价物范围内的投资及其处置活动。它既包括对外投资的取得和收回，又包括企业长期资产的购建与处置等。通过列示投资活动产生的现金流量，可以反映企业的投资活动对现金流入和流出的影响程度。

(三) 筹资活动产生的现金流量

筹资活动是指导致企业资本及债务规模和构成发生变化的活动。它包括吸收投资，取得借款，偿还债务，分配股利、利润或偿付利息等。通过列示筹资活动产生的现金流量，可以反映企业的筹资活动对现金流入和流出的影响程度。

三、现金流量表的结构

现金流量表主要反映现金流量的分类，将现金流量依次分为经营活动产生的现金流量、投资活动产生的现金流量和筹资活动产生的现金流量。其中，经营活动、投资活动和筹资活动分别按现金流入、现金流出的具体项目列示。然后，考虑汇率变动时现金及现金等价物的影响，确定现金及现金等价物净增加额。在此基础上，加上期初现金及现金等价物余额，得到期末现金及现金等价物余额。值得注意的是，我国《企业会计准则第 31 号——现金流量表》规定："外币现金流量以及境外子公司的现金流量，应当采用现金流量发生日的即期汇率或按照系统合理的方法确定的、与现金流量发生日即期汇率近似的汇率折算。汇率变动对现金的影响额应当作为调节项目，在现金流量表中单独列报。"

现金流量表中有关项目之间的关系，可简要概括为以下三个公式：

(1) 现金流入－现金流出＝现金流量净额

(2) 经营活动产生的现金流量净额＋投资活动产生的现金流量净额＋筹资活动产生的现金流量净额＋汇率变动对现金及现金等价物的影响＝现金及现金等价物净增加额

(3) 现金及现金等价物净增加额＋期初现金及现金等价物余额＝期末现金及现金等价物余额

根据我国《企业会计准则第 31 号——现金流量表》及其应用指南的规定，一般企业现金流量表的格式如表 7-9 所示。

表 7-9

现 金 流 量 表

编制单位　　　　　　　　______年____月　　　　　　　　单位：元

项　　　　目	本期金额	上期金额
一、经营活动产生的现金流量：		
销售商品、提供劳务收到的现金		
收到的税费返还		
收到其他与经营活动有关的现金		
经营活动现金流入小计		
购买商品、接受劳务支付的现金		
支付给职工以及为职工支付的现金		
支付的各项税费		
支付其他与经营活动有关的现金		
经营活动现金流出小计		
经营活动产生的现金流量净额		

（续表）

项　　目	本期金额	上期金额
二、投资活动产生的现金流量：		
收回投资收到的现金		
取得投资收益收到的现金		
处置固定资产、无形资产和其他长期资产收到的现金净额		
处置子公司及其他营业单位收到的现金净额		
收到其他与投资活动有关的现金		
投资活动现金流入小计		
购建固定资产、无形资产和其他长期资产支付的现金		
投资支付的现金		
取得子公司及其他营业单位支付的现金净额		
支付其他与投资活动有关的现金		
投资活动现金流出小计		
投资活动产生的现金流量净额		
三、筹资活动产生的现金流量：		
吸收投资收到的现金		
取得借款收到的现金		
收到其他与筹资活动有关的现金		
筹资活动现金流入小计		
偿还债务支付的现金		
分配股利、利润或偿付利息支付的现金		
支付其他与筹资活动有关的现金		
筹资活动现金流出小计		
筹资活动产生的现金流量净额		
四、汇率变动对现金及现金等价物的影响		
五、现金及现金等价物净增加额		
加：期初现金及现金等价物余额		
六、期末现金及现金等价物余额		

四、现金流量表的编制方法

现金流量表“本期金额”栏反映各有关项目的本期实际发生数。如果上年度现金流量表与本年度规定的现金流量表的项目名称和内容不相一致,应对上年度现金流量表各有关项目的名称和数字按照本年度的规定进行调整,填入本表“上期金额”栏内。

关于现金流量表的具体编制方法,我们将在“财务会计”课程中详细介绍。这里仅就经营活动的现金流量的填列方法作一点简要说明。

（一）直接法

在现金流量表中,企业应当采用直接法列示经营活动的现金流量。

直接法是指通过现金收入和现金支出的主要类别列示经营活动的现金流量。

有关经营活动现金流量的信息,可以通过下列途径之一取得:

(1) 企业的会计记录。

(2) 根据下列项目对利润表中的营业收入、营业成本以及其他项目进行调整。

(a) 当期存货及经营性应收和应付项目的变动。

(b) 固定资产折旧、无形资产摊销、计提资产减值准备等其他非现金项目。

(c) 属于投资活动或筹资活动现金流量的其他非现金项目。

在实际工作中,企业可以根据业务量的大小及复杂程度,采用工作底稿法、“T”形账户法,或直接根据有关账户的记录分析填列。

（二）间接法

在现金流量表附注中,企业应当采用间接法披露将净利润调节为经营活动现金流量的信息。将净利润调节为经营活动现金流量,既能沟通利润表和现金流量表的信息,体现权责发生制和收付实现制的互补性,又能揭示净利润的收现能力和品质优劣,提醒企业经营者和企业的利害关系人在重视企业盈利能力的同时,关注企业现金流动的情况。

间接法是以本期净利润为起点,调整不涉及现金的收入、费用以及有关项目的增减变动,据此计算出经营活动现金流量。要将净利润调节为经营活动现金流量,其调节思路如图 7-1 所示。

净利润

↓剔除投资活动、筹资活动影响的部分

经营活动形成的净利润

↓将权责发生制转换为收付实现制

经营活动形成的净利润产生的现金流量

↓加上不影响净利润但属于经营活动的现金流入

↓减去不影响净利润但属于经营活动的现金流出

经营活动现金流量

图 7-1　间接法的调节思路

调节公式可简要列示如下：

经营活动现金流量＝净利润±调节项目的数额

根据我国《企业会计准则第 31 号——现金流量表》及其应用指南的规定，现金流量表补充资料披露格式如表 7-10 所示。

表 7-10

现金流量表补充资料

补　充　资　料	本期金额	上期金额
1. 将净利润调节为经营活动现金流量：		
净利润		
加：资产减值准备		
固定资产折旧、油气资产折耗、生产性生物资产折旧		
无形资产摊销		
长期待摊费用摊销		
处置固定资产、无形资产和其他长期资产的损失(收益以“－”号填列)		
固定资产报废损失(收益以“－”号填列)		
公允价值变动损失(收益以“－”号填列)		
财务费用(收益以“－”号填列)		
投资损失(收益以“－”号填列)		
递延所得税资产减少(增加以“－”号填列)		
递延所得税负债增加(减少以“－”号填列)		
存货的减少(增加以“－”号填列)		
经营性应收项目的减少(增加以“－”号填列)		
经营性应付项目的增加(减少以“－”号填列)		
其他		
经营活动产生的现金流量净额		
2. 不涉及现金收支的重大投资和筹资活动：		
债务转为资本		
一年内到期的可转换公司债券		
融资租入固定资产		

（续表）

补　充　资　料	本期金额	上期金额
3. 现金及现金等价物净变动情况：		
现金的期末余额		
减：现金的期初余额		
加：现金等价物的期末余额		
减：现金等价物的期初余额		
现金及现金等价物净增加额		

不难看出，现金流量表补充资料中的"经营活动产生的现金流量净额"和现金流量表中的"经营活动产生的现金流量净额"的金额相等；现金流量表补充资料中的"现金及现金等价物净增加额"与现金流量表中的"五、现金及现金等价物净增加额"的金额相等。

第五节　所有者权益变动表

所有者权益变动表是反映构成所有者权益的各组成部分当期增减变动情况的报表。

一、所有者权益变动表的作用

所有者权益变动表可以反映企业一定会计期间构成所有者权益的各组成部分当期增减变动的情况，通过编制所有者权益变动表，至少可以提供以下会计信息：

(1) 净利润。

(2) 直接计入所有者权益的利得和损失项目及其总额。

(3) 会计政策变更和差错更正的累积影响金额。

(4) 所有者投入资本和向所有者分配利润等。

(5) 按照规定提取的盈余公积。

(6) 实收资本(或股本)、资本公积、盈余公积、未分配利润的期初和期末余额及其调节情况。

二、所有者权益变动表的结构

所有者权益变动表的横向反映构成所有者权益的各组成部分的本年金额和上年金额；纵向由以下四个部分组成：

(1) 上年年末余额。

(2) 本年年初余额。

(3) 本年增减变动金额。

(4) 本年年末余额。

其中:本年增减变动金额又分五个部分详细列示。

根据我国《企业会计准则第 30 号——财务报表列报》及其应用指南的规定,一般企业所有者权益变动表的格式如表 7-11 所示。

表 7-11

所有者权益变动表

编制单位 ______年度 单位:元

项目	本年金额						上年金额					
	实收资本(或股本)	资本公积	减:库存股	盈余公积	未分配利润	所有者权益合计	实收资本(或股本)	资本公积	减:库存股	盈余公积	未分配利润	所有者权益合计
一、上年年末余额												
加:会计政策变更												
前期差错更正												
二、本年年初余额												
三、本年增减变动金额(减少以"一"号填列)												
(一) 净利润												
(二) 直接计入所有者权益的利得和损失												
1. 可供出售金融资产公允价值变动净额												
2. 权益法下被投资单位其他所有者权益变动的影响												
3. 与计入所有者权益项目相关的所得税影响												
4. 其他												

（续表）

项　　目	本年金额						上年金额					
	实收资本(或股本)	资本公积	减：库存股	盈余公积	未分配利润	所有者权益合计	实收资本(或股本)	资本公积	减：库存股	盈余公积	未分配利润	所有者权益合计
上述(一)和(二)小计												
(三) 所有者投入和减少资本												
1. 所有者投入资本												
2. 股份支付计入所有者权益的金额												
3. 其他												
(四) 利润分配												
1. 提取盈余公积												
2. 对所有者（或股东）的分配												
3. 其他												
(五) 所有者权益内部结转												
1. 资本公积转增资本（或股本）												
2. 盈余公积转增资本（或股本）												
3. 盈余公积弥补亏损												
4. 其他												
四、本年年末余额												

三、所有者权益变动表的编制方法

所有者权益变动表“上年金额”栏各项目的数字，应根据上年度所有者权益变动表“本年金额”栏内所列数字填列。如果上年度所有者权益变动表与本年度规定的所有者权益变动表的项目名称和内容不相一致，应对上年度所有者权益变动表各有关项目的名称和数字按照本年度的规定进行调整，填入本表“上年金额”栏内。

所有者权益变动表“本年金额”栏各项目的填列方法简要说明如下：

(1)“上年年末余额”项目。根据上年度所有者权益变动表“本年年末余额”的数字填列。

(2)“本年年初余额”项目。在上年年末余额的基础上,考虑会计政策变更和前期差错更正的累积影响金额,计算得到本年年初余额。

(3)“本年增减变动金额”项目。

(a)“净利润”项目。根据本年度利润表的“净利润”项目“本期金额”的数字填列。

(b)“直接计入所有者权益的利得和损失”项目。根据“资本公积”账户的本年发生额分析填列。

(c)“所有者投入和减少资本”项目。根据“实收资本”、“资本公积”账户的本年发生额分析填列。

(d)“利润分配”项目。根据“利润分配——提取法定盈余公积”、“利润分配——提取任意盈余公积”、“利润分配——应付现金股利或利润”等账户的本年发生额分析填列。

(e)“所有者权益内部结构”项目。根据“实收资本”、“资本公积”、“盈余公积”等账户的本年发生额分析填列。

(4) 本年年末余额。本年年初余额加上本年增加金额,减去本年减少金额,计算得到本年年末余额。

第六节 附 注

附注是对在资产负债表、利润表、现金流量表和所有者权益变动表等报表中列示项目的文字描述或明细资料,以及对未能在这些报表中列示项目的说明等。附注是财务报表的重要组成部分。企业应当按照规定披露附注信息。值得注意的是,企业不应以附注披露代替确认和计量。按照我国《企业会计准则第30号——财务报表列报》及其应用指南的规定,一般企业报表附注主要包括下列内容。

(一) 企业的基本情况

(1) 企业注册地、组织形式和总部地址。

(2) 企业的业务性质和主要经营活动。

(3) 母公司以及集团最终母公司的名称。

(4) 财务报告的批准报出者和财务报告批准报出日。

(二) 财务报表的编制基础

(三) 遵循企业会计准则的声明

企业应当声明编制的财务报表符合企业会计准则的要求,真实、完整地反映了企业的财务状况、经营成果和现金流量等有关信息。

（四）重要会计政策和会计估计

企业应当披露采用的重要会计政策和会计估计，不重要的会计政策和会计估计可以不披露。在披露重要会计政策和会计估计时，应当披露重要会计政策的确定依据和财务报表项目的计量基础，以及会计估计中所采用的关键假设和不确定因素。

（五）会计政策和会计估计变更以及差错更正的说明

企业应当按照《企业会计准则第 28 号——会计政策、会计估计变更和差错更正》及其应用指南的规定，披露会计政策和会计估计变更以及差错更正的有关情况。

（六）报表重要项目的说明

企业对报表重要项目的说明，应当按照资产负债表、利润表、现金流量表、所有者权益变动表及其项目列示的顺序，采用文字和数字描述相结合的方式进行披露。报表重要项目的明细金额合计，应当与报表项目金额相衔接。

对报表重要项目的说明，我国《企业会计准则第 30 号——财务报表列报》及其应用指南中规定了应当披露的有关信息及其披露格式，以便在实际工作中采用。

（七）或有事项

企业应当按照《企业会计准则第 13 号——或有事项》第 14 条和第 15 条的相关规定进行披露。

（八）资产负债表日后事项

企业应当披露：

(1) 每项重要的资产负债表日后非调整事项的性质、内容及其对财务状况和经营成果的影响。无法作出估计的，应当说明原因。

(2) 资产负债表日后，企业利润分配方案中拟分配的以及经审议批准宣告发放的股利或利润。

（九）关联方关系及其交易

企业应当披露：

(1) 本企业的母公司名称、注册地、业务性质和注册资本。

母公司不是本企业最终控制方的，说明最终控制方名称。

母公司和最终控制方均不对外提供财务报表的，说明母公司之上与其最相近的对外提供财务报表的母公司名称。

(2) 母公司对本企业的持股比例和表决权比例。

(3) 本企业的子公司名称、注册地、业务性质、注册资本、本企业合计持股比例和本企业合计享有的表决权比例。

(4) 本企业的合营企业的被投资单位名称、注册地、业务性质和注册资本、本企业持股比例、本企业在被投资单位表决权比例、期末资产总额、期末负债总额、本期营业收入总额和本期净利润。有联营企业的,比照合营企业进行披露。

(5) 本企业与关联方发生交易的,分别说明各关联方关系的性质、交易类型及交易要素。交易要素至少应当包括:

(a) 交易金额。

(b) 未结算项目的金额、条款和条件,以及有关提供或取得担保的信息。

(c) 未结算应收项目的坏账准备金额。

(d) 定价政策。

本章小结

财务会计报告是指企业对外提供的反映企业某一特定日期的财务状况和某一会计期间的经营成果、现金流量等会计信息的文件。

本章阐明财务会计报告的目标、财务会计报告的构成内容和财务报表列报的基本要求;重点介绍资产负债表、利润表、现金流量表、所有者权益变动表的作用、结构和编制方法;简要介绍一般企业报表附注包括的主要内容。

复习思考题

1. 按照《企业会计准则第 30 号——财务报表列报》的规定,财务报表列报应当符合哪些基本要求?

2. 资产负债表、利润表、现金流量表和所有者权益变动表分别能够提供哪些重要的会计信息?

3. 简述资产负债表、利润表、现金流量表和所有者权益变动表的结构。

4. 一般企业报表附注主要包括哪些内容?

习　题

一、单项选择题

1. 在下列财务报表中,属于静态报表的是(　　)。

　A. 利润表　　B. 所有者权益变动表

　C. 现金流量表　　D. 资产负债表

2. 以“资产=负债+所有者权益”这一会计等式作为编制依据的财务报表是

(　　)。

A. 利润表　　B. 所有者权益变动表

C. 资产负债表　　D. 现金流量表

3. 以“收入－费用＝利润”这一会计等式作为编制依据的财务报表是(　　)。

A. 利润表　　B. 所有者权益变动表

C. 资产负债表　　D. 现金流量表

4. 某企业“应付账款”明细账期末余额情况如下：“应付账款——A单位”明细账户贷方余额为200 000元，“应付账款——B单位”明细账户借方余额为180 000元，“应付账款——C单位”明细账户贷方余额为300 000元。假如该企业“预付账款”明细账期末余额均为借方余额，则资产负债表的“应付账款”项目的金额为(　　)元。

A. 680 000　　B. 320 000

C. 500 000　　D. 80 000

5. 在资产负债表中，资产的排列顺序是按照(　　)。

A. 项目的收益性　　B. 项目的重要性

C. 项目的流动性　　D. 项目的金额大小

6. 现金流量表中的现金流量的正确分类方法是(　　)。

A. 经营活动、投资活动和筹资活动

B. 现金流入、现金流出和不涉及现金的收支活动

C. 收款业务和付款业务

D. 经营活动和投资活动

7. 某企业2008年12月31日“固定资产”账户余额为2 000万元，“累计折旧”账户余额为800万元，“固定资产减值准备”账户余额为100万元，“在建工程”账户余额为200万元。该企业2008年12月31日资产负债表中固定资产项目的金额为(　　)万元。

A. 1 200　　B. 90

C. 1 100　　D. 2 200

8. 某企业“应付账款”账户月末贷方余额为50 000元，其中：“应付账款——甲公司”明细账户贷方余额为45 000元，“应付账款——乙公司”明细账户贷方余额为20 000元，“应付账款——丙公司”明细账户借方余额为15 000元；“预付账款”账户月末借方余额20 000元，其中：“预付账款——A公司”明细账户借方余额30 000元，“预付账款——B公司”明细账户贷方余额10 000元，该企业月末资产负债表中“预付款项”项目的金额为(　　)元。

A. 45 000　　B. 30 000

C. 75 000　　D. 20 000

9. 某企业“应收账款”账户月末借方余额为400万元，其中：“应收账款——甲公司”明细账户借方余额为350万元，“应收账款——乙公司”明细账户借方余额为50万元。“预收账款”账户月末贷方余额300万元，其中：“预收账款——A公司”明细账户贷方余额500万元，“预收账款——B公司”明细账户借方余额200万元。与应收账款有关的坏账准备为10万元。该企业月末资产负债表中“应收账款”项目的金额为(　　)万元。

A. 400　　B. 600

C. 590　　D. 585

10. 某企业2008年发生的营业收入为1 000万元，营业成本为600万元，营业税金及附加为16万元，销售费用为20万元，管理费用为50万元，财务费用为10万元，投资收益为40万元，资产减值损失为70万元，公允价值变动收益为80万元，营业外收入为25万元，营业外支出为15万元。该企业2008年的营业利润为(　　)万元。

A. 354　　B. 304

C. 274　　D. 364

二、多项选择题

1. 资产负债表中的“货币资金”项目，应根据(　　)期末余额的合计数填列。

A. “存出保证金”账户　　B. “库存现金”账户

C. “银行存款”账户　　D. “其他货币资金”账户

2. 在利润表中，应列入“营业税金及附加”项目的税金有(　　)。

A. 房产税　　B. 消费税

C. 城市维护建设税　　D. 车船税

3. 下列各项中，会引起现金流量净额变动的项目是(　　)。

A. 将现金存入银行

B. 用银行存款购买一个月到期的债券

C. 转让商标权收到的现金

D. 用银行存款分派现金股利

4. 下列各项中，影响企业营业利润的有(　　)。

A. 管理费用　　B. 财务费用

C. 所得税费用　　D. 主营业务成本

5. 下列资产负债表项目中，可以直接根据相关某一总账账户的余额填列的项目是(　　)。

A. 资本公积　　B. 短期借款

C. 长期借款　　D. 应付股利

6. 下列各项中,属于经营活动现金流量的有(　　)。

A. 销售商品收到的现金　　B. 收到返还的所得税

C. 购买原材料支付的银行存款

D. 用现金支付在建工程人员的工资

7. 下列各项中,属于投资活动现金流量的有(　　)。

A. 用银行存款购买设备一台　　B. 用银行存款偿还短期借款

C. 投资者投入固定资产　　D. 用银行存款购买一项专利权

8. 下列各项中,属于筹资活动现金流量的有(　　)。

A. 偿付利息支付的现金　　B. 取得短期借款

C. 支付的现金股利　　D. 取得投资收益收到的现金

9. 下列各项中,属于资产负债表中“流动资产”项目的有(　　)。

A. 应收票据　　B. 预收款项

C. 预付款项　　D. 存货

10. 财务会计报告使用者包括(　　)。

A. 投资人　　B. 债权人

C. 政府及其有关部门　　D. 社会公众

三、判断题

1. 财务会计报告的目标是向财务会计报告使用者提供与企业财务状况、经营成果和现金流量等有关的会计信息,反映企业管理层受托责任履行情况,有助于财务会计报告使用者作出经济决策。(　　)

2. 资产负债表是反映企业在一定时期内的资产、负债和所有者权益情况的财务报表。(　　)

3. 资产负债表中“预收款项”项目,应当根据“预收账款”和“应收账款”两个账户所属明细账户期末贷方余额的合计填列。(　　)

4. “利润分配”总账账户的年末余额不一定与相应的资产负债表中未分配利润项目的数额一致。(　　)

5. 合并财务报表是指反映母公司和其全部子公司形成的企业集团整体财务状况、经营成果和现金流量的财务报表。(　　)

6. 小企业编制的财务报表可以不包括现金流量表。(　　)

7. 我国企业的资产负债表采用账户式结构。(　　)

8. 所有者权益变动表是反映构成所有者权益的各组成部分当期增减变动情

况的报表,它是资产负债表的附表。 (　　)

9. 在利润表中,营业利润加上投资收益、营业外收入,减去营业外支出,得到利润总额。 (　　)

10. 增值税应在利润表中的“营业税金及附加”项目中反映。 (　　)

四、业务题

(一)

1. 目的 练习资产负债表的编制。

2. 资料 某公司2008年12月31日的科目余额表如表7-12所示。

表7-12

科目余额表

2008年12月31日

科目名称	借方余额	科目名称	贷方金额
库存现金	7 800	短期借款	3 800 000
银行存款	327 000	应付票据	400 000
其他货币资金	20 000	应付账款	700 000
交易性金融资产	200 000	其他应付款	22 706
应收票据	76 000	应付职工薪酬	80 000
应收账款	2 160 000	应交税费	582 894
坏账准备	—10 800	长期借款	3 960 000
预付账款	40 000	其中:一年内到期的非流动负债	0
其他应收款	45 200	实收资本	16 000 000
原材料	1 248 800	盈余公积	1 132 480
周转材料	192 000	利润分配(未分配利润)	1 314 920
库存商品	1 001 000		
长期股权投资	2 200 000		
固定资产	9 312 000		
累计折旧	—1 126 000		
在建工程	8 720 000		
工程物资	1 080 000		
无形资产	2 500 000		
合计	27 993 000	合计	27 993 000

注:表中“坏账准备”、“累计折旧”账户为贷方余额;坏账准备均为应收账款计提的坏账准备。

3. 要求　根据上述资料，编制该公司2008年12月31日的资产负债表如表7-13所示(填入期末余额，年初余额略)。

表7-13

资产负债表

编制单位：　　　　____年___月___日　　　　单位：元

资　　产	期末余额	年初余额	负债和所有者权益(或股东权益)	期末余额	年初余额
流动资产：			流动负债：		
货币资金			短期借款		
交易性金融资产			交易性金融负债		
应收票据			应付票据		
应收账款			应付账款		
预付款项			预收款项		
应收利息			应付职工薪酬		
应收股利			应交税费		
其他应收款			应付利息		
存货			应付股利		
一年内到期的非流动资产			其他应付款		
其他流动资产			一年内到期的非流动负债		
流动资产合计			其他流动负债		
非流动资产：			流动负债合计		
可供出售金融资产			非流动负债：		
持有至到期投资			长期借款		
长期应收款			应付债券		
长期股权投资			长期应付款		
投资性房地产			专项应付款		
固定资产			预计负债		
在建工程			递延所得税负债		
工程物资			其他非流动负债		
固定资产清理			非流动负债合计		
生产性生物资产			负债合计		
油气资产			所有者权益(或股东权益)：		
无形资产			实收资本(或股本)		
开发支出			资本公积		

（续表）

资　　产	期末余额	年初余额	负债和所有者权益（或股东权益）	期末余额	年初余额
商誉			减：库存股		
长期待摊费用			盈余公积		
递延所得税资产			未分配利润		
其他非流动资产			所有者权益（或股东权益）合计		
非流动资产合计					
资产总计			负债和所有者权益（或股东权益）总计		

（二）

1. 目的　练习利润表的编制。

2. 资料　某公司2008年有关损益类科目的年末余额如表7-14所示（该公司采用表结法，年末一次将各损益类科目的余额结转“本年利润”科目）。

表7-14

2008年年末有关损益类科目结账前余额

账户名称	借方余额	贷方余额
主营业务收入		3 000 000
主营业务成本	1 860 000	
其他业务收入		143 000
其他业务成本	104 000	
营业税金及附加	50 480	
销售费用	70 000	
管理费用	280 000	
财务费用	93 500	
营业外收入		45 000
营业外支出	102 500	
所得税费用	156 880	

3. 要求　根据上述资料，编制该公司2008年度的利润表如表7-15所示（填入本期金额，上期金额略）。

表 7-15

利 润 表

编制单位： ______年度 单位：元

项 目	本期金额	上期金额
一、营业收入		
减：营业成本		
营业税金及附加		
销售费用		
管理费用		
财务费用		
资产减值损失		
加：公允价值变动收益(损失以“－”号填列)		
投资收益(损失以“－”号填列)		
其中：对联营企业和合营企业的投资收益		
二、营业利润(亏损以“－”号填列)		
加：营业外收入		
减：营业外支出		
其中：非流动资产处置损失		
三、利润总额(亏损总额以“－”号填列)		
减：所得税费用		
四、净利润(净亏损以“－”号填列)		
五、每股收益		
(一) 基本每股收益		
(二) 稀释每股收益		

第八章　账务处理程序

本章结构图

- 财务处理程序
  - 账务处理程序的意义和种类
    - 账务处理程序的意义
    - 账务处理程序的种类
  - 记账凭证账务处理程序
    - 记账凭证账务处理程序的主要特点
    - 记账凭证账务处理程序的优缺点及适用范围
  - 科目汇总表账务处理程序
    - 科目汇总表账务处理程序的主要特点
    - 科目汇总表账务处理程序的优缺点及适用范围
  - 汇总记账凭证账务处理程序
    - 汇总记账凭证账务处理程序的主要特点
    - 汇总记账凭证账务处理程序的优缺点及适用范围

本章学习目标

- 熟悉账务处理程序的意义和种类
- 掌握记账凭证账务处理程序的主要特点、优缺点及适用范围
- 掌握科目汇总表账务处理程序的主要特点、优缺点及适用范围
- 熟悉科目汇总表的编制
- 熟悉汇总收款凭证、汇总付款凭证和汇总转账凭证的编制
- 掌握汇总记账凭证账务处理程序的主要特点、优缺点及适用范围

前面我们已经介绍了会计核算的七种专门方法，为了使各单位会计核算工作有条不紊地进行，从填制和审核会计凭证开始，到登记会计账簿，直至编制财务报表，需要遵循一定的处理程序，这就是本章要研究的账务处理程序问题。账务处理程序也称会计核算组织程序或会计核算形式，它是会计主体采用的会计凭证、会计账簿、财务报表相结合的方式。

会计凭证、会计账簿、财务报表之间的结合方式不同，就形成了不同的账务处理程序。在实际工作中，主要有记账凭证账务处理程序、科目汇总表账务处理程序和汇总记账凭证账务处理程序。本章主要介绍它们的特点、优缺点和适用范围。

第一节 账务处理程序的意义和种类

一、账务处理程序的意义

为了把会计核算工作合理地组织起来，应从本单位的实际出发，充分考虑本单位经济活动的特点、规模的大小、经济业务的繁简以及会计机构的设置和会计人员的配备等因素，使采用的账务处理程序与本单位会计核算工作的需要相适应，这对于有效地组织会计核算工作，提高会计信息的质量，具有重要的意义。

（一）有利于提高会计核算工作的质量

账务处理程序是否科学合理，会对整个会计核算工作产生重要的影响。有了科学合理的账务处理程序，确定合理的会计凭证、会计账簿与财务报表之间的结合方式，形成加工和整理会计信息的正常机制，有利于规范会计核算组织工作，保证

会计信息加工过程的严密性。对于提高会计核算工作的质量,及时为会计信息的使用者提供对决策有用的会计信息,具有十分重要的意义。

(二) 有利于提高会计核算工作的效率

会计核算工作效率的高低,直接关系到提供会计信息的及时性。按照科学合理的账务处理程序进行会计信息的处理,会计机构和会计人员在进行会计核算的过程中就能够按照不同的责任分工,有条不紊地处理好各个环节上的会计核算工作。这样就能大大提高会计核算工作的效率。保证会计信息的及时性。

(三) 有利于降低会计核算工作的成本

开展会计核算工作需要消耗一定的人力、物力和财力,因此,要求会计核算工作本身也要讲求经济效益。账务处理程序安排得科学合理,就能够将填制和审核会计凭证、登记会计账簿和编制财务报表等会计核算工作合理地组织起来,有利于减少不必要的会计核算环节,简化会计核算手续,节省会计核算时间,在一定程度上也能够降低会计核算工作的成本,节约会计核算方面的费用支出。

(四) 有利于加强岗位责任制

确定适合的账务处理程序,有利于执行内部牵制制度,明确会计人员的岗位职责,便于会计人员既分工协作,又密切配合。

总之,采用科学合理的账务处理程序,有利于提高会计核算工作的质量和效率,从而更好地发挥会计工作在加强经济管理、提高经济效益中的重要作用。

二、账务处理程序的种类

在实际工作中,通常采用的账务处理程序主要有记账凭证账务处理程序、科目汇总表账务处理程序和汇总记账凭证账务处理程序。各种账务处理程序的基本模式如下:

填制和审核会计凭证→登记账簿(日记账、明细分类账、总分类账)→编制财务报表

各种账务处理程序的不同点主要在于登记总分类账的依据和程序不同。以下分别介绍上述三种不同的账务处理程序。

第二节　记账凭证账务处理程序

记账凭证账务处理程序是指根据记账凭证直接逐笔登记总分类账的一种账务处理程序。记账凭证账务处理程序是会计核算中最基本的一种账务处理程序,其他的账务处理程序都是在这种账务处理程序的基础上发展而形成的。

一、记账凭证账务处理程序的主要特点

记账凭证账务处理程序的主要特点是直接根据记账凭证逐笔登记总分类账。

采用记账凭证账务处理程序，记账凭证可以使用通用记账凭证，也可以使用收款凭证、付款凭证和转账凭证三种格式。如果经济业务较少，使用通用记账凭证即可。账簿一般需要设置现金日记账、银行存款日记账、明细分类账和总分类账，其中，现金日记账、银行存款日记账和总分类账一般采用三栏式账页，明细分类账根据需要采用三栏式、多栏式或数量金额式账页等。财务报表的种类和格式按照国家统一的会计制度的规定。

记账凭证账务处理程序的处理步骤如下：

(1) 根据原始凭证或汇总原始凭证填制记账凭证。

(2) 根据收款凭证、付款凭证逐笔登记现金日记账和银行存款日记账。

(3) 根据记账凭证并参考所附的原始凭证或汇总原始凭证，逐笔登记各种明细分类账。

(4) 根据记账凭证逐笔登记总分类账。

(5) 月末，将现金日记账、银行存款日记账和明细分类账与有关总分类账核对相符。

(6) 月末，根据总分类账和明细分类账的记录以及其他有关资料编制各种财务报表。

记账凭证账务处理程序如图 8-1 所示。

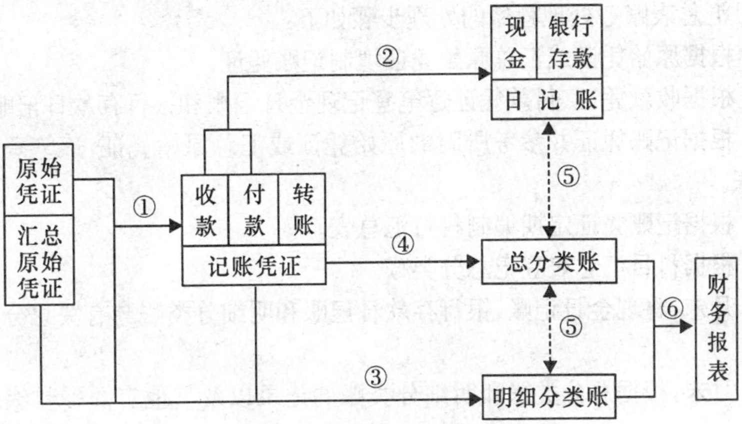

图 8-1　记账凭证账务处理程序

二、记账凭证账务处理程序的优缺点及适用范围

记账凭证账务处理程序的优点是：简单明了，易于理解，总分类账可以详细地反映经济业务的发生和完成情况。它的缺点是：在经济业务较多的情况下，登记总分类账的工作量较大。因此，记账凭证账务处理程序一般适用于规模较小、经济业务较少的单位。

第三节　科目汇总表账务处理程序

科目汇总表账务处理程序是先根据记账凭证定期编制科目汇总表,然后再根据科目汇总表登记总分类账的一种账务处理程序。它是在记账凭证账务处理程序的基础上,针对解决登记总分类账工作量较大的问题而形成的一种账务处理程序。

一、科目汇总表账务处理程序的主要特点

科目汇总表账务处理程序的主要特点是先根据记账凭证定期编制科目汇总表,然后再根据科目汇总表登记总分类账。

采用科目汇总表账务处理程序,记账凭证一般使用收款凭证、付款凭证和转账凭证三种格式。为了定期对记账凭证进行汇总,需要设置科目汇总表。账簿一般需要设置现金日记账、银行存款日记账、明细分类账和总分类账,其中,现金日记账、银行存款日记账一般采用三栏式账页。由于科目汇总表只汇总填列各账户的借方发生额和贷方发生额,不反映它们的对应关系,因而采用这种账务处理程序,总分类账只能采用不设对方科目的三栏式账页。明细分类账根据需要采用三栏式、多栏式或数量金额式账页等,财务报表的种类和格式按照国家统一的会计制度的规定。

科目汇总表账务处理程序的处理步骤如下:

(1) 根据原始凭证或汇总原始凭证填制记账凭证。

(2) 根据收款凭证、付款凭证逐笔登记现金日记账和银行存款日记账。

(3) 根据记账凭证并参考所附的原始凭证或汇总原始凭证,逐笔登记各种明细分类账。

(4) 根据记账凭证定期编制科目汇总表。

(5) 根据科目汇总表登记总分类账。

(6) 月末,将现金日记账、银行存款日记账和明细分类账与有关总分类账核对相符。

(7) 月末,根据总分类账和明细分类账的记录以及其他有关资料编制各种财务报表。

科目汇总表账务处理程序如图 8-2 所示。

在科目汇总表账务处理程序中,关键是编制科目汇总表。科目汇总表是根据收款凭证、付款凭证和转账凭证,按照相同的会计科目进行归类,定期(如每 3 天、5 天或每旬)汇总出每一账户的借方发生额和贷方发生额。科目汇总表可以每汇总一次就填制一张,据以登记总分类账;也可以分次汇总,每月填制一张,月末结出合计数,据以登记总分类账。

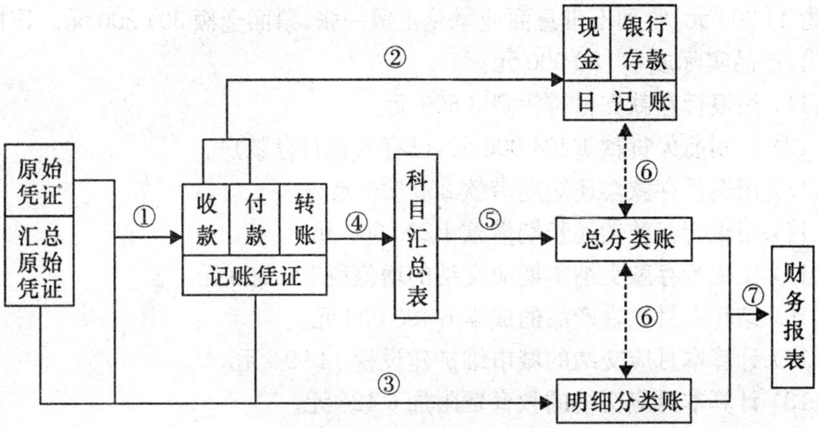

图 8-2　科目汇总表账务处理程序

【例 8-1】 练习科目汇总表的编制。

某工业企业是增值税一般纳税人，适用的增值税税率为 17%，采用实际成本进行材料的日常核算，月末一次结转产品销售成本。假定 2008 年 8 月份发生下列有关经济业务：

(1) 收到 A 公司投入的不需要安装的设备一台，合同约定该设备的价值为 1 800 000 元，增值税进项税额 306 000 元(不允许抵扣)，合同约定该设备的价值与公允价值相符，假定不考虑其他因素。

(2) 收到 B 公司投入的货币资金 1 500 000 元，已存入银行存款户。假定不考虑其他因素。

(3) 购入原材料一批，收到的增值税专用发票上注明的原材料价款为 8 000 000 元，增值税额为 1 360 000 元，款项已通过银行转账支付，材料尚未验收入库。

(4) 上述材料验收入库。

(5) 销售产品一批，开出的增值税专用发票上注明的售价为 1 200 000 元，增值税额为 204 000 元，货款尚未收到。该批产品已发出，产品实际成本 700 000 元。

(6) 从银行借入 3 年期借款 2 500 000 元，借款已存入银行存款户。

(7) 销售产品一批，开出的增值税专用发票上注明的售价为 7 800 000 元，增值税额为 1 326 000 元，款项已存入银行存款户。该批产品已发出，产品实际成本 5 600 000 元。

(8) 用银行存款支付产品展览费 50 000 元。

(9) 用银行存款支付广告费 150 000 元。

(10) 销售产品一批，开出的增值税专用发票上注明的售价为 260 000 元，增值税额为 44 200 元，收到不带息商业承兑汇票一张，票面金额 304 200 元。该批产品已发出，产品实际成本 180 000 元。

(11) 用银行存款支付排污费 3 600 元。

(12) 收到前欠货款 1 404 000 元，已存入银行存款户。

(13) 用银行存款偿还短期借款 250 000 元。

(14) 用银行存款偿还长期借款 1 200 000 元。

(15) 用银行存款交纳本期应交纳的增值税 214 200 元。

(16) 结转本月销售产品的成本 6 480 000 元。

(17) 计算本月应交纳的城市维护建设税 14 994 元。

(18) 计算本月应交纳的教育费附加 6 426 元。

该企业 2008 年 8 月份在记账凭证上编制的会计分录如下所示：

(1) 转字第 1 号：

借：固定资产　2 106 000

　贷：实收资本　2 106 000

(2) 银收字第 1 号：

借：银行存款　1 500 000

　贷：实收资本　1 500 000

(3) 银付字第 1 号：

借：在途物资　8 000 000

　应交税费——应交增值税(进项税额)　1 360 000

　贷：银行存款　9 360 000

(4) 转字第 2 号：

借：原材料　8 000 000

　贷：在途物资　8 000 000

(5) 转字第 3 号：

借：应收账款　1 404 000

　贷：主营业务收入　1 200 000

　　应交税费——应交增值税(销项税额)　204 000

(6) 银收字第 2 号：

借：银行存款　2 500 000

　贷：长期借款　2 500 000

(7) 银收字第 3 号：

借：银行存款　9 126 000

　贷：主营业务收入　7 800 000

　　应交税费——应交增值税(销项税额)　1 326 000

(8) 银付字第 2 号:

借:销售费用 50 000
　贷:银行存款 50 000

(9) 银付字第 3 号:

借:销售费用 150 000
　贷:银行存款 150 000

(10) 转字第 4 号:

借:应收票据 304 200
　贷:主营业务收入 260 000
　　应交税费——应交增值税(销项税额) 44 200

(11) 银付字第 4 号:

借:管理费用 3 600
　贷:银行存款 3 600

(12) 银收字第 4 号:

借:银行存款 1 404 000
　贷:应收账款 1 404 000

(13) 银付字第 5 号:

借:短期借款 250 000
　贷:银行存款 250 000

(14) 银付字第 6 号:

借:长期借款 1 200 000
　贷:银行存款 1 200 000

(15) 银付字第 7 号:

借:应交税费——应交增值税(已交税金) 214 200
　贷:银行存款 214 200

(16) 转字第 5 号:

借:主营业务成本 6 480 000
　贷:库存商品 6 480 000

(17) 转字第 6 号:

借：营业税金及附加　14 994

　贷：应交税费——应交城市维护建设税　14 994

(18) 转字第 7 号：

借：营业税金及附加　6 426

　贷：应交税费——应交教育费附加　6 426

根据以上记账凭证的有关资料，编制科目汇总表，本例假定是月末一次汇总编制。

编制方法：根据以上记账凭证上编制的会计分录，按照相同的会计科目进行归类，汇总出每一账户的借方发生额和贷方发生额，并将其按顺序填入科目汇总表的相应栏内。如表 8-1 所示。

表 8-1

科 目 汇 总 表

2008 年 8 月 1～31 日　单位：元

科汇字第　号

会计科目	总账页数	本期发生额		记账凭证起讫号数
		借方	贷方	
银行存款	(略)	14 530 000	11 227 800	(1) 银收字第 1～4 号 (2) 银付字第 1～7 号 (3) 转字第 1～7 号
应收票据		304 200		
应收账款		1 404 000	1 404 000	
在途物资		8 000 000	8 000 000	
原材料		8 000 000		
库存商品			6 480 000	
固定资产		2 106 000		
短期借款		250 000		
应交税费		1 574 200	1 595 620	
长期借款		1 200 000	2 500 000	
实收资本			3 606 000	
主营业务收入			9 260 000	
主营业务成本		6 480 000		
营业税金及附加		21 420		
销售费用		200 000		
管理费用		3 600		
合　计		44 073 420	44 073 420	

二、科目汇总表账务处理程序的优缺点及适用范围

采用科目汇总表账务处理程序的优点是:根据科目汇总表登记总分类账,可以减轻登记总分类账的工作量,科目汇总表可以起到进行全部账户发生额试算平衡的作用,汇总的方法也比较简单。它的缺点是:在科目汇总表和总分类账上不能明确反映账户的对应关系,不便于了解经济业务的来龙去脉,不便于查对账目。科目汇总表账务处理程序一般适用于经济业务较多的单位。

第四节　汇总记账凭证账务处理程序

汇总记账凭证账务处理程序是先根据记账凭证定期编制汇总记账凭证,然后再根据汇总记账凭证登记总分类账的一种账务处理程序。与科目汇总表账务处理程序进行比较,汇总记账凭证账务处理程序也较好地解决了记账凭证账务处理程序登记总分类账工作量较大的问题,只是对记账凭证进行汇总的方法和科目汇总表账务处理程序不同。

一、汇总记账凭证账务处理程序的主要特点

汇总记账凭证账务处理程序的主要特点是先根据记账凭证定期编制汇总记账凭证,然后再根据汇总记账凭证登记总分类账。

采用汇总记账凭证账务处理程序,记账凭证只能使用收款凭证、付款凭证和转账凭证三种格式。为了定期对记账凭证进行分别汇总,还需要设置汇总收款凭证、汇总付款凭证和汇总转账凭证。账簿一般需要设置现金日记账、银行存款日记账、明细分类账和总分类账,其中,现金日记账、银行存款日记账一般采用三栏式账页,总分类账采用设对方科目的三栏式账页,以便清晰地反映账户的对应关系,明细分类账根据需要采用三栏式、多栏式或数量金额式账页等,财务报表的种类和格式按照国家统一的会计制度的规定。

汇总记账凭证账务处理程序的处理步骤如下:

(1) 根据原始凭证或汇总原始凭证填制记账凭证。

(2) 根据收款凭证、付款凭证逐笔登记现金日记账和银行存款日记账。

(3) 根据记账凭证并参考所附的原始凭证或汇总原始凭证,逐笔登记各种明细分类账。

(4) 根据记账凭证定期分别编制汇总收款凭证、汇总付款凭证和汇总转账凭证。

(5) 根据各种汇总记账凭证登记总分类账。

(6) 月末，将现金日记账、银行存款日记账和明细分类账与有关总分类账核对相符。

(7) 月末，根据总分类账和明细分类账的记录以及其他有关资料编制各种财务报表。

汇总记账凭证账务处理程序如图 8-3 所示。

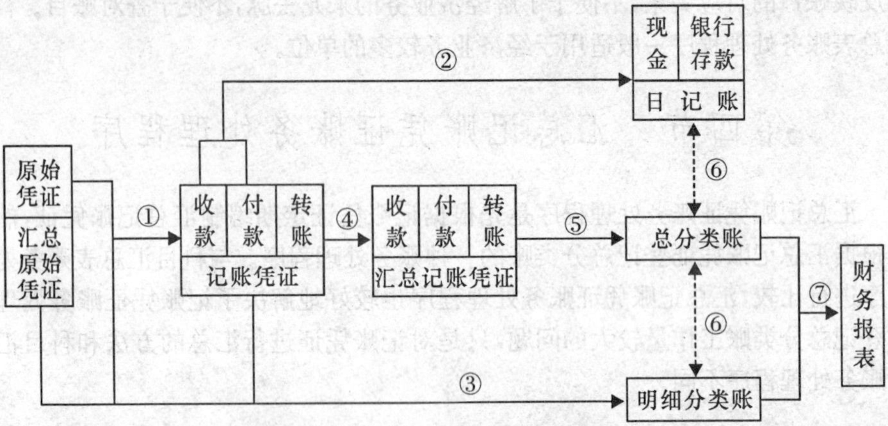

图 8-3 汇总记账凭证账务处理程序

在汇总记账凭证账务处理程序中，关键是编制汇总收款凭证、汇总付款凭证和汇总转账凭证。

汇总收款凭证是按现金或银行存款科目的借方分别设置，根据一定期间内的全部现金或银行存款收款凭证，分别按与之相对应的贷方科目归类汇总。

汇总付款凭证是按现金或银行存款科目的贷方分别设置，根据一定期间内的全部现金或银行存款付款凭证，分别按与之相对应的借方科目归类汇总。

汇总转账凭证是按每一贷方科目分别设置，根据一定期间内的全部转账凭证，按与之相对应的借方科目归类汇总。

这三种汇总记账凭证都应定期(如每 3 天、5 天或每旬)汇总一次，每月填制一张，月末结出合计数，据以登记总分类账。

【例 8-2】 练习汇总记账凭证的编制。

仍以[例 8-1]该企业 2008 年 8 月份在记账凭证上编制的会计分录为例，分别编制汇总收款凭证、汇总付款凭证和汇总转账凭证。本例假定是月末一次汇总编制。

1. 编制汇总收款凭证

该企业银行存款收款凭证共有 4 张，在银行存款收款凭证上编制的会计分录如下：

(1) 银收字第1号：

借：银行存款　　1 500 000
　贷：实收资本　　1 500 000

(2) 银收字第2号：

借：银行存款　　2 500 000
　贷：长期借款　　2 500 000

(3) 银收字第3号：

借：银行存款　　9 126 000
　贷：主营业务收入　　7 800 000
　　应交税费——应交增值税(销项税额)　　1 326 000

(4) 银收字第4号：

借：银行存款　　1 404 000
　贷：应收账款　　1 404 000

编制方法：按“银行存款”科目的借方设置，根据以上银行存款收款凭证，分别按与之相对应的贷方科目“应收账款”、“应交税费”、“长期借款”、“实收资本”、“主营业务收入”归类汇总，编制汇总收款凭证，并将其按顺序填入汇总收款凭证的相应栏内。如表8-2所示。

表8-2

汇总收款凭证

借方科目：银行存款　　2008年8月　　汇银收字第　号

贷方科目	金额				记账	
	(1)	(2)	(3)	合计	借方	贷方
应收账款	1 404 000			1 404 000		
应交税费	1 326 000			1 326 000		
长期借款	2 500 000			2 500 000		
实收资本	1 500 000			1 500 000		
主营业务收入	7 800 000			7 800 000		
合计	14 530 000			14 530 000		

附注：(1) 自____日至____日　　收款凭证共计 4 张
　　　(2) 自____日至____日　　收款凭证共计____张
　　　(3) 自____日至____日　　收款凭证共计____张

2. 编制汇总付款凭证

该企业银行存款付款凭证共有 7 张，在银行存款付款凭证上编制的会计分录如下：

(1) 银付字第 1 号：

借：在途物资　　8 000 000
　　应交税费——应交增值税(进项税额)　　1 360 000
　贷：银行存款　　9 360 000

(2) 银付字第 2 号：

借：销售费用　　50 000
　贷：银行存款　　50 000

(3) 银付字第 3 号：

借：销售费用　　150 000
　贷：银行存款　　150 000

(4) 银付字第 4 号：

借：管理费用　　3 600
　贷：银行存款　　3 600

(5) 银付字第 5 号：

借：短期借款　　250 000
　贷：银行存款　　250 000

(6) 银付字第 6 号：

借：长期借款　　1 200 000
　贷：银行存款　　1 200 000

(7) 银付字第 7 号：

借：应交税费——应交增值税(已交税金)　　214 200
　贷：银行存款　　214 200

编制方法：按"银行存款"科目的贷方设置，根据以上银行存款付款凭证，分别按与之相对应的借方科目"在途物资"、"应交税费"、"短期借款"、"长期借款"、"销售费用"、"管理费用"归类汇总，编制汇总付款凭证，并将其按顺序填入汇总付款凭证的相应栏内。如表 8-3 所示。

表 8-3

汇总付款凭证

贷方科目：银行存款　　2008 年 8 月　　汇银付字第　　号

借方科目	金额				记账	
	(1)	(2)	(3)	合　计	借　方	贷　方
在途物资	8 000 000			8 000 000		
应交税费	1 574 200			1 574 200		
短期借款	250 000			250 000		
长期借款	1 200 000			1 200 000		
销售费用	200 000			200 000		
管理费用	3 600			3 600		
合　计	11 227 800			11 227 800		

附注：(1) 自____日至____日　　付款凭证共计 7 张
(2) 自____日至____日　　付款凭证共计____张
(3) 自____日至____日　　付款凭证共计____张

3. 编制汇总转账凭证

该企业转账凭证共有 7 张，在转账凭证上编制的会计分录如下：

(1) 转字第 1 号：

借：固定资产　　2 106 000
　贷：实收资本　　2 106 000

(2) 转字第 2 号：

借：原材料　　8 000 000
　贷：在途物资　　8 000 000

(3) 转字第 3 号：

借：应收账款　　1 404 000
　贷：主营业务收入　　1 200 000
　　应交税费——应交增值税(销项税额)　　204 000

(4) 转字第 4 号：

借：应收票据　　304 200
　贷：主营业务收入　　260 000
　　应交税费——应交增值税(销项税额)　　44 200

(5) 转字第 5 号:

借:主营业务成本　　6 480 000
　贷:库存商品　　6 480 000

(6) 转字第 6 号:

借:营业税金及附加　　14 994
　贷:应交税费——应交城市维护建设税　　14 994

(7) 转字第 7 号:

借:营业税金及附加　　6 426
　贷:应交税费——应交教育费附加　　6 426

编制方法:根据以上转账凭证,应分别以贷方科目“在途物资”、“库存商品”、“应交税费”、“实收资本”、“主营业务收入”设置,按与之相对应的借方科目归类汇总,编制汇总转账凭证。

这里为简化起见,仅举其中一例来说明汇总转账凭证的编制方法:以贷方科目“应交税费”设置,根据转字第 3 号、转字第 4 号、转字第 6 号、转字第 7 号转账凭证,按与之相对应的借方科目“应收账款”、“应收票据”、“营业税金及附加”归类汇总,编制汇总转账凭证,并将其按顺序填入汇总转账凭证的相应栏内。如表 8-4 所示。

表 8-4

汇总转账凭证

贷方科目:应交税费　　2008 年 8 月　　汇转字第　号

借方科目	金额				记账	
	(1)	(2)	(3)	合计	借方	贷方
应收账款	204 000			204 000		
应收票据	44 200			44 200		
营业税金及附加	21 420			21 420		
合　　计	269 620			269 620		

附注:(1) 自____日至____日　　转账凭证共计 4 张
　　(2) 自____日至____日　　转账凭证共计____张
　　(3) 自____日至____日　　转账凭证共计____张

从例中可以看出,为了便于汇总,对转字第3号和转字第4号转账凭证中的"一借多贷"的会计分录,应分解成"一借一贷"的简单会计分录。这是因为汇总转账凭证是按每一贷方科目分别设置的。所以,平时编制转账凭证时,对转账凭证中账户的对应关系,要求"一借一贷"或"一贷多借",而不宜采用"一借多贷"或"多借多贷",否则,会给编制汇总转账凭证带来不便。另外,如果在月份内某一贷方科目涉及的转账凭证为数不多,或者根据有些汇总原始凭证(如发料凭证汇总表)编制而成的转账凭证反映了"一贷多借"的账户对应关系,已经起到了汇总的作用,那么在这种情况下,可以不再编制汇总转账凭证,而是直接根据转账凭证登记总分类账,以简化核算手续。

二、汇总记账凭证账务处理程序的优缺点及适用范围

汇总记账凭证账务处理程序的优点是:根据各种汇总记账凭证登记总分类账,可以减轻登记总分类账的工作量。汇总记账凭证和总分类账可以明确反映账户的对应关系,便于了解经济业务的来龙去脉,进而有利于查对账目。它的缺点是:汇总的工作量较繁重。对于业务简单、记账凭证不多的单位来说,这样做,反而会增加核算的工作量。汇总记账凭证账务处理程序主要适用于规模较大、经济业务较多的单位。

本章小结

账务处理程序是会计主体采用的会计凭证、会计账簿、财务报表相结合的方式。在实际工作中,通常采用的账务处理程序主要有记账凭证账务处理程序、科目汇总表账务处理程序和汇总记账凭证账务处理程序。

本章介绍账务处理程序的意义和种类;将三种不同的账务处理程序进行比较,总结其不同点主要在于登记总分类账的依据和程序不同,重点阐明它们的主要特点、优缺点及适用范围。

复习思考题

1. 什么是账务处理程序?采用科学合理的账务处理程序有何重要意义?

2. 简要说明记账凭证账务处理程序的处理步骤,并分析其主要特点、优缺点及适用范围。

3. 简要说明科目汇总表账务处理程序的处理步骤,并分析其主要特点、优缺点及适用范围。

4. 简要说明汇总记账凭证账务处理程序的处理步骤,并分析其主要特点、优缺点及适用范围。

习 题

一、单项选择题

1. 各种账务处理程序之间的主要区别在于(　　)。
A. 会计凭证的种类不同　　B. 总分类账的格式不同
C. 登记总分类账的依据和方法不同　　D. 编制财务报表的方法不同

2. 记账凭证账务处理程序的特点是(　　)。
A. 根据各种记账凭证编制有关汇总记账凭证
B. 根据记账凭证逐笔登记总分类账
C. 根据各种记账凭证编制科目汇总表
D. 根据汇总记账凭证登记总分类账

3. 科目汇总表账务处理程序的特点是(　　)。
A. 根据记账凭证登记总分类账　　B. 根据科目汇总表登记总分类账
C. 根据汇总记账凭证登记总分类账　　D. 根据科目汇总表登记明细分类账

4. 汇总记账凭证账务处理程序的特点是(　　)。
A. 根据各种汇总记账凭证登记明细分类账
B. 根据各种汇总记账凭证登记总分类账
C. 根据各种汇总记账凭证登记日记账
D. 根据记账凭证登记总分类账

5. 在科目汇总表账务处理程序下,登记总分类账的依据是(　　)。
A. 原始凭证　　B. 记账凭证
C. 科目汇总表　　D. 汇总原始凭证

6. 科目汇总表的基本编制方法是(　　)。
A. 按照不同会计科目进行归类,定期汇总
B. 按照相同会计科目进行归类,定期汇总
C. 按照借方会计科目进行归类,定期汇总
D. 按照贷方会计科目进行归类,定期汇总

7. 汇总收款凭证是按(　　)。
A. 收款凭证上的借方科目设置　　B. 收款凭证上的贷方科目设置
C. 付款凭证上的借方科目设置　　D. 付款凭证上的贷方科目设置

8. 汇总付款凭证是按(　　)。
A. 收款凭证上的借方科目设置　　B. 收款凭证上的贷方科目设置

C. 付款凭证上的借方科目设置　　D. 付款凭证上的贷方科目设置

9. 汇总转账凭证是按(　　)。

A. 收款凭证上的贷方科目设置　　B. 付款凭证上的贷方科目设置

C. 转账凭证上的贷方科目设置　　D. 转账凭证上的借方科目设置

10. 记账凭证账务处理程序的适用范围是(　　)。

A. 规模较大,经济业务较多的单位　　B. 规模较小,经济业务较多的单位

C. 规模较小,经济业务较少的单位　　D. 会计基础工作比较规范的单位

二、多项选择题

1. 下列各项中,可以作为登记总分类账依据的有(　　)。

A. 原始凭证　　B. 记账凭证

C. 科目汇总表　　D. 汇总记账凭证

2. 关于记账凭证账务处理程序,下列说法正确的有(　　)。

A. 简单明了,易于理解

B. 总分类账可以详细地反映经济业务的发生和完成情况

C. 在经济业务较多的情况下,登记总分类账的工作量较大

D. 一般适用于规模较小、经济业务较少的单位

3. 关于科目汇总表账务处理程序,下列说法正确的有(　　)。

A. 科目汇总表可以起到进行全部账户发生额试算平衡的作用

B. 可以减轻登记总分类账的工作量

C. 汇总的方法比较简单

D. 在科目汇总表和总分类账上能够明确反映账户的对应关系

4. 关于汇总记账凭证账务处理程序,下列说法正确的有(　　)。

A. 汇总记账凭证和总分类账不能明确反映账户的对应关系

B. 可以减轻登记总分类账的工作量

C. 一般适用于规模较小、经济业务较少的单位

D. 主要适用于规模较大、经济业务较多的单位

5. 下列各项中,属于记账凭证账务处理程序、科目汇总表账务处理程序和汇总记账凭证账务处理程序应共同遵循的程序有(　　)。

A. 根据收款凭证、付款凭证逐笔登记现金日记账和银行存款日记账

B. 根据记账凭证并参考所附的原始凭证或汇总原始凭证,逐笔登记各种明细分类账

C. 月末,将现金日记账、银行存款日记账和明细分类账与有关总分类账核对相符

D. 月末，根据总分类账和明细分类账的记录以及其他有关资料编制各种财务报表

6. 在汇总记账凭证账务处理程序下，下列可以作为登记总分类账依据的有（　　）。

A. 汇总原始凭证　　B. 汇总收款凭证

C. 汇总付款凭证　　D. 汇总转账凭证

三、判断题

1. 编制财务报表是单位账务处理程序的组成部分。（　　）

2. 记账凭证账务处理程序的特点是直接根据汇总记账凭证逐笔登记总分类账和明细分类账。（　　）

3. 记账凭证账务处理程序是最基本的一种账务处理程序。（　　）

4. 汇总记账凭证账务处理程序能减轻登记总分类账的工作量，且便于了解账户之间的对应关系。（　　）

5. 科目汇总表账务处理程序的缺点是：在科目汇总表和总分类账上不能明确反映账户的对应关系，不便于了解经济业务的来龙去脉，不便于查对账目。（　　）

6. 汇总转账凭证是按每一贷方科目分别设置，根据一定期间内的全部转账凭证，按与之相对应的借方科目归类汇总。（　　）

7. 记账凭证账务处理程序、科目汇总表账务处理程序和汇总记账凭证账务处理程序的第一步，都必须根据原始凭证或汇总原始凭证填制记账凭证。（　　）

8. 在科目汇总表账务处理程序下，总分类账应当采用设对方科目的三栏式账页。（　　）

9. 不论是采用记账凭证账务处理程序，还是采用科目汇总表账务处理程序，或者采用汇总记账凭证账务处理程序，财务报表的种类和格式都应当按照国家统一的会计制度的规定。（　　）

10. 为便于编制汇总转账凭证，平时编制转账凭证时，对转账凭证中账户的对应关系，要求“一借一贷”或“一借多贷”，而不宜采用“一贷多借”或“多借多贷”。（　　）

四、业务题

（一）

1. 目的　练习科目汇总表的编制。

2. 资料　本教材第三章甲公司2008年1月份发生的经济业务（均已取得或填制原始凭证）填制的收款凭证、付款凭证和转账凭证（其会计分录见本教材第三

章[例 3-1～3-33])。

3. 要求　编制科目汇总表。假定是月末一次汇总编制。科目汇总表的格式见本章表 8-1 所示。

(二)

1. 目的　练习汇总收款凭证和汇总付款凭证的编制。

2. 资料　本教材第四章业务题第 1 题中长江公司 2008 年 4 月 3 日发生的经济业务填制的银行存款收款凭证和付款凭证。

3. 要求　编制汇总收款凭证和汇总付款凭证。汇总收款凭证和汇总付款凭证的格式见本章表 8-2 和表 8-3 所示。

第九章　会计分析、控制和检查

本章结构图

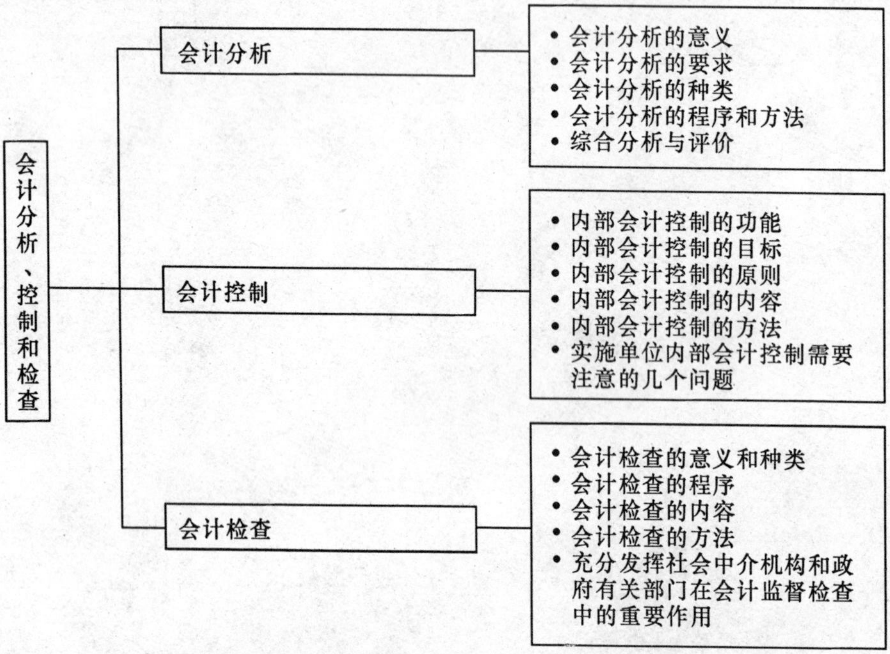

本章学习目标

- 熟悉会计分析的意义、要求和种类
- 掌握会计分析的程序和方法
- 熟悉我国企业效绩评价指标体系
- 熟悉内部会计控制的目标和原则
- 掌握内部会计控制的内容和方法
- 熟悉会计检查的意义和种类
- 掌握会计检查的内容和方法
- 了解社会中介机构和政府有关部门在会计监督检查中的重要作用

会计的基本方法主要是由会计核算、会计分析、会计控制和会计检查四个部分组成的，在会计核算的基础上，有必要开展会计分析、控制和检查。四者相互联系，密不可分。

第一节　会　计　分　析

会计分析是以会计核算资料为主要依据，采用专门的方法，对单位价值运动的情况和结果进行分析和评价，整理出有用的信息，供决策者使用的过程。

明确会计分析的意义、要求和种类，卓有成效地开展会计分析，对完成会计的任务至关重要。

一、会计分析的意义

做好会计分析工作，具有以下重要意义。

1. 通过会计分析，全面了解预算的执行情况和结果

会计分析是个认识过程，认识过程是分析和综合的统一。通过一系列相互联系的财务指标的计算、分析和研究，可以全面了解预算的执行情况和结果，从而作出客观的评价。

2. 通过会计分析，总结过去，控制现在，规划未来

会计分析是个检查手段，能够透过现象看本质，深入揭示单位经济活动中存在的问题和原因，指明需要详细调查和研究的具体事项，提出解决问题、改进工作的措施和建议，总结过去，控制现在，规划未来，促进单位改善经济管理，努力提高经

济效益。

3. 通过会计分析，为有关各方提供有用的信息

投资者、债权人、政府管理部门、业务关联企业等都需要借助会计分析获得对决策有用的信息。通过会计分析，可以满足有关各方的不同需要。

二、会计分析的要求

进行会计分析，应当符合以下要求。

1. 坚持唯物辩证法

必须将唯物辩证法贯穿于会计分析的全过程中。

坚持实事求是，一切从实际出发，不搞数字游戏。

坚持全面地看问题，既要看到成绩，又要看到问题；既要看到有利因素，又要看到不利因素；既要看到主观因素，又要看到客观因素；既要看到经济因素，又要看到技术因素；既要看到外部因素，又要看到内部因素，反对以偏概全，一叶障目，不见泰山。

坚持相互联系地看问题。例如，注意分析局部与全局、偿债能力与盈利能力、经营成果和现金流量、风险与报酬等关系。

坚持发展地看问题。鉴往知来，要有战略眼光，在动态中规避风险，把握机遇，不断拓展企业生存和发展的更大空间。

2. 坚持定量分析和定性分析相结合

定性分析是基础和前提，它是分析人员根据自己的知识、经验以及对企业内外情况的了解所作出的初步分析和判断。定量分析是工具和手段，它是分析人员运用一定的数学方法和分析技巧，借助有关指标和数学模型所作出的量化分析。进行会计分析，必须坚持以定量分析为主，并将定量分析和定性分析有机结合起来。

三、会计分析的种类

会计分析可以按照不同的标志进行分类，主要有以下几种。

1. 按照分析时间的不同，可以分为定期分析和不定期分析

定期分析在时间上比较固定，主要是指月末、季末、半年末和年末进行的会计分析。不定期分析又称日常分析，它没有固定的时间，是根据管理的需要随时进行的分析。

2. 按照分析范围的不同，可以分为全面分析和专题分析

全面分析也称综合分析，是指对单位经济活动的总体情况所进行的分析。

专题分析是指根据管理的需要，对某一重要问题或专门问题进行的重点和深入的分析。

3. 按照分析形式的不同,可以分为书面分析、图表分析和现场分析

书面分析是通过编制会计分析报告进行的。图表分析需要绘制形象化的图表,配以详实的数据和简明扼要的文字,生动地展现分析结论,文字、图表要清晰,使人看了一目了然。现场分析是深入实际,召开有关人员参加的现场会议,针对单位经济活动中的某个环节或问题及时进行的分析。

4. 按照分析内容的不同,可以分为资金状况分析、资产质量分析、投资效果分析、成本费用分析、盈利能力分析和现金流量情况分析等

以上各种会计分析既有区别,又有联系,在实际工作中应当相互结合起来加以运用,以充分发挥会计分析的重要作用。

四、会计分析的程序和方法

会计分析是一项复杂而又重要的工作,需要按照一定的程序,并依据分析的目的以及所掌握的资料,采用适当的方法进行会计分析。

(一) 会计分析的程序

开展会计分析活动,一般应经过以下四个步骤。

1. 明确分析目的

进行会计分析,首先要明确分析的目的,这是收集资料、决定分析内容和方法的前提。

2. 收集、整理相关的资料

根据分析目的,收集、整理相关的资料,如单位的财务会计报告以及其他资料。不仅要有现实资料,还要有历史资料;不仅要有总括资料,还要有详细资料,确保资料真实、完整,能够满足会计分析的需要。

3. 运用具体方法进行分析

在掌握资料的基础上,采用适当的分析方法进行分析,揭示各信息之间的相互关系。

4. 作出分析结论

对分析结果加以解释和判断,编制会计分析报告,作出分析结论,为决策者提供参考依据。

会计分析报告,是对单位财务活动及其结果进行分析的书面总结材料。一般而言,会计分析报告的基本结构是:

(1) 反映基本情况,使决策部门对分析对象有一个基本印象。

(2) 分析影响因素,特别要对主要问题存在的原因进行重点分析。

(3) 作出财务评价,评价要实事求是,重点突出,肯定取得的成绩,指出存在的问题,总结经验和教训。

(4) 提出工作建议,改进的措施要切实可行。

编写会计分析报告要求做到:

一是要抓住主要矛盾,实事求是地反映问题。一定要在充分掌握材料的基础上,找出关键问题。

二是要注意材料和观点的统一。要求根据对材料的详细分析,阐明观点,得出正确的分析结论。

三是文句要简练、准确、清晰,层次分明。

(二) 会计分析的方法

常用的定量分析方法主要有比较分析法、结构分析法、因素分析法和比率分析法。

1. 比较分析法

比较分析法是通过实际数与基数的对比,揭示其差异或变动趋势的一种方法。

按对比基数的不同,可分为差异分析、趋势分析和横向比较分析。

(1) 差异分析。将实际数与计划、预算、定额比较并进行分析,称为差异分析,可以揭示计划、预算、定额的执行情况。

(2) 趋势分析。将当期实际数与历史资料比较并进行分析,称为趋势分析,可以考察经济活动的发展变化情况。

(3) 横向比较分析。为了加深对单位价值运动的认识,还需要和其他同类单位进行比较。比较时,需要从多方面观察,从多方面进行对比,并加以综合反映,才能有比较全面的了解。这种综合的对比研究需要根据不同的对象、不同的目的和要求,灵活地加以运用。例如,将本企业主要财务指标的实际数与行业先进水平、行业平均水平或同类企业的有关数据比,就是横向比较分析的典型运用,通过比较,可以发现差距,及时采取有效措施,改进经营管理,提高经营业绩。

按比较内容的不同,可分为总量比较、结构比较和比率比较。

(1) 总量比较。用绝对数进行比较,如用企业的资产总额、利润总额、成本总额进行比较等。

(2) 结构比较。用结构相对数进行比较,如用企业的资产结构、资本结构、成本结构进行比较等。

(3) 比率比较。用财务比率进行比较,如用企业的净资产收益率、总资产报酬率进行比较等。

采用比较分析法时,应注意以下几点:

(1) 注意对比指标的可比性。进行对比的各项指标,在经济内容、计算方法、计算期和影响指标形成的客观条件等方面,应有可比的共同基础。

(2) 基数选择要恰当。应选择具有正常性和代表性的基数进行比较。

(3) 注意将不同对象和不同内容的比较结合起来进行分析。

(4) 进行比较分析的内容应突出重点,有针对性,切合分析目的的需要。

(5) 应仔细分析导致项目差异或变动的具体原因,以便有的放矢,对症下药。

【例 9-1】 根据 A 公司 2007 年、2008 年年末资产负债表中的有关数据,进行比较分析,如表 9-1 所示。

表 9-1

A 公司 2007 年、2008 年年末资产、负债和所有权益的变动情况分析

单位: 万元

项　目	2007 年 12 月 31 日	2008 年 12 月 31 日	增减差额	增减百分比(%)
资产:				
流动资产	4 000	4 500	500	12.50
非流动资产	7 000	8 000	1 000	14.29
资产总计	11 000	12 500	1 500	13.64
负债:				
流动负债	2 000	2 300	300	15.00
非流动负债	1 000	1 700	700	70.00
负债合计	3 000	4 000	1 000	33.33
所有者权益:				
实收资本	6 500	6 500	—	—
盈余公积	900	950	50	5.56
未分配利润	600	1 050	450	75
所有者权益合计	8 000	8 500	500	6.25
负债和所有者权益总计	11 000	12 500	1 500	13.64

从表 9-1 可以看出,该企业 2008 年与 2007 年相比,资产增加了 1 500 万元,为 13.64%;负债增加了 1 000 万元,为 33.33%;所有者权益增加了 500 万元,为 6.25%。该企业净资产增加是因为盈余公积和未分配利润增加所致。通过计算绝对数和相对数进行比较分析,说明 2008 年该企业在原有的基础上,举债筹资,资产规模有了一定的拓展,并取得了良好的资产运营效益,经营情况是好的。

2. 结构分析法

结构分析法是通过计算某项指标的各组成部分占总体的比重,以揭示各项目间的相互关系以及总体内部结构的一种分析方法。

例如,根据企业的财务会计报告以及有关资料,我们应分析研究若干种重要的结构。其中,根据资产负债表的资料,研究资产的结构、资本的结构。研究资产的结构，了解各类资产的比例关系，还可以结合其他有关资料，进一步研究每一类资产的内部结构，如流动资产的结构、固定资产的结构等。研究资本的结构，了解负债和所有者权益的比例关系，还可以结合其他有关资料，进一步研究负债的结构、所有者权益的结构等。根据利润表的资料，研究利润的结构，还可以结合其他有关资料，进一步分析收入的结构、费用的结构等。根据现金流量表的资料，研究现金流量的结构，了解各类现金流量的比例关系，还可以结合其他有关资料，进一步研究某一类现金流量甚至某一项现金流量的结构。下面运用某企业现金流量表的资料，简要说明结构分析法的具体运用。

【例 9-2】 某企业 2008 年度现金流量表的资料及结构分析如表 9-2 所示。

表 9-2

2008 年度现金流量表的资料及结构分析

单位：元

项　　目	现金流量	现金流出	现金净流量	内部结构(%)	现金流入结构(%)	现金流出结构(%)	现金流入流出比
一、经营活动							
销售商品、提供劳务	8 510 000			98.9			
收到的税费返还	78 000			0.9			
其他	17 000			0.2			
现金流入小计	8 605 000			100	86.8		
购买商品、接受劳务		4 520 000		68.6			
支付给职工		900 000		13.7			
支付的各项税费		1 145 000		17.4			
其他		20 000		0.3			
现金流出小计		6 585 000		100		76.3	
经营活动现金流量净额			2 020 000				1.31
二、投资活动							
取得投资收益	90 000			81.8			
处置固定资产	20 000			18.2			
现金流入小计	110 000			100	1.1		
购建固定资产		1 350 000		100			
现金流出小计		1 350 000		100		15.6	
投资活动现金流量净额			−1 240 000				0.08

(续表)

项　　目	现金流量	现金流出	现金净流　量	内　部结构(%)	现金流入结构(%)	现金流出结构(%)	现金流入流出比
三、筹资活动							
取得借款	1 200 000			100			
现金流入小计	1 200 000			100	12.1		
偿还债务		600 000		85.7			
偿付利息		100 000		14.3			
现金流出小计		700 000		100		8.1	
筹资活动现金流量净额			500 000				1.71
合　　计	9 915 000	8 635 000	1 280 000		100	100	

现金流量表的结构分析包括现金流入结构、现金流出结构和现金流入流出比分析。

(1) 现金流入结构分析。现金流入结构分析，分为现金总流入结构和经营活动、投资活动、筹资活动三类活动现金流入的内部结构分析。

该企业的现金总流入中，经营活动现金流入占 86.8%，是其主要来源；投资活动现金流入占 1.1%；筹资活动现金流入占 12.1%，也占有重要地位。

经营活动现金流入中，销售商品、提供劳务收到的现金占 98.9%，收到的税费返还占 0.9%，收到其他与经营活动有关的现金占 0.2%，比较正常；投资活动现金流入中，取得投资收益收到的现金占 81.8%，处置固定资产收回的现金净额占 18.2%；筹资活动现金流入全部是取得借款收到的现金。

(2) 现金流出结构分析。现金流出结构分析，分为现金总流出结构和经营活动、投资活动、筹资活动三类活动现金流出的内部结构分析。

该企业的现金总流出中，经营活动现金流出占 76.3%；投资活动现金流出占 15.6%；筹资活动现金流出占 8.1%。

经营活动现金流出中，购买商品、接受劳务支付的现金占 68.6%，支付给职工的现金占 13.7%，支付的各项税费占 17.4%，支付其他与经营活动有关的现金占 0.3%；投资活动现金流出全部是购建固定资产支付的现金；筹资活动现金流出中，偿还债务支付的现金占 85.7%，偿付利息支付的现金占 14.3%。

(3) 现金流入流出比分析。经营活动现金流入流出比为 1.31，表明企业 1 元的现金流出可换回 1.31 元的现金流入，该比值越大越好。

投资活动现金流入流出比为 0.08，表明企业处在扩张时期。

筹资活动现金流入流出比为 1.71，表明企业借款明显大于还款。

总的看来，该企业经营活动现金流量是正数，投资活动现金流量是负数，筹资活动现金流量是正数，说明该企业具备自创现金的能力，并利用负债筹资，扩大生产经营规模，该企业正在成长之中。

3. 因素分析法

因素分析法是将某一综合性指标分解为若干个因素，然后分别测定各因素变动对该项综合指标影响程度的一种方法。

(1) 连环替换分析法。连环替换分析法是顺序用各项因素的实际数替换基数，借以计算各因素影响程度的一种分析方法。

【例 9-3】 某企业生产 A 产品，其材料费用的有关定额和实际资料如表 9-3 所示。

表 9-3

A 产品材料费用的有关资料

项　　目	产品数量（件）	单位产品消耗量（千克）	材料单价（元/千克）	材料费用（元）
定额	1 000	20	50	1 000 000
实际	1 200	16	55	1 056 000
差异	+200	−4	+5	+56 000

试根据上述资料进行因素分析。

$$(定额)1\,000\times20\times50=1\,000\,000(元) \quad ①$$

产量变动的影响：

$$1\,200\times20\times50=1\,200\,000(元) \quad ②$$

②−①：

$$1\,200\,000-1\,000\,000=+200\,000(元)$$

单耗变动的影响：

$$1\,200\times16\times50=960\,000(元) \quad ③$$

③−②：

$$960\,000-1\,200\,000=-240\,000(元)$$

材料单价变动的影响：

$$(实际)1\,200\times16\times55=1\,056\,000(元) \quad ④$$

④－③：

$$1\,056\,000-960\,000=+96\,000(元)$$

综合结果：

$$+200\,000+(-240\,000)+96\,000=+56\,000(元)$$

从以上分析可见，A产品材料费用超支56 000元，是三因素共同作用的结果。其中：产量增加，使其增加200 000元，只要A产品适销对路，产量增加引起材料费用增加是正常的；单耗下降，使其减少240 000元，说明生产车间工作有成绩；材料单价上升，使其增加96 000元，要具体分析，是客观原因，还是供应部门的工作存在问题。该企业通过降低单耗抵销了材料单价上升的不利影响，情况是好的。应进一步采取措施，发扬成绩，克服缺点，节约材料费用。

(2) 差额计算分析法。差额计算分析法是根据各项因素的实际数与基数的差额来计算各项因素影响程度的方法，它是连环替换分析法的简化做法。

上例如果采用差额计算分析法，则：

产量变动的影响：

$$(1\,200-1\,000)\times20\times50=+200\,000(元)$$

单耗变动的影响：

$$1\,200\times(16-20)\times50=-240\,000(元)$$

材料单价变动的影响：

$$1\,200\times16\times(55-50)=+96\,000(元)$$

上述计算结果与连环替换分析法的计算结果完全相同。

运用因素分析法，应按照各因素之间的相互关系合理排列各因素分析的顺序。一般来说，先分析数量因素变动的影响，后分析质量因素变动的影响；先分析实物因素变动的影响，后分析价值因素变动的影响。

4. 比率分析法

比率分析法是将某些彼此性质不同而又存在关联的项目加以对比，计算比率，借以考察经济活动相对效益的一种分析方法。

在实际工作中，同一财务报表的不同项目之间、不同财务报表的有关项目之间，都可以用比率来反映相互关系，以评价企业的经营效绩。例如，目前在我国广泛运用的企业效绩评价指标体系中，8 项基本指标和 12 项修正指标都属于比率指标，它们分别从不同的角度对企业的经营效绩进行分析，详见表 9-4。

五、综合分析与评价

单位的理财活动围绕价值运动周而复始地进行，价值运动的各个阶段之间有着非常密切的联系，因此，我们必须运用系统的观点，从单位理财活动的整体出发进行分析。在会计分析中，我们常常通过计算指标来进行分析，往往单项指标只是从某一特定的角度进行分析，只能反映一个侧面的情况，因而需要计算多种指标，并把一系列的指标联系起来，进行综合分析。要注意根据研究目的和对象的特点以及所处的环境和条件，决定选用哪些指标，以真实、完整地反映价值运动的情况和结果。在综合分析与评价方面，杜邦模型和沃尔比重评分法为我们提供了范例。

（一）杜邦模型

杜邦模型即杜邦财务分析体系，它是利用各个主要财务比率之间的内在联系进行综合分析的一种方法。这种分析方法是美国杜邦公司的经理们创造出来的，故得此名。杜邦模型的特点是将评价企业经营效率和财务状况的比率按内在联系有机结合起来进行分析，即：

$$净资产收益率=销售净利率\times总资产周转率\div(1-资产负债率)$$

上式中：

$$净资产收益率=(净利润\div平均净资产)\times100\%$$

$$销售净利率=(净利润\div销售收入净额)\times100\%$$

$$总资产周转率=(销售收入净额\div平均资产总额)\times100\%$$

$$资产负债率=(平均负债总额\div平均资产总额)\times100\%$$

【例 9-4】 假定根据某公司财务报表的有关资料，计算出净资产收益率 20%，销售净利率 5%，总资产周转率 2 次，资产负债率 50%。试运用杜邦模型进行分析。

建立杜邦模型如下：

$$20\%=5\%\times2\div(1-50\%)$$

该公司净资产收益率 20%，是销售净利率 5%、总资产周转率 2 次和资产负债率 50%三因素共同作用的结果。

通过分析，可以得到以下启示：

(1) 净资产收益率是企业销售收益水平、资产运营效率与企业融资状况的综合体现。

(2) 为提高净资产收益率，企业既要增加销售收入，又要降低成本费用；既要加强资产管理，合理使用资产，加速资金周转，又要确立风险意识，在财务杠杆利益与财务风险之间作出合理的权衡，妥善安排筹资结构。适度的资产负债率既能表明企业投资人、债权人的投资风险较小，又能表明企业经营安全、稳健、有效。

在我国企业经营管理的实践中，杜邦模型在会计分析中得到广泛的运用，它为企业管理人员寻找方法提高企业经营业绩指明了道路。

(二) 沃尔比重评分法

亚历山大·沃尔在 20 世纪初出版的《信用晴雨表研究》和《财务报表比率分析》中提出了信用能力指数概念，他将流动比率、产权比率、固定资产比率、存货周转率、应收账款周转率、固定资产周转率、自有资金周转率等 7 项财务比率指标结合起来，将实际比率与标准比率进行比较，并分别给定各自的分数比重，标准分为 100 分，计算求得实际总评分，对企业的信用水平作出评价，这种方法称为沃尔比重评分法。虽然沃尔当初提出的 7 项指标已难以适应当今企业评价的需要，但他为我们运用比率指标进行综合分析，评价企业在市场竞争中的优劣地位提供了一种思路。

目前在我国企业效绩评价工作中，广泛运用企业效绩评价指标体系进行企业效绩评价，是沃尔比重评分法在财务分析中的进一步发展。企业效绩评价指标体系由基本指标、修正指标、评议指标三个层次共 28 项指标构成，企业效绩评价涵盖财务效益、资产营运、偿债能力、发展能力四个方面，如表 9-4 所示。

表 9-4

企业效绩评价指标体系

评价指标		基本指标		修正指标		评议指标	
评价内容	权数 100	指　标	权数 100	指　标	权数 100	指　标	权数 100
一、财务效益状况	38	净资产收益率	25	资本保值增值率	12	经营者基本素质	18
				主营业务利润率	8	产品市场占有能力(服务满意度)	16
		总资产报酬率	13	盈余现金保障倍数	8	基础管理水平	12
				成本费用利润率	10	发展创新能力	14
二、资产营运状况	18	总资产周转率	9	存货周转率	5	经营发展战略	12
		流动资产周转率	9	应收账款周转率	5	在岗员工素质	10
				不良资产比率	8	技术装备更新水平(服务硬环境)	10
						综合社会贡献	8

（续表）

评价指标		基本指标		修正指标		评议指标	
评价内容	权数100	指　　标	权数100	指　　标	权数100	指　　标	权数100
三、偿债能力状况	20	资产负债率	12	现金流动负债比率	10		
		已获利息倍数	8	速动比率	10		
四、发展能力状况	24	销售（营业）增长率	12	3年资本平均增长率	9		
				3年销售平均增长率	8		
		资本积累率	12	技术投入比率	7		
权数100		80				20	

第一层次：基本指标。

基本指标是评价企业效绩的主要计量指标，是整个评价指标体系的核心。基本指标由以下8项计量指标构成。

1. 净资产收益率

净资产收益率是指企业在一定时期内净利润同平均净资产的比率。它充分体现了投资者投入企业的自有资本获取净收益的能力，突出反映了投资与报酬的关系，是评价企业资本经营效益的核心指标。

计算公式如下：

净资产收益率＝（净利润÷平均净资产）×100%

2. 总资产报酬率

总资产报酬率是指企业在一定时期内获得的报酬总额与平均资产总额的比率。它表明企业全部资产的总体获利能力，是评价企业资产运营效益的重要指标。

计算公式如下：

总资产报酬率＝（息税前利润总额÷平均资产总额）×100%

3. 总资产周转率

总资产周转率是指企业一定时期主营业务收入净额同平均资产总额的比值。

它是综合评价企业全部资产经营质量和利用效率的重要指标。

计算公式如下：

总资产周转率(次)＝主营业务收入净额÷平均资产总额

4. 流动资产周转率

流动资产周转率是指企业一定时期主营业务收入净额同平均流动资产总额的比值。它是评价企业资产利用效率的另一主要指标。

计算公式如下：

流动资产周转率(次)＝主营业务收入净额÷平均流动资产总额

5. 资产负债率

资产负债率是指企业一定时期负债总额同资产总额的比率。它表示企业总资产中有多少是通过负债筹集的，该指标是评价企业负债水平和偿债能力的综合指标。

计算公式如下：

资产负债率＝(负债总额÷资产总额)×100%

6. 已获利息倍数

已获利息倍数是企业一定时期息税前利润总额与利息支出的比值。它充分反映了企业收益对偿付债务利息的保障程度和企业的债务偿还能力。

计算公式如下：

已获利息倍数＝息税前利润总额÷利息支出

7. 销售(营业)增长率

销售(营业)增长率是指企业本年主营业务收入增长额同上年主营业务收入总额的比率。它揭示企业主营业务收入的增减变动情况，是评价企业成长状况和发展能力的重要指标。

计算公式如下：

销售(营业)增长率＝(本年主营业务收入增长额÷上年主营业务收入总额)×100%

8. 资本积累率

资本积累率是指企业本年所有者权益增长额同年初所有者权益的比率。它表明企业当年的资本积累能力，是评价企业发展潜力的重要指标。

计算公式如下：

资本积累率＝(本年所有者权益增长额÷年初所有者权益)×100%

第二层次:修正指标。

修正指标是从多方面调整完善基本指标评价结果的计量因素,是整个评价指标体系的重要辅助部分。通过修正指标的分析评价,实现对基本指标评价结果的全面调整和修正,形成定量指标评价结果。修正指标由以下 12 项计量指标构成。

1. 资本保值增值率

资本保值增值率是指企业本年末所有者权益扣除客观增减因素后同年初所有者权益的比率。它表明企业通过自身努力,当年资本的实际增减变动情况,是评价企业效益状况的辅助指标。

计算公式如下:

资本保值增值率=(扣除客观因素后的年末所有者权益÷年初所有者权益)×100%

2. 主营业务利润率

主营业务利润率是指企业一定时期主营业务利润同主营业务收入净额的比率。它表明企业每单位主营业务收入能带来多少主营业务利润,反映企业主营业务的获利能力,是评价企业经营效益的主要指标。

计算公式如下:

主营业务利润率=(主营业务利润÷主营业务收入净额)×100%

3. 盈余现金保障倍数

盈余现金保障倍数是企业一定时期经营现金净流量同净利润的比值。它反映企业当期净利润中现金收益的保障程度,能够真实地体现企业盈余的质量。

计算公式如下:

盈余现金保障倍数=经营现金净流量÷净利润

4. 成本费用利润率

成本费用利润率是企业一定时期的利润总额同企业成本费用总额的比率。它表示企业为取得利润而付出的代价,从企业支出方面补充评价企业的收益能力。

计算公式如下:

成本费用利润率=(利润总额÷成本费用总额)×100%

5. 存货周转率

存货周转率是企业一定时期主营业务成本与存货平均余额的比率。它是对流动资产周转率的补充说明。

计算公式如下:

存货周转率(次)=主营业务成本÷存货平均余额

6. 应收账款周转率

应收账款周转率是企业一定时期主营业务收入净额同应收账款平均余额的比率。它是对流动资产周转率的补充说明。

计算公式如下：

应收账款周转率(次)＝主营业务收入净额÷应收账款平均余额

7. 不良资产比率

不良资产比率是企业年末不良资产总额占年末资产总额的比重。它是从企业资产管理角度对企业资产营运状况进行的修正。

计算公式如下：

不良资产比率＝(年末不良资产总额÷年末资产总额)×100%

8. 现金流动负债比率

现金流动负债比率是企业一定时期的经营现金净流量同流动负债的比率。它是从现金流动的角度来反映企业当期偿付短期负债的能力。

计算公式如下：

现金流动负债比率＝(年经营现金净流量÷年末流动负债)×100%

9. 速动比率

速动比率是企业一定时期的速动资产同流动负债的比率。它用于衡量企业的短期偿债能力，评价企业流动资产变现能力的强弱。

计算公式如下：

速动比率＝(速动资产÷流动负债)×100%

10. 3年资本平均增长率

3年资本平均增长率表示企业资本连续3年的积累情况，它可以在一定程度上反映企业的持续发展水平和发展趋势。

计算公式如下：

$$3\text{年资本平均增长率}=\left(\sqrt[3]{\frac{\text{年末所有者权益总额}}{3\text{年前年末所有者权益总额}}}-1\right)\times 100\%$$

11. 3年销售平均增长率

3年销售平均增长率表明企业主营业务连续3年的增长情况，它能够体现企业的持续发展态势和市场扩张能力。

计算公式如下：

$$3\text{年销售平均增长率}=\left(\sqrt[3]{\frac{\text{当年主营业务收入总额}}{3\text{年前主营业务收入总额}}}-1\right)\times 100\%$$

12. 技术投入比率

技术投入比率是指企业当年技术转让费支出与研究开发的实际投入与当年主营业务收入的比率。它从企业的技术创新方面反映企业的发展潜力和可持续发展能力。

计算公式如下：

技术投入比率＝(当年技术转让费支出与研发投入÷当年主营业务收入净额)×100%

第三层次：评议指标。

评议指标是用于评价企业资产经营及管理状况等方面的非计量因素，是对计量指标的进一步补充。通过对评议指标多项定性因素的分析判断，对计量指标评价结果进行全面的校验、修正和完善，形成企业效绩定量与定性评价相结合的综合评价结论。评议指标由以下 8 项非计量指标构成。

1. 经营者基本素质

经营者基本素质是指企业现任领导班子的智力素质、品德素质和能力素质等，具体包括知识结构、道德品质、敬业精神、开拓创新能力、团结协作能力、组织能力和科学决策水平等因素。

2. 产品市场占有能力(服务满意度)

产品市场占有能力是工业企业使用的评价指标，指企业主导产品由于技术含量、功能性质、质量水平、品牌优势、营销策略等因素决定的占有市场的能力。可以借助企业的销售收入净额与行业销售收入净额的比值加以判断。

服务满意度是商贸、交通等服务行业企业使用的评价指标，指消费者或顾客对商品或服务的质量、种类、速度、方便程度等的心理满足程度。

3. 基础管理水平

基础管理水平是指企业按照国家规范做法、国家政策法规规定和本企业实际情况，在生产经营过程中形成和运用的维系企业正常运转及生存与发展的企业组织机构、内部经营管理模式、各项基础管理制度、激励与约束机制、信息支持系统、安全生产管理等的建设及贯彻执行状况。

4. 发展创新能力

发展创新能力是指企业在市场竞争中为保持竞争优势，不断根据外部环境进行自我调整和革新的能力。包括管理创新、产品创新、技术创新、服务创新、观念创新等方面的意识和能力。

5. 经营发展策略

企业经营发展策略是指企业所采用的包括科技投入、产品开发、市场营销、更新设备、项目规划、资产重组、资本筹集及人力资源等各方面的谋划和策略。

6. 在岗员工素质

在岗员工素质状况是指企业普通员工的文化水平、道德水准、专业技能、组织纪律性、参与企业管理的积极性及爱岗敬业精神等方面的综合情况。

7. 技术装备更新水平(服务硬环境)

技术装备更新水平是工业企业专用的评价指标，指企业主要生产设备的先进程度和生产适应性、技术水平、开工及闲置状况、更新改造情况、技术投入水平以及采用环保技术措施等情况。

服务硬环境是商贸、交通等服务行业企业使用的评价指标，指商场、车站、饭店等商贸、服务场所的装饰装潢、环境卫生、设备性能等硬件设施情况。

8. 综合社会贡献

综合社会贡献是指企业对经济增长、社会发展、环境保护等方面的综合影响。主要包括对国民经济及区域经济增长的贡献、提供就业和再就业机会、履行社会责任与义务以及信用操守情况、对财政税收的贡献和对环境的保护影响等等。

在企业效绩评价工作中，采用了定量指标评价和定性指标评议相结合的方法，将定量指标评价分数和定性指标评议分数按照规定的权重拟合形成综合评价结果，其计算公式为：

定量与定性综合评价得分＝定量指标分数×80％＋定性指标分数×20％

整个评价过程，可采用专门的评价系统软件，充分利用会计信息资料，运用计算机进行数据处理。

第二节　会 计 控 制

进入新世纪以来，会计控制从理论到实务，在国际和国内都有了很大发展。人们越来越认识到会计控制的重要作用，更加重视运用会计控制方法，并努力推动单位内部会计控制制度的建设。2001 年 6 月 22 日，财政部发布了《内部会计控制规范——基本规范(试行)》(财会[2001]41 号)，同时发布了《内部会计控制规范——货币资金(试行)》(财会[2001]41 号)，而后又陆续发布了《内部会计控制规范——采购与付款(试行)》(财会[2002]21 号)、《内部会计控制规范——销售与收款(试行)》(财会[2002]21 号)、《内部会计控制规范——工程项目(试行)》(财会[2003]30 号)、《内部会计控制规范——担保(试行)》(财会[2004]6 号)和《内部会计控制规范——对外投资(试行)》(财会[2004]6 号)等一系列内部会计控制规范，一个针对性强、操作性强、可监督检查的与我国经济发展水平相适应的内部会计控制制度体系正在形成。

我国《内部会计控制规范——基本规范(试行)》认为:“内部会计控制是指单位为了提高会计信息质量,保护资产的安全、完整,确保有关法律法规和规章制度的贯彻执行而制定和实施的一系列控制方法、措施和程序。”

一、内部会计控制的功能

内部会计控制之所以得到发展并逐步完善,很大程度上源于人们对其功能认识的不断深化。内部会计控制具有防护、调节和反馈三大功能,分别在事前、事中和事后对单位经济活动进行控制。为了更好地实施单位内部会计控制,有效地发挥内部会计控制的作用,充分认识内部会计控制的功能是很有必要的。

(一) 事前防护功能

事前防护功能是指在经济活动开始之前进行控制,把各种预算目标的偏差控制在尽可能小的范围之内。会计控制能够在事前对经济活动的有效性进行综合分析评价和鉴定,它是以过去活动的资料为依据,分析与推测现行活动可能出现的困难或差异,可能使用的解决方案;分析与推测各项进度计划、各项业务监督与控制方案是否协调配合;分析与推测其他各种影响因素,以供最高管理层决策参考。会计控制对预算作出的鉴定与分析,使预算更加切实可行,更加有利于制约管理过程中的各种消极因素。

事前控制由于能够避免预期出现的问题,因而是企业最为渴望采用的控制类型。采用事前控制的关键是要在实际问题发生之前就采取控制行动,而要做到这一点,必须要掌握及时、准确的信息,这对管理工作提出了很高的要求。

(二) 事中调节功能

事中调节功能是指在经济活动过程中的控制。事中控制的重点是现场管理,通过监控实际正在进行的操作,保证预算目标的实现。事中控制以组织活动的实时信息为基础,对活动作出几乎同步的纠偏调整。管理层要实现既定的预算目标,仅仅依靠事前对预算的鉴定与分析还远远不够,在预算执行过程中会出现许多事前难以预料的问题,因而还必须通过事中调节来控制标准的执行,衡量差异并采取措施加以平衡,使其执行结果符合标准。通过这样的调节,能够保证预算目标的实现。因此,内部会计控制具有调节功能。

在经济活动中,大量的控制工作都属于这种类型,因而事中控制是实施内部会计控制的基础。

(三) 事后反馈、检查与考评功能

事后反馈、检查与考评功能是指在一定时期的经济活动结束以后,对该期资源的利用情况和结果进行的控制。事后控制的特点是对已经取得的结果进行总结分析,它是一种立足于历史而面向未来进行的连续不断的控制。事后控制是最常用

的控制类型。事前防护和事中调节的效果如何,需要通过一系列的信息反馈才能够使管理层知晓。内部会计控制的反馈功能在于能够为管理层提供关于预算执行结果究竟如何的真实信息。

在实际控制过程中,事前控制、事中控制和事后控制有机地结合在一起,互为补充,有效地发挥内部会计控制具有的防护、调节和反馈三大功能作用。

二、内部会计控制的目标

内部会计控制的目标是单位实施内部会计控制所要达到的目的。美国执业会计师协会在其第一期《审计准则说明》中指出,会计控制主要涉及与保护资产、保证财务会计信息准确性和可靠性相关的程序、方法和组织规划。《蒙哥马利审计学》(第九版)中提出了"完整性、真实性、正确性、一致性和实物安全性"五项控制目标。我国《内部会计控制规范——基本规范(试行)》明确提出,内部会计控制应当达到以下三项基本目标。

(一)规范单位会计行为,保证会计资料真实、完整

内部会计控制的首要目标就是规范单位会计行为,保证会计资料真实、完整。

企业管理层需要获得真实、完整的会计信息,以便在经营活动中作出正确的决策;投资者、债权人及其他有关各方也需要获得有用的会计信息,以便进行正确的投资、信贷等决策。因此企业应当严格执行国家统一的会计制度,通过设计科学、严格的凭证和账簿,控制会计记录,建立合理的账务处理程序,定期编制财务会计报告,确保所发生的交易或者事项能够准确、及时地得以确认、计量、记录和报告,从而为利益相关者提供有用的会计信息。

(二)堵塞漏洞,消除隐患,防止并及时发现、纠正错误及舞弊行为,保护单位资产的安全、完整

查错防弊是单位实施内部会计控制的基本目标之一,也是单位内部各级管理层及各个管理部门的控制目标。单位内部各级管理层及各个管理部门都应根据其职责范围,确定查错防弊的具体目标,为实现单位的总体目标服务。

保护单位资产的安全、完整,既是资产管理和使用部门及其人员的控制目标,也是企业管理层及投资者的控制目标。它要求企业在进行各项投资及其他经营决策时,要充分考虑存在的风险因素,识别风险,按照谨慎性的要求,从事会计核算及控制工作,防范和抵御资产风险。

(三)确保国家有关法律法规和单位内部规章制度的贯彻执行

确保国家有关法律法规的贯彻执行,不仅是政府有关部门对单位会计控制实施再控制的目标之一,而且是国家以所有者和宏观管理者的身份进行经济管理的基本目标和要求。各单位要确保国家有关法律法规的贯彻执行。例如,贯彻执行

《会计法》,各单位应当建立、健全本单位内部会计监督制度。再如,企业会计准则和制度统一了我国企业的会计核算标准,要通过内部会计控制规范的有效实施,实行严格的内部会计控制,确保会计准则和制度的贯彻执行。

实行单位内部会计控制,除了督促单位建立、健全内部会计控制制度以外,还应当督促单位建立、健全与内部会计控制制度协调一致的各项规章制度,并确保这些规章制度的贯彻执行。

三、内部会计控制的原则

内部会计控制的原则是指对于设计和建立单位内部会计控制制度具有指导性的法则和标准。内部会计控制应当遵循以下基本原则。

(一) 合法性原则

合法性原则是指单位内部会计控制应当符合国家有关法律法规的要求,保证每一项经济活动能够在合规、合法的状态下开展。国家法律法规体现了广大人民群众的根本利益,它对企业生产经营活动起着强制性或指导性作用。因此,单位内部会计控制制度必须符合法律法规的要求。比如,对货币资金控制,应当执行国家的有关货币资金管理制度、银行结算纪律和账户管理规定;对会计凭证控制,应当保证会计凭证都经过严格的审核,对违法的经济活动要进行揭露与制止等。

(二) 有效性原则

内部会计控制应当约束单位内部涉及会计工作的所有人员,任何个人都不得拥有超越内部会计控制的权力。

(三) 全面控制原则

内部会计控制应当涵盖单位内部涉及会计工作的各项经济业务及相关岗位。并应针对业务处理过程中的关键控制点,落实到决策、执行、监督、反馈等各个环节。

全面控制原则的含义有二:一是全过程控制。即对企业整个价值运动过程进行全面的控制,企业应当针对人、财、物及信息等要素制定全面的控制制度。二是全员控制。即对企业全体员工进行控制。企业的每一个成员既是施控主体,又是受控客体,从高层管理人员到基层执行操作人员,都应受到相应的控制。

(四) 不相容职务相互分离原则

在单位经济活动的流程中,各个相关部门和岗位之间存在各种各样的经济关系,自然也就不可避免地存在着串通舞弊、谋取私利的风险。

不相容职务相互分离即是针对上述风险而提出。不相容职务是指那些如果由一个人或一个部门担任,既可能弄虚作假,又能够自己掩盖其舞弊行为的职务。内部会计控制应当保证单位内部涉及会计工作的机构、岗位的合理设置及其职责权限的合理划分，坚持不相容职务相互分离，确保不同机构和岗位之间权责分明，相互制约，相互监督。

（五）成本效益原则

内部会计控制应当遵循成本效益原则，以合理的控制成本达到最佳的控制效果。在内部会计控制制度制定和实施的过程中，应当树立成本效益观念，避免控制制度的繁琐与复杂。现代企业的整个生产和管理环节分工较细，需要建立健全的内部会计控制制度。设计内部会计控制系统时，必须权衡各个备选方案的成本与收益。那种不顾企业实际，过分强调所谓的“严密”要求，而设计出十分庞杂的控制制度的做法，不仅浪费人力、物力与财力，而且会导致职工产生厌烦情绪，不利于调动职工积极性。

贯彻这一原则应当注意：当一些业务通过不断增加控制点来达到较好的控制流程时，就应当考虑采用多少控制点能够使控制收益减去控制成本的值最大化；而当控制收益难以确定时，则应当考虑在满足既定控制目标的前提下，如何使制度控制的成本达到最小化。

（六）适应性原则

内部会计控制应随着外部环境的变化、单位业务职能的调整和管理要求的提高，不断修订和完善。

适应能力是一个企业生存和发展的重要条件。在市场经济条件下，企业的内外环境不断地发生变化，企业要想获得生存和发展，必须适应客观环境的变化。因此，内部会计控制制度的建立和修订应当具有前瞻性，并随着国家法律法规、政策和制度等外部环境的改变，以及企业经营战略、经营方针、业务职能的调整和管理要求的提高等内部环境的变化，不断地、及时地进行修订和完善。

四、内部会计控制的内容

内部会计控制的内容是内部会计控制的核心问题，规定单位应对哪些经济活动和环节进行控制，针对各单位经济活动中最薄弱的环节加以规范。

内部会计控制的内容主要包括：货币资金、实物资产、对外投资、工程项目、采购与付款、筹资、销售与收款、成本费用及担保等经济业务的控制。

（一）货币资金控制

单位应当对货币资金收支和保管业务建立严格的授权批准制度，办理货币资金业务的不相容岗位应当分离，相关机构和人员应当相互制约，确保货币资金的安全。货币资金控制主要体现在对单位库存现金的控制、银行存款的控制和其他货币资金的控制等方面。

（二）实物资产控制

单位应当建立实物资产管理的岗位责任制度，对实物资产的验收入库、领用、发出、盘点、保管及处置等关键环节进行控制，防止各种实物资产被盗、毁损和流失。实物资产的控制主要体现在对存货和固定资产的控制等方面。

（三）对外投资控制

单位应当建立规范的对外投资决策机制和程序，通过实行重大投资决策集体审议联签等责任制度，加强投资项目立项、评估、决策、实施、投资处置等环节的会计控制，严格控制投资风险。

（四）工程项目控制

单位应当建立规范的工程项目决策程序，明确相关机构和人员的职责权限，建立工程项目投资决策的责任制度，加强工程项目的预算、招投标、质量管理等环节的会计控制，防范决策失误及工程发包、承包、施工、验收等过程中的舞弊行为。

（五）采购与付款控制

单位应当合理设置采购与付款业务的机构和岗位，建立和完善采购与付款的会计控制程序，加强请购、审批、合同订立、采购、验收、付款等环节的会计控制，堵塞采购环节的漏洞，减少采购风险。

（六）筹资控制

单位应当加强对筹资活动的会计控制，合理确定筹资规模和筹资结构、选择筹资方式，降低资金成本，防范和控制财务风险，确保资金筹措的合理、有效使用。

（七）销售与收款控制

单位应当在制定商品或劳务等的定价原则、信用标准和条件、收款方式等销售政策时，充分发挥会计机构和人员的作用，加强合同订立、商品发出和账款回收的会计控制，避免或减少坏账损失。

（八）成本费用控制

单位应当建立成本费用控制系统，做好成本费用管理的各项基础工作，制定成本费用标准，分解成本费用指标，控制成本费用差异，考核成本费用指标的完成情况，落实奖罚措施，降低成本费用，提高经济效益。

（九）担保控制

单位应当加强对担保业务的会计控制，严格控制担保行为，建立担保决策程序和责任制度，明确担保原则、担保标准和条件、担保责任等相关内容，加强对担保合同订立的管理，及时了解和掌握被担保人的经营和财务状况，防范潜在风险，避免或减少可能发生的损失。

五、内部会计控制的方法

内部会计控制的方法是实现内部会计控制目标、发挥控制效能的技术手段、措施及程序。内部会计控制方法主要有:不相容职务相互分离控制、授权批准控制、会计系统控制、预算控制、财产保全控制、风险控制、内部报告控制和电子信息技术控制。

(一) 不相容职务相互分离控制

不相容职务相互分离控制要求单位按照不相容职务相互分离的原则,合理设置会计及相关工作岗位,明确职责权限,形成相互制衡机制。不相容职务主要包括:授权批准、业务经办、会计记录、财产保管、稽核检查等职务。不相容职务相互分离控制是指对不相容职务必须分工负责,不能由一个人同时兼任。采取这一控制方法,能够使与经济业务处理有关的岗位和人员相互制约。例如,我国《会计法》明确规定:"出纳人员不得兼任稽核、会计档案保管和收入、支出、费用、债权债务账目的登记工作。"

不相容职务相互分离是基于这样的设想,即两个或两个以上的部门或人员无意识地犯同样错误的可能性很小,而有意识地合伙舞弊的可能性也低于一个部门或人员舞弊的可能性。不相容职务相互分离是内部会计控制的基本原则。保证不相容职务相互分离控制作用的发挥,需要担任不相容职务的人员各司其职。如果担任不相容职务的人员之间相互串通勾结,则不相容职务相互分离控制的作用就会消失殆尽。为此,还需要考虑对不相容职务相互分离的再控制问题。

(二) 授权批准控制

授权批准控制是指在某项经济活动发生之前,单位各级管理人员和经办人员必须经过授权批准才能处理有关经济业务。它是一种事前控制,使经济业务在发生时就得到了控制。进行授权批准控制,要求做到:

(1) 应当建立严格的授权批准制度,明确授权批准方式、权限、程序、责任和相关控制措施,规定经办人员的职责范围和工作要求。

(2) 审批人员应当根据授权批准制度的规定,在授权范围内进行审批,不得超越审批权限。

经办人员应当在职责范围内,按照审批人员的批准意见办理有关业务,对于审批人员超越授权范围审批的业务,经办人员有权拒绝办理,并及时向审批人员的上级授权部门报告。

(3) 对于重要业务,实行集体决策和审批。

(4) 严禁未经授权的机构或人员办理有关业务。

授权批准又分为一般授权和特殊授权两种:一般授权是指对办理一般经济业务时权力等级和批准条件的规定,一般授权通常在单位的规章制度中予以明确。这种授权可以使单位内部人员在日常业务处理中按照规定的权限范围和有关职责自行办理各项业务。一般授权的时效较长。特殊授权是指对特定经济业务处理的权力等级和批准条件的规定。这种授权通常由管理部门对特定业务活动采取逐个审批的办法来进行。特殊授权的对象往往是一些例外的经济业务，一般难以预料，因而不能够事先规定相应的处理措施。因此，发生这样的业务，应当经过有关部门的特殊批准才能够进行。特殊授权的时效一般较短。单位应当根据经济业务的性质和重要性确定这两种授权。

（三）会计系统控制

会计系统控制要求单位依据《会计法》和国家统一的会计制度，制定适合本单位的会计制度，明确会计凭证、会计账簿和财务会计报告的处理程序，建立和完善会计档案保管和会计工作交接办法，实行会计人员岗位责任制，充分发挥会计的监督职能。

1. 会计凭证控制

会计凭证控制是指在填制或取得会计凭证时实施的相应控制措施，包括原始凭证与记账凭证控制。其具体内容包括：

(1) 严格审核。会计机构、会计人员必须按照国家统一的会计制度的规定对原始凭证进行审核，对不真实、不合法的原始凭证有权不予接受，并向单位负责人报告；对记载不准确、不完整的原始凭证予以退回，并要求按照国家统一的会计制度的规定更正、补充。记账凭证应当根据经过审核的原始凭证及有关资料编制。

(2) 设计科学的凭证格式。凭证格式应当符合规定要求，便于核算与控制。做到项目及内容齐全，能够完整地反映经济业务的全貌。

(3) 连续编号。对记载经济业务的凭证按照顺序统一编号，确保每项经济业务入账正确、合理、合法。

(4) 规定合理的凭证传递程序。各个部门应当按照规定的程序在规定期限内传递凭证，确保经济业务能够得到及时的反映和正确的核算。

(5) 明确凭证装订与保管手续。凭证传递完毕，有关人员应当定期整理归档，按照规定存放保管，以备日后查阅。

2. 会计账簿控制

会计账簿控制是指在设置、启用及登记账簿时实施的相应控制措施。其具体内容包括：

(1) 依法设置会计账簿，并保证其真实、完整。

(2) 启用账簿时要填写“账簿启用及经管人员一览表”。

(3) 会计凭证必须经过审核无误后才能够据以登记入账。

(4) 对账簿中的账页连续编号。

(5) 账簿应当按照规定的方法和程序进行登记，如发生账簿记录错误，应采用规定的方法更正。

(6) 按照规定的方法和时间结账。

3. 财务会计报告控制

财务会计报告控制是指在编制及报送财务会计报告时实施的相应控制措施。其具体内容包括：

(1) 按照规定的要求、方法和时间编制及报送财务会计报告。

(2) 财务会计报告应当由单位负责人和主管会计工作的负责人、会计机构负责人(会计主管人员)签名并盖章；设置总会计师的单位，还须由总会计师签名并盖章。

(3) 对报送给各有关部门的财务会计报告要装订成册，加盖公章等。

4. 会计分析控制

会计分析控制是指会计机构利用会计信息及其他信息对预算的执行情况采取的分析、对比和总结等措施。会计分析控制的内容主要包括：明确会计分析的基本要求和组织程序、会计分析的内容、方法、时间、召集形式、参加的部门和人员、以及会计分析报告的编写要求等。严格的会计分析控制，便于掌握单位预算指标的完成情况以及国家法律法规的执行情况，便于发现问题，采取措施，改善管理。

5. 会计复核控制

会计复核控制是指对各项经济业务的记录采用复查核对的方法进行控制。其目的是避免发生差错和舞弊，保证会计信息准确、可靠。会计复核的方法可以分为两种：一是将记录与所记的经济业务事项核实。二是各项记录之间的相互复核，包括：相关原始凭证之间的复核、原始凭证与记账凭证之间的复核、会计凭证与账簿之间的复核、不同账簿之间的复核、账簿与财务报表之间的复核等。建立严格的会计复核制度，有利于及时发现并更正会计记录中的错误，做到账实相符、账证相符、账账相符、账表相符。

6. 会计交接控制

会计人员调动工作或者离职，必须与接管人员办清交接手续。一般会计人员办理交接手续，由会计机构负责人(会计主管人员)监交；会计机构负责人(会计主管人员)办理交接手续，由单位负责人监交，必要时主管单位可以派人会同监交。监交人员必须依法履行职责，对交接过程中发生的各种违法行为必须及时予以纠正，以保证交接工作的顺利进行。

(四) 预算控制

预算控制是指编制详细的预算，并通过授权，由有关部门对预算的执行情况进行控制。预算在执行过程中应当允许经过授权批准对预算加以调整，并应当及时或定期反馈预算的执行情况。

预算控制的主要环节有：① 预算体系的建立，包括预算项目、标准和程序。

② 预算的编制和审定。③ 预算指标的下达和相关责任部门及人员的落实。④ 预算执行的授权。⑤ 预算执行过程的监控。⑥ 差异的分析。⑦ 业绩的考核等。

单位应当实行全面预算控制。全面预算是一种财务计划，是用货币金额或数量单位集中、系统表现出来的企业生产经营活动所需实现的目标计划，在实际工作中，它不再仅仅是控制开支的工具，已经成为提高企业资源利用效果的有效方法，具有增强风险预警和防范的功能。全面预算包括业务预算、专门决策预算和财务预算，它具有协调各部门工作，明确努力目标，控制经济活动，考核工作业绩等重要作用。

（五）财产保全控制

财产保全控制是指为了确保单位财产物资安全、完整所采取的各种方法和措施。财产保全控制可以分为财产价值控制与财产实物控制两类。企业对财产的价值控制是指按照资本保值增值的要求实施财产保全控制，例如，采用适当的折旧方法足额计提固定资产折旧，防范企业因无形损耗带来的固定资产投资风险等。对财产的实物控制是指对实物形态包括债权类财产的安全、完整所采取的控制措施。实施财产保全控制的方法主要有以下几种。

1. 接触控制

接触控制是指严格限制无关人员对财产的直接接触，只有经过授权批准的人员才能够接触财产。接触控制的内容具体包括：限制接近库存现金，对库存现金的管理应当仅仅局限于指定的出纳人员，严禁未经授权的机构或人员直接接触库存现金。限制接近其他易变现的财产，比如，对有价证券一般规定必须由两名人员同时接近。限制接近存货，在商业批发和制造企业中，对存货的实物保管应由专职仓库保管人员负责，可以设计分离且封闭的仓库区域，商业零售企业则可以实行在营业时间和营业时间后限制接近仓库的规定，另外，对于贵重商品应当使用带锁的营业柜加以控制等。

2. 定期盘点

定期盘点是指定期对库存现金和实物财产进行盘查核对进行的控制。其内容包括：盘点库存现金和实物财产，并与会计记录核对一致，保证账实相符；财产盘点结果与会计记录差异的调查，应当由独立于保管和记录职务的人员负责；确定盘点和比较的频率，如对库存现金要做到逐日清点，并与现金日记账和现金出纳机的纸带存根核对；对各种贵重物资每月至少盘点一次，并与有关的账面记录核对。

3. 财产记录

进行财产记录监控，指建立财产档案，及时记录财产增减变动情况以及加强财产所有权证的管理等。

记录保护是指对单位各种会计资料妥善保管，避免记录受损、被盗及被毁。对某些重要资料，比如定期编制的财务会计报告应当留有备份，以便在遭受意外损失或毁坏时重新恢复。

4. 账实核对

建立财产清查制度，通过实地盘点、核对账目，查明单位各项财产的实存数和账面结存数是否相符。财产清查的范围、期限和组织程序应当明确。

5. 财产保险

财产保险是指通过对财产投保增加实物受损后的补偿机会，尽量减少财产损失。

（六）风险控制

风险控制是指对某一事件实际与预期结果差异程度的控制。企业风险控制的目标是在实现经营获利目标的前提下使企业风险达到最小。企业风险控制可以分为财务风险控制和经营风险控制。例如，筹资风险控制，即对企业筹资规模、结构、方式等作出妥当的安排；投资风险控制，即对各种债权及股权投资进行可行性研究，并确定有关的审批权限加以控制。同时，对投资过程中可能出现的负面因素制定应对预案；信用风险控制，即制定客户信用评估指标体系，确定信用评估授予标准，规定客户信用审批程序，进行信用期间的实时跟踪；合同风险控制，即建立合同起草、审批、签订、履行监督和违约时采取应对措施的控制程序等。

应树立风险意识，针对各个风险控制点，建立有效的风险管理系统，通过风险预警、识别、评估、分析和报告等措施，对财务风险和经营风险进行全面防范和控制，以最大限度地减少损失。

预算控制和风险控制互相关联，共同发挥作用。在预算控制的各个环节，及时采用风险控制手段，防范可能出现的各种风险；在实施风险控制时，积极采用预算控制手段，才能有效规避各种风险。

（七）内部报告控制

内部报告控制是指编制各种内部报告进行控制。应当建立和完善内部报告制度，全面反映经济活动情况，及时提供业务活动中的重要信息，增强内部管理的时效性和针对性。企业内部报告制度的建立应当做到：一是有关责任部门及责任人员定期编制业绩报告，业绩报告一般应具备四项内容：预算数、决算数、差异数和差异原因分析。主要针对“例外”情况提供报告。二是报告形式和内容简明易懂，并要统筹规划，避免重复。三是内部报告应当根据管理层次设计报告频率。企业编制的内部报告主要有资金分析报告、经营分析报告、费用分析报告、资产分析报告、投资分析报告和财务分析报告等。

内部报告控制和预算控制紧密相连，有了较为完善的内部报告制度，便于及时发现预算执行过程中的偏差，分析原因，有的放矢，对症下药，纠正偏差。

(八) 电子信息技术控制

电子信息技术控制要求单位运用电子信息技术手段建立内部会计控制系统,减少和消除人为操纵因素,确保内部会计控制的有效实施;同时要加强对财务会计电子信息系统的开发与维护、数据输入与输出、文件储存与保管和网络安全等方面的控制。其具体内容包括以下几方面。

1. 运用电子信息技术手段

充分运用电子信息技术手段来控制单位的经济活动,变人工管理、人工控制为电子计算机和网络的管理和控制。

2. 对电子信息系统的控制

对电子信息系统的控制主要包括组织控制、系统开发与维护控制、系统安全控制和应用控制。

六、实施单位内部会计控制需要注意的几个问题

(一) 制定的内部会计控制制度切忌过于简单、笼统、操作性不强

内部会计控制制度的制定是单位内部会计控制系统运行的起点和基础,单位应根据有关内部会计控制规范的要求,结合本单位实际,加以充实和具体化,形成本单位行之有效的内部会计控制制度体系。运用系统论的原理,内部会计控制制度的设计要充分考虑整体结构的合理安排,针对单位内部不同的管理层次,经济活动的不同阶段,按照具体的经济业务,配合相应的内部会计控制方法进行设计,使之具有很强的操作性,便于理解和执行。

(二) 必须十分重视内部会计控制制度的执行、检查以及分析、纠正偏差的工作

单位内部会计控制是一个系统,系统运行的各个环节相辅相成,缺一不可。如果只注重内部会计控制制度的文字编写,而忽略制度的执行、检查以及分析、纠正偏差的工作,那么再好的制度也会成为一纸空文。

(三) 注意内部会计控制内容和方法之间的内在联系

针对不同单位,不同经济活动的特点,控制的具体方法应有所不同。在选择内部会计控制方法时,应当注意内部会计控制内容和方法之间的内在联系。有的放矢,注重实效。堵塞漏洞,消除隐患,保护财产安全,防止舞弊行为,促进经济活动健康发展。

(四) 以人为本的管理原则是加强内部会计控制的根本

单位内部会计控制应当建立在共同的伦理道德规范的基础上,形成真正意义上的团队精神。只有当每一个员工目标明确,观念趋同,内部会计控制才更有实效。伦理道德具有极高的价值,我们常常讲企业文化,企业文化是一个企业在长期

经营实践中所凝结起来的一种文化氛围、企业价值观、企业精神、经营境界和广大员工所认同的道德规范和行为方式,良好的企业文化氛围能为内部会计控制制度的执行创造良好的人文环境。

充分体现以人为本的思想,强调沟通和感情的交流,消除管理者和被管理者之间的隔膜,这才更有利于企业形成强有力的群体,调动每一个人的积极性。在良好的环境下,企业的每一个员工都能按照规范和目标行事,发挥自己的潜力,维护企业的利益,努力实现企业的目标。整体和谐,动态优化,达到内部控制"无为而治"的最高境界。

(五) 单位内部会计控制制度应根据客观情况的变化,适时调整,与时俱进

我们应以动态的、可变的思维去研究内部会计控制环境,用动态的方法去分析影响内部会计控制的有关诸因素,以便根据客观情况的变化,对内部会计控制制度适时进行调整,与时俱进,确保内部会计控制系统伴随着企业的持续经营和发展发挥其重要作用。

第三节 会 计 检 查

会计检查是根据国家法律法规等有关规定,对会计凭证、账簿和财务报表等会计资料及其反映出来的经济活动的合法性、合理性、真实性和可靠性所进行的检查。

一、会计检查的意义和种类

在会计工作中,会计核算提供了反映单位经济活动情况的详细资料,在此基础上,通过会计分析,了解了预算完成或未完成的原因,并提出改进的措施和建议;通过会计控制,尽力保证经济活动实现预期的目标。但是,单位经济活动是否符合国家的法律法规,各项财务收支是否合理,会计核算和会计分析所提供的资料是否真实可靠,内部会计控制制度是否健全有效,这些还必须借助于会计检查方法来实施监督。

(一) 会计检查的意义

会计检查是会计工作不可缺少的内容,它对于充分发挥会计的作用,履行会计监督职能,完成会计的任务,具有十分重要的意义。

1. 有利于维护财经纪律,保护单位各项资产的安全与完整

通过会计检查,可以查明单位的经济活动和财务收支是否符合国家法律法规的有关规定以及单位预算管理的要求,维护财经纪律,制止违法经济活动和铺张浪费行为,促进增产节约、增收节支,保护各项资产的安全与完整,资金筹集、使用和分配的合理有效。

2. 有利于保证单位的会计资料真实可靠

通过会计检查，可以查明单位会计凭证、账簿和财务报表等会计资料是否与经济活动的实际情况相符，如果发现差错，应立即加以纠正，以保证会计资料的真实性和可靠性，使财务会计报告使用者能够掌握真实情况，以便作出正确决策。

3. 有利于确保单位内部会计控制制度健全有效

通过会计检查，可以对单位的内部会计控制制度进行比较全面的检查。单位接受社会中介机构或相关专业人员对单位内部会计控制制度的建立健全及有效实施进行评价，以便发现单位内部控制的重大缺陷或薄弱环节，总结经验教训，加以改进，有利于各单位内部会计控制制度的健全和完善。确保单位内部会计控制的有效实施。

4. 有利于强化会计监督职能，规范会计行为

会计检查是会计监督职能发挥作用的具体体现。通过会计检查，查错防弊，强化会计监督职能，规范会计行为，明确经济责任，这对规范会计工作秩序，提高单位管理水平具有重要作用，以促使单位会计工作走上法制化、制度化和规范化的轨道。

（二）会计检查的种类

会计检查可以按照不同的标志进行分类，主要有以下几种。

1. 按照会计检查范围的不同，可以分为全面检查和专题检查

全面检查是指对单位经济活动的总体情况以及全部会计资料所进行的检查。如单位撤销、合并、改组时进行的检查等。

专题检查是指根据检查的目的或管理的需要，对某一重要问题或专门问题或部分财产物资以及部分会计资料所进行的重点和深入的检查。

2. 按照会计检查时间的不同，可以分为定期检查和不定期检查

定期检查在时间上比较固定，主要是指月末、季末、半年末和年末进行的会计检查。如财产清查盘点、检查核对账目、审查财务报表等。

不定期检查又称临时检查，它没有固定的时间，是根据某种特定的需要或所发生的特定问题随时进行的检查，如更换出纳人员或财产物资保管人员时进行的检查、财产物资发生意外事故时进行的检查等。

3. 按照会计检查内容的不同，可以分为会计资料检查、财产检查和财经法纪检查

会计资料检查也称账面检查，主要包括对会计凭证、会计账簿和财务报表的检查。

财产检查也称财产清查，主要包括对货币资金、债权债务以及各项实物等资产的检查。

财经法纪检查是指以国家法律法规、制度和财经纪律的遵守情况为内容的

检查。

4. 按照会计检查主体的不同,可以分为内部检查和外部检查

内部检查主要是指本单位会计机构和会计人员、内部审计机构和审计人员等对本单位的会计工作和会计资料及其所反映的经济活动进行的检查。

外部检查主要是指社会中介机构和政府有关部门对有关单位的会计工作和会计资料及其所反映的经济活动进行的检查。

以上各种会计检查既有区别,又有联系,在实际工作中应当相互结合起来加以运用,以充分发挥会计检查的监督作用。

二、会计检查的程序

会计检查的程序一般可以分为以下三个阶段。

(一) 准备阶段

实施会计检查,要做好充分的准备工作。要求配备合适的检查人员,检查人员应当具有足够、适当的经验和能力以及必要的权限,以履行其责任。要了解检查对象的大体情况以及有关背景材料,取得检查所需要的各种直接或间接的资料。要备好检查所需要的各种用品用具,并熟悉和查阅有关的法律法规、政策和制度等。要针对每一个检查项目的具体情况,制定出科学合理的检查方案,在对检查对象和内容进行深入研究之后,对检查的范围、重点、程序、方法、人员分工和工作进度等作出详细的规划,以便于检查工作的正常开展。

(二) 检查阶段

进入检查阶段,要运用适当的检查方法对被检查项目从合法性、合理性、真实性和准确性等方面进行检查。它要求深入实际,调查研究,寻找存在问题以及其相关证据,并作出详细的检查记录。一般的检查记录包括:检查目的、检查内容、检查范围、检查程序、检查重点、检查时间、检查中发现的问题和检查人员等。

(三) 报告阶段

在报告阶段,主要是对检查阶段发现的问题进行归纳和总结,然后进行客观公正的评价,作出检查结论。还应针对问题提出解决办法或改进工作的措施和建议。在会计检查中,需要编写查账报告,在编写查账报告时,要认真做好查账资料的整理、分类、汇总和分析等工作。查账报告一般应包括以下三个方面的内容。

1. 检查工作的概况

主要说明检查时间及地点、检查小组及成员、被检查单位、检查目的、检查内容、检查范围、检查程序和检查重点等。

2. 检查结果的详细情况

对检查中发现的各类问题,分别进行详细说明,并作出检查结论。陈述应做到

文字与数字相结合,事实与证据相结合,定性与定量相结合,现象与本质相结合。

3. 处理方法与建议

针对存在的不同性质问题,对症下药,提出妥善的处理意见和办法,并提出改进会计工作或管理工作的措施和建议。问题严重的,应按照国家有关法律法规的规定处理。

三、会计检查的内容

会计检查的内容是指基本的检查事项,一般来说,它是指各种会计资料及其所反映出来的经济活动。

(一) 检查经济活动是否符合国家有关法律法规和制度的规定

单位发生的每一笔交易或者事项的会计处理都会涉及有关法律法规的遵守与否。会计检查的重要内容之一,就是要检查会计资料及其所反映出来的经济活动的合法性。

(二) 检查单位预算的执行情况和结果

单位经济活动的情况如何,往往可以通过预算执行的结果表现出来。会计作为一种价值管理活动,必然要求会计检查对单位预算的执行情况和结果进行检查,以作出客观评价。

(三) 检查各项资产是否安全、完整

资产是资本赖以生存的自然形态,资产是对企业未来经济效益发挥作用的经济资源,实现资本的保值与增值,有赖于资产的安全、完整。所以,企业要定期或不定期地检查各项资产是否安全、完整。

我国《企业财务会计报告条例》明确规定:企业在编制年度财务会计报告前,应当按下列规定,全面清查资产,核实债务:

(1) 结算款项,包括应收款项、应付款项、应交税金等是否存在,与债务、债权单位的相应债务、债权金额是否一致。

(2) 原材料、在产品、自制半成品、库存商品等各项存货的实存数量与账面数量是否一致,是否有报废损失和积压物资等。

(3) 各项投资是否存在,投资收益是否按照国家统一的会计制度规定进行确认和计量。

(4) 房屋建筑物、机器设备、运输工具等各项固定资产的实存数量与账面数量是否一致。

(5) 在建工程的实际发生额与账面记录是否一致。

(6) 需要清查、核实的其他内容。

企业通过清查、核实,查明财产物资的实存数量与账面数量是否一致、各项结

算款项的拖欠情况及其原因、材料物资的实际储备情况、各项投资是否达到预期目的、固定资产的使用情况及其完好程度等。

（四）检查会计资料是否真实可靠

对会计资料进行检查，具体包括会计凭证检查、会计账簿检查和财务报表检查。

1. 会计凭证检查

主要是对原始凭证和记账凭证的检查。对原始凭证的检查，形式上主要检查原始凭证的格式是否标准，凭证要素是否完整，手续是否齐全，数量和金额是否正确，填写是否清楚、规范等；内容上主要检查经济业务是否合法、合理以及反映情况是否真实可靠等。对记账凭证的检查，主要检查记账凭证所反映的经济内容是否与原始凭证一致；检查所用账户、借贷方向及其金额是否正确；检查记账凭证上所列附件数与原始凭证张数是否一致等。

2. 会计账簿检查

主要包括：会计账簿记录与其登记所依据的凭证核对；总分类账与其所属各明细分类账以及有关日记账核对；账实核对；检查账簿记录是否合法、合理、真实和完整等。

3. 财务报表检查

主要包括：财务报表与其相关账簿记录核对；检查财务报表的种类是否齐全，项目是否完整，计算是否正确，内容是否真实可靠；检查财务会计报告的编制是否及时，有关人员的签章是否齐全等。

这里需要指出的是，会计检查并不是仅就会计凭证、账簿和财务报表本身进行检查，而是透过它们对会计核算所反映的经济活动过程和结果进行检查。

（五）检查单位内部会计控制制度的有效性

单位内部会计控制制度是会计检查的一项重要内容。中国注册会计师协会制定的《内部控制审核指导意见》（会协[2002]41号）明确规定："注册会计师接受委托，就被审核单位管理当局对特定日期与会计报表相关的内部控制有效性的认定进行审核，并发表审核意见。""按照本意见的要求，了解、测试和评价内部控制，出具审核报告，是注册会计师的责任。"在审核过程中，一旦发现单位内部控制的重大缺陷或薄弱环节，注册会计师就会提出改进意见，以帮助完善。

四、会计检查的方法

会计检查的方法是为一定的检查目的和任务服务的，是完成检查任务、达到检查目的的手段。检查的对象、目的和任务不同，所采用的会计检查方法也有所不同。财产清查的方法在前面第六章作了专门介绍，这里简要介绍账面检查的方法。

1. 账面检查的方法从检查的深度和广度看,有详查法和抽查法两种

(1) 详查法。所谓详查,是指对单位所有的会计凭证、账簿和财务报表等会计资料进行查阅和核对。

(2) 抽查法。所谓抽查,是指有选择地对单位部分会计凭证、账簿和财务报表等会计资料进行查阅和核对。

2. 账面检查的方法从检查的程序看,有顺查法和逆查法两种

(1) 顺查法。所谓顺查,就是按照账务处理程序的顺序,从检查会计凭证开始,以会计凭证核对账簿,再以账簿核对财务报表来进行检查。

(2) 逆查法。所谓逆查,就是按照与账务处理程序相反的方向,从检查财务报表开始,以财务报表核对账簿,再以账簿核对会计凭证来进行检查。

在实际工作中,除了将上述检查方法相互结合起来加以运用以外,还配合运用比较法、分析法、综合法、询证法和核对法等。

随着科学技术的进步以及现代管理理论和方法的发展,会计检查工作要引进现代管理理论,充分运用现代管理方法,积极加快计算机技术在会计检查工作中的应用,使检查方法更加科学、简捷、实用、有效。既保证会计检查质量,又努力提高工作效率。

五、充分发挥社会中介机构和政府有关部门在会计监督检查中的重要作用

如前所述,会计检查由内部检查和外部检查两个子系统组成。由于内部检查主要是站在本单位的立场上,当单位利益与国家利益和社会公众利益发生冲突时,有可能使损害国家利益和社会公众利益的会计行为得不到有效的制止。因此,社会中介机构和政府有关部门会计监督检查的有效开展,可以弥补单位内部会计检查存在的种种不足,有效地保证各单位经济活动依法有序地进行,保护国家和社会公众利益不受侵犯。

(一) 注册会计师审计

注册会计师是依法取得注册会计师证书并接受委托从事审计和会计咨询、会计服务业务的执业人员。会计师事务所是依法设立并承办注册会计师业务的机构。注册会计师执行业务,应当加入会计师事务所。注册会计师以独立的第三者的身份对委托人编制的会计报表或者其他资料进行检查验证,并出具客观公正的审计报告。

根据我国《注册会计师法》的规定,注册会计师执行审计业务,必须按照执业准则、规则确定的工作程序出具报告。审计报告是表达审计意见的书面文件,是审计工作的最终成果。注册会计师依法执行审计业务出具的报告,具有证明效力。

为了规范注册会计师职业道德行为，提高注册会计师职业道德水准，维护注册会计师职业形象，1997年1月1日，中国注册会计师协会发布了《中国注册会计师职业道德基本准则》，注册会计师应当恪守独立、客观、公正的原则。注册会计师执行审计或其他鉴证业务，应当保持形式上和实质上的独立。注册会计师执行业务时，应当实事求是，不为他人所左右，也不得因个人好恶影响分析、判断的客观性，应当正直、诚实，不偏不倚地对待有关利益各方。

按照着力完善我国注册会计师执业规范体系、实现与国际准则趋同的要求，中国注册会计师协会拟定了22项准则，并对26项准则进行了必要的修订和完善，已于2006年2月15日，由财政部发布了《中国注册会计师鉴证业务基本准则》等48项注册会计师执业准则(财会[2006]4号)，而后，在注册会计师执业准则框架下，又制定完成了《中国注册会计师执业准则指南》，已于2006年11月1日公布。该准则指南覆盖所有准则项目，是对注册会计师执业准则的细化、深化和具体化，为注册会计师正确理解和运用准则提供了可操作性的指导意见，与注册会计师执业准则共同构成了一个完整的注册会计师执业规范体系，自2007年1月1日起在境内所有会计师事务所施行。注册会计师执业规范体系的发布和实施，为规范注册会计师执业行为提供了科学的标准体系和全方位的指导，满足了新形势下注册会计师的执业需求，突出了维护公众利益的行业宗旨，增强了执业准则的易理解性和可操作性，实现了历史性突破。这为进一步强化监管工作提供了有力支持，有利于改进会计师事务所审计质量控制，提升注册会计师行业社会公信力，有利于促进资本市场健康稳定发展，维护经济秩序和社会公众利益。

我国《会计法》明确规定："有关法律、行政法规规定，须经注册会计师进行审计的单位，应当向受委托的会计事务所如实提供会计凭证、会计账簿、财务会计报告和其他会计资料以及有关情况。任何单位或个人不得以任何方式要求或者示意注册会计师及其所在的会计师事务所出具不实或者不当的审计报告。"

这里特别强调了委托注册会计师审计的单位应如实提供会计资料和有关情况，不得干扰注册会计师独立开展审计业务。注册会计师开展审计业务，要求其必须按照法定规则和职业判断作出客观、公正的审计结论，不受外界的干扰和左右，外界也不应违法干预注册会计师的审计业务。只有确保注册会计师客观公正地行使职权，才能保证审计报告的真实性和恰当性，才能充分发挥注册会计师在社会监督中的重要作用。

(二) 政府部门会计监督检查的职责分工

我国《会计法》明确规定："财政、审计、税务、人民银行、证券监管、保险监管等部门应当依照有关法律、行政法规规定的职责，对有关单位的会计资料实施监督检查。"

1. 财政部门的监督检查

财政部门是各单位会计工作的监督检查部门。根据《财政部门实施会计监督办法》的规定，财政部门会计监督检查的内容如下：

(1) 财政部门依法对各单位设置会计账簿的下列情况实施监督检查：① 应当设置会计账簿的是否按规定设置会计账簿；② 是否存在账外设账的行为；③ 是否存在伪造、变造会计账簿的行为；④ 设置会计账簿是否存在其他违反法律、行政法规和国家统一的会计制度的行为。

(2) 财政部门依法对各单位会计凭证、会计账簿、财务会计报告和其他会计资料的真实性、完整性实施监督检查，内容包括：①《会计法》第十条规定的应当办理会计手续、进行会计核算的经济业务事项是否如实在会计凭证、会计账簿、财务会计报告和其他会计资料上反映；② 填制的会计凭证、登记的会计账簿、编制的财务会计报告与实际发生的经济业务事项是否相符；③ 财务会计报告的内容是否符合有关法律、行政法规和国家统一的会计制度的规定；④ 其他会计资料是否真实、完整。

(3) 财政部门依法对各单位会计核算的下列情况实施监督检查：① 采用会计年度、使用记账本位币和会计记录文字是否符合法律、行政法规和国家统一的会计制度的规定；② 填制或者取得原始凭证、编制记账凭证、登记会计账簿是否符合法律、行政法规和国家统一的会计制度的规定；③ 财务会计报告的编制程序、报送对象和报送期限是否符合法律、行政法规和国家统一的会计制度的规定；④ 会计处理方法的采用和变更是否符合法律、行政法规和国家统一的会计制度的规定；⑤ 使用的会计软件及其生成的会计资料是否符合法律、行政法规和国家统一的会计制度的规定；⑥ 是否按照法律、行政法规和国家统一的会计制度的规定建立并实施内部会计监督制度；⑦ 会计核算是否有其他违法会计行为。

(4) 财政部门依法对各单位会计档案的建立、保管和销毁是否符合法律、行政法规和国家统一的会计制度的规定实施监督检查。

(5) 财政部门依法对公司、企业执行《会计法》第 25 条和第 26 条的情况实施监督检查。

(6) 财政部门依法对各单位任用会计人员的下列情况实施监督检查：① 从事会计工作的人员是否持有会计从业资格证书；② 会计机构负责人(会计主管人员)是否具备法律、行政法规和国家统一的会计制度规定的任职资格。

(7) 国务院财政部门及其派出机构和省、自治区、直辖市财政部门依法对会计师事务所出具的审计报告的程序和内容实施监督检查。

财政部门实施会计监督检查可以采用下列形式：

(1) 对单位遵守《会计法》、会计行政法规和国家统一的会计制度情况进行全面检查。

(2) 对单位会计基础工作、从事会计工作的人员持有会计从业资格证书、会计人员从业情况进行专项检查或者抽查。

(3) 对有检举线索或者在财政管理工作中发现有违法嫌疑的单位进行重点检查。

(4) 对经注册会计师审计的财务会计报告进行定期抽查。

(5) 对会计师事务所出具的审计报告进行抽查。

(6) 依法实施其他形式的会计监督检查。

财政部门实施会计监督检查，应当执行《财政检查工作规则》(财监字[1998] 223 号)和《财政部门实施会计监督办法》(财政部令[2001]第 10 号)规定的工作程序和要求，保证会计监督检查的工作质量。

2. 其他政府有关部门的监督检查

除了财政部门的监督检查之外，其他政府有关部门根据各自的职责范围依法对有关单位的会计资料实施的监督检查，具有专业性强、针对性强的特点，政府各有关部门的监督检查有效衔接，形成合力，共同发挥着重要作用。例如，我国《审计法》(中华人民共和国主席令[2006]第 48 号)规定，国家实行审计监督制度。国务院和县级以上地方人民政府设立审计机关。国务院各部门和地方各级人民政府及其各部门的财政收支，国有的金融机构和企业事业组织的财务收支，以及其他依照本法规定应当接受审计的财政收支、财务收支，依照本法规定，接受审计监督。审计机关进行审计时，有权检查被审计单位的会计凭证、会计账簿、财务会计报告和运用电子计算机管理财政收支、财务收支电子数据的系统，以及其他与财政收支、财务收支有关的资料和资产，被审计单位不得拒绝。又如，我国《税收征收管理法》(中华人民共和国主席令[2001]第 49 号)规定，税务机关有权检查纳税人的账簿、记账凭证、报表和有关资料，检查扣缴义务人代扣代缴、代收代缴税款账簿、记账凭证和有关资料。还有中国人民银行、国务院证券监督管理机构、国务院保险监督管理机构等对有关单位实施的监督检查。

除上述部门以外，还有一些监督管理部门具有对有关单位会计资料实施监督检查的职责，例如，依照《国务院稽察特派员条例》(国务院令[1998]第 246 号)的规定，稽察特派员有权对相关的国有重点大型企业的会计资料实施监督检查的职责。再如，我国《行政监察法实施条例》(国务院令[2004]第 419 号)规定，“监察机关为履行职责，有权要求被监察的部门和人员全面、如实地提供与监察事项有关的文件、资料、财务账目以及其他有关的材料。”

需要指出的是，财政部门实施的监督检查是面向各单位的，而审计、税务、人民银行、证券监管、保险监管等部门实施的监督检查并不是面向所有单位的，有关部门应当按照法律、行政法规的授权和部门的职责分工，对有关单位实施监督检查，不能超越范围和权限。实施国家监督的政府部门应对其监督行为负责，在对有关单位的会计资料依法实施监督检查后，应当出具检查结论。有关监督检查部门已经作出的检查结论能够满足其他监督检查部门履行本部门职责需要的，其他监督检查部门应当加以利用，避免重复查账，以提高监督检查部门的工作效率。

另外，监督检查部门实施监督检查，必须得到被监督检查单位的配合。各单位必须依照有关法律、行政法规的规定，接受有关监督检查部门依法实施的监督检查，如实提供会计凭证、会计账簿、财务会计报告和其他会计资料以及有关情况，不得拒绝、隐匿、谎报。

本章小结

会计分析是以会计核算资料为主要依据，采用专门的方法，对单位价值运动的情况和结果进行分析和评价，整理出有用的信息，供决策者使用的过程。

内部会计控制是指单位为了提高会计信息质量，保护资产的安全、完整，确保有关法律法规和规章制度的贯彻执行而制定和实施的一系列控制方法、措施和程序。

会计检查是根据国家法律法规等有关规定，对会计凭证、账簿和财务报表等会计资料及其反映出来的经济活动的合法性、合理性、真实性和可靠性所进行的检查。

本章重点阐明会计分析的要求、程序和方法，内部会计控制的目标、原则、内容和方法；简要介绍会计检查的内容和方法；强调必须充分发挥社会中介机构和政府有关部门在会计监督检查中的重要作用。

复习思考题

1. 什么是会计分析？简述会计分析的种类。
2. 常用的会计分析方法有哪些？结合实际说明其具体应用。
3. 什么是内部会计控制？内部会计控制的目标有哪些？
4. 简述内部会计控制的内容。
5. 内部会计控制的方法主要有哪些？结合实际说明其具体应用。
6. 什么是会计检查？简述会计检查的种类。
7. 简述会计检查的内容。
8. 会计检查的方法主要有哪些？结合实际说明其具体应用。

习 题

一、单项选择题

1. 会计人员办理交接手续,必须由监交人负责监交。其中,会计机构负责人办理交接手续,监交人是(　　)。
   A. 单位负责人　　B. 会计主管人员
   C. 财政部门领导　　D. 其他会计人员
2. 在我国企业效绩评价指标体系中,下列属于基本指标的是(　　)。
   A. 净资产收益率　　B. 3年销售平均增长率
   C. 成本费用利润率　　D. 技术投入比率
3. 在我国企业效绩评价指标体系中,下列属于修正指标的是(　　)。
   A. 存货周转率　　B. 流动资产周转率
   C. 已获利息倍数　　D. 总资产周转率
4. 企业一定时期主营业务收入净额同平均资产总额的比值称为(　　)。
   A. 总资产报酬率　　B. 总资产周转率
   C. 流动资产周转率　　D. 应收账款周转率
5. 企业一定时期的经营现金净流量同流动负债的比率称为(　　)。
   A. 现金流动负债比率　　B. 速动比率
   C. 盈余现金保障倍数　　D. 流动资产周转率
6. 单位撤销、合并、改组时进行的会计检查,属于(　　)。
   A. 全面检查和定期检查　　B. 专题检查和定期检查
   C. 全面检查和不定期检查　　D. 专题检查和不定期检查

二、多项选择题

1. 会计分析按照分析范围的不同,可以分为(　　)。
   A. 全面分析　　B. 专题分析
   C. 书面分析　　D. 现场分析
2. 企业内部会计控制应当达到的基本目标有(　　)。
   A. 规范单位会计行为,保证会计资料真实、完整
   B. 向财务会计报告使用者提供与企业财务状况、经营成果和现金流量等有关的会计信息
   C. 堵塞漏洞,消除隐患,防止并及时发现、纠正错误及舞弊行为,保护单位

资产的安全、完整

D. 确保国家有关法律法规和单位内部规章制度的贯彻执行

3. 财政部门依法对各单位设置会计账簿实施监督检查的情况有(　　)。

A. 应当设置会计账簿的是否按规定设置会计账簿

B. 是否存在账外设账的行为

C. 是否存在伪造、变造会计账簿的行为

D. 设置会计账簿是否存在其他违反法律、行政法规和国家统一的会计制度的行为

4. 账面检查的方法从检查的程序看,有(　　)。

A. 顺查法　　B. 逆查法

C. 详查法　　D. 抽查法

5. 下列各项中,出纳人员不得兼任的工作有(　　)。

A. 稽核　　B. 会计档案保管

C. 收入、支出、费用账目的登记工作

D. 债权债务账目的登记工作

6. 下列各项中,属于内部会计控制内容的有(　　)。

A. 对外投资　　B. 工程项目

C. 筹资　　D. 成本费用

7. 下列各项中,属于内部会计控制方法的有(　　)。

A. 不相容职务相互分离控制　　B. 授权批准控制

C. 财产保全控制　　D. 内部报告控制

8. 我国企业效绩评价指标体系的组成内容包括(　　)。

A. 8 项基本指标　　B. 12 项修正指标

C. 8 项评议指标　　D. 8 项比率指标

9. 依照有关法律、行政法规规定的职责,对有关单位的会计资料实施监督检查的政府部门有(　　)。

A. 审计部门　　B. 税务部门

C. 会计师事务所　　D. 人民银行

10. 下列各项中,属于不相容职务的有(　　)。

A. 授权批准　　B. 业务经办

C. 会计记录　　D. 财产保管

11. 在会计分析中,常用的定量分析方法主要有(　　)。

A. 比较分析法　　B. 结构分析法

C. 因素分析法　　D. 比率分析法

12. 下列各项中，属于实施财产保全控制的具体措施有（ ）。

A. 定期盘点　　B. 财产记录

C. 账实核对　　D. 财产保险

三、判断题

1. 内部会计控制应当约束单位内部涉及会计工作的所有人员，除单位负责人外，任何个人都不得拥有超越内部会计控制的权力。（ ）

2. 内部会计控制应当涵盖单位内部涉及会计工作的各项经济业务及相关岗位。并应针对业务处理过程中的关键控制点，落实到决策、执行、监督、反馈等各个环节。（ ）

3. 运用因素分析法，应按照各因素之间的相互关系合理排列各因素分析的顺序。一般来说，先分析质量因素变动的影响，后分析数量因素变动的影响。（ ）

4. 注册会计师是依法取得注册会计师证书并接受委托从事审计和会计咨询、会计服务业务的执业人员。（ ）

5. 审计机关进行审计时，有权检查被审计单位的会计凭证、会计账簿、财务会计报告和运用电子计算机管理财政收支、财务收支电子数据的系统，以及其他与财政收支、财务收支有关的资料和资产，被审计单位不得拒绝。（ ）

6. 已获利息倍数是企业一定时期税前利润总额与利息支出的比值。它充分反映了企业收益对偿付债务利息的保障程度和企业的债务偿还能力。（ ）

7. 注册会计师依法执行审计业务出具的报告，具有证明效力。（ ）

8. 一般会计人员办理交接手续，应当由单位负责人监交。（ ）

9. 资本保值增值率是指企业本年末所有者权益同年初所有者权益的比率。（ ）

10. 税务机关有权检查纳税人的账簿、记账凭证、报表和有关资料，检查扣缴义务人代扣代缴、代收代缴税款账簿、记账凭证和有关资料。（ ）

第十章　会计工作的组织与管理

本章结构图

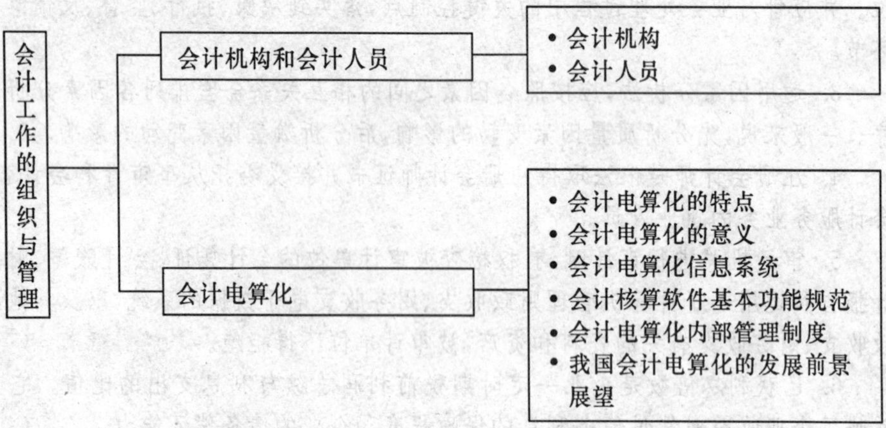

本章学习目标

- 了解会计机构的设置
- 了解委托中介机构代理记账的有关规定
- 熟悉会计从业资格管理的有关规定
- 掌握会计职业道德规范的主要内容
- 熟悉会计人员继续教育的有关规定
- 了解会计电算化信息系统对会计管理的影响
- 熟悉会计电算化内部管理制度
- 了解我国会计电算化的发展前景

我国《会计法》规定："国务院财政部门主管全国的会计工作。县级以上地方人民政府的财政部门管理本行政区域内的会计工作。"这一规定明确了我国的会计工作管理体制。按照《会计法》的规定，财政部设有会计司，地方财政部门一般设有会计处、会计科等，这些机构都直接代表相应的各级财政部门，具体进行会计事务管理工作。

在财政部门的统一领导下，各单位应加强对会计工作的组织与管理，这对于提高会计工作的质量和效率，完成会计任务，发挥会计在经济管理中的重要作用，具有重要的意义。因此，各单位应从本单位的实际出发，合理设置会计机构，配备会计人员。有条件的单位，应尽快实现会计工作的电算化。加强会计工作的组织与管理，必须坚持以人为本的科学发展观，同时必须注重采用现代化技术手段。

第一节　会计机构和会计人员

会计机构是直接从事和组织领导会计工作的职能部门。建立和健全会计机构，配备与工作要求相适应的会计人员，是保证会计工作顺利进行，充分发挥会计职能作用的组织保证。我国《会计法》对会计机构和会计人员的职责权限作了明确规定："会计机构、会计人员依照本法规定进行会计核算，实行会计监督。任何单位或者个人不得以任何方式授意、指使、强令会计机构、会计人员伪造、变造会计凭证、会计账簿和其他会计资料，提供虚假财务会计报告。任何单位或者个人不得对依法履行职责、抵制违反本法规定行为的会计人员实行打击报复。"

一、会计机构

(一) 会计机构的设置

我国《会计法》规定:"各单位应当根据会计业务的需要,设置会计机构,或者在有关机构中设置会计人员并指定会计主管人员;不具备设置条件的,应当委托经批准设立从事会计代理记账业务的中介机构代理记账。"执行这一规定,基层单位会计机构的设置可以分为以下三种情形。

1. 单独设置会计机构

单位是否需要单独设置会计机构,往往取决于以下几个因素:一是单位规模的大小;二是经济业务和财务收支的繁简;三是经济管理的要求。对于规模较大、会计业务较多、需要专门设置会计机构并且具备设置条件的单位,应当设置会计机构,如财务处、财务科等。一般说来,从事生产经营活动的公司、企业都应当设置会计机构,专门办理会计事项。

按照我国《会计基础工作规范》的规定:各单位应当建立会计人员岗位责任制度、内部牵制制度和稽核制度。会计人员岗位责任制度的主要内容包括:会计人员的岗位设置,各会计工作岗位的职责和标准;各会计工作岗位的人员和具体分工;会计工作岗位轮换办法;对各会计工作岗位的考核办法。不同的单位,其会计机构内部对会计工作的组织分工因其业务繁简的不同、人员配备的差异而不尽相同。会计工作岗位一般可以分为:会计机构负责人或者会计主管人员、出纳、财产物资核算、工资核算、成本费用核算、财务成果核算、资金核算、往来核算、总账报表、稽核、档案管理等。会计工作岗位,可以一人一岗,一人多岗或者一岗多人,会计人员的工作岗位应当有计划地进行轮换。内部牵制制度的主要内容包括:内部牵制制度的原则,组织分工,出纳岗位的职责和限制条件,有关岗位的职责和权限。稽核制度的主要内容包括:稽核工作的组织形式和具体分工,稽核工作的职责、权限,审核会计凭证和复核会计账簿、财务报表的方法。

2. 在有关机构中设置会计人员并指定会计主管人员

对于一些规模较小、会计业务较为简单、管理上不需要单独设置会计机构的单位,一般应当在本单位的有关机构中设置会计人员,并指定会计主管人员,以保证本单位的会计工作依法正常开展。例如,一些会计业务简单的机关、团体,在办公室、行政科等机构中设置会计人员,并指定会计主管人员。

3. 委托中介机构代理记账

我国《代理记账管理办法》明确规定:"依法应当设置会计账簿但不具备设置会计机构或会计人员条件的单位,应当委托代理记账机构办理会计业务。"

设立代理记账机构,除国家法律、行政法规另有规定外,应当符合下列条件:

① 3名以上持有会计从业资格证书的专职从业人员；② 主管代理记账业务的负责人具有会计师以上专业技术职务资格；③ 有固定的办公场所；④ 有健全的代理记账业务规范和财务会计管理制度。

委托代理记账的委托人应当履行下列义务：① 对本单位发生的经济业务事项，应当填制或者取得符合国家统一的会计制度规定的原始凭证；② 应当配备专人负责日常货币收支和保管；③ 及时向代理记账机构提供真实、完整的原始凭证和其他相关资料；④ 对于代理记账机构退回的要求按照国家统一的会计制度规定进行更正、补充的原始凭证，应当及时予以更正、补充。

代理记账机构可以接受委托，受托办理委托人的下列业务：① 根据委托人提供的原始凭证和其他资料，按照国家统一的会计制度的规定进行会计核算，包括审核原始凭证、填制记账凭证、登记会计账簿、编制财务会计报告等；② 对外提供财务会计报告；③ 向税务机关提供税务资料；④ 委托人委托的其他会计业务。

由此可见，代理记账能够帮助不具备设置会计机构或会计人员条件的单位进行会计核算，提供会计信息，这对维护会计工作秩序，加强会计管理和税收征管工作都有积极的意义。

（二）会计工作的组织形式

会计机构所承担的具体工作范围取决于会计工作的组织形式。会计工作的组织形式，一般分为集中核算和非集中核算。

集中核算是把会计核算工作主要集中在会计机构进行的一种组织核算形式。实行集中核算，可以减少核算层次，节省核算费用，提高工作效率，但不便于单位内部各有关部门及时利用核算资料，进行日常考核和分析。非集中核算是单位内部各有关部门所发生的经济业务，由各该部门进行较全面的核算，对于一些不宜分散进行的会计核算工作仍由会计机构负责。实行非集中核算，便于单位内部各有关部门及时利用核算资料进行日常的考核和分析，但会相应增加核算层次和手续。

实行集中核算，还是实行非集中核算，主要取决于管理的需要。应根据单位的规模、生产组织和业务性质的特点，从有利于加强经济管理，提高经济效益的角度来考虑决定。需要注意的是，无论采用哪种形式，对外的现金往来，物资供销、债权债务的结算等以及财务会计报告的编报都应统一由会计机构负责办理。在实行非集中核算的情况下，会计机构还必须派专人对内部核算单位的工作加强督促和指导。

二、会计人员

会计人员是从事会计工作的专业技术人员。按照会计专业职务不同，有会计员、助理会计师、会计师、高级会计师。会计员、助理会计师为初级职务，会计师为中级职务，高级会计师为高级职务。人的因素是第一位的。会计作用的发挥有赖于会计人员的素质。显然，会计人员的选聘、任用、教育和培训非常重要。

（一）会计人员从业资格的有关规定

我国《会计法》规定："从事会计工作的人员，必须取得会计从业资格证书。"

为了加强会计从业资格管理，规范会计人员行为，财政部于 2000 年 5 月 8 日发布了《会计从业资格管理办法》（财会[2000]5 号），2005 年 1 月 22 日，财政部又发布了新的《会计从业资格管理办法》（财政部令[2005]第 26 号），从 2005 年 3 月 1 日起开始施行。新办法明确规定，在国家机关、社会团体、公司、企业、事业单位和其他组织从事下列会计工作的人员必须取得会计从业资格：会计机构负责人（会计主管人员）；出纳；稽核；资本、基金核算；收入、支出、债权债务核算；工资、成本费用、财务成果核算；财产物资的收发、增减核算；总账；财务会计报告编制；会计机构内会计档案管理。

各单位不得任用（聘用）不具备会计从业资格的人员从事会计工作。县级以上地方人民政府财政部门负责本行政区域内的会计从业资格管理。

1. 会计从业资格的取得实行考试制度

国家实行会计从业资格考试制度。申请参加会计从业资格考试的人员，应当符合下列基本条件：

(1) 遵守会计和其他财经法律法规。

(2) 具备良好的道德品质。

(3) 具备会计专业基础知识和技能。

因有《会计法》第 42 条、第 43 条、第 44 条所列违法情形，被依法吊销会计从业资格证书的人员，自被吊销之日起 5 年内（含 5 年）不得参加会计从业资格考试，不得重新取得会计从业资格证书。

因有提供虚假财务会计报告，做假账，隐匿或者故意销毁会计凭证、会计账簿、财务会计报告，贪污、挪用公款，职务侵占等与会计职务有关的违法行为，被依法追究刑事责任的人员，不得参加会计从业资格考试，不得取得或者重新取得会计从业资格证书。

会计从业资格考试科目为：财经法规与会计职业道德、会计基础、初级会计电算化（或者珠算五级）。会计从业资格考试大纲由财政部统一制定并公布。

申请人符合上述基本条件且具备国家教育行政主管部门认可的中专以上（含中专）会计类专业学历（或学位）的，自毕业之日起 2 年内（含 2 年），免试会计基础、初级会计电算化（或者珠算五级）。新办法明确规定，会计类专业包括：会计学、会计电算化、注册会计师专门化、审计学、财务管理和理财学。

2. 对会计从业资格证书实行注册登记制度

会计从业资格考试全科合格的申请人，可以向会计从业资格管理机构申请会计从业资格证书。

申请取得会计从业资格的人员符合条件经审查合格的，会计从业资格管理机构作出准予颁发会计从业资格证书的决定，应当自作出决定之日起10日内向申请人颁发会计从业资格证书。会计从业资格证书是具备会计从业资格的证明文件，在全国范围内有效。持有会计从业资格证书的人员不得涂改、转让会计从业资格证书。

持证人员从事会计工作，应当自从事会计工作之日起90日内，填写注册登记表，并持会计从业资格证书和所在单位出具的从事会计工作的证明，向单位所在地或所属部门、系统的会计从业资格管理机构办理注册登记。持证人员离开会计工作岗位超过6个月的，应当填写注册登记表，并持会计从业资格证书，向原注册登记的会计从业资格管理机构备案。

持证人员在同一会计从业资格管理机构管辖范围内调转工作单位，且继续从事会计工作的，应当自离开原工作单位之日起90日内，填写调转登记表，持会计从业资格证书及调入单位开具的从事会计工作的证明，办理调转登记。

持证人员在不同会计从业资格管理机构管辖范围调转工作单位，且继续从事会计工作的，应当填写调转登记表，持会计从业资格证书，及时向原注册登记的会计从业资格管理机构办理调出手续；并自办理调出手续之日起90日内，持会计从业资格证书、调转登记表和调入单位开具的从事会计工作证明，向调入单位所在地区的会计从业资格管理机构办理调入手续。

会计从业资格管理机构应当建立持证人员从业档案信息系统，及时记载、更新持证人员下列信息：

(1) 持证人员相关基础信息和注册、变更、调转登记情况。

(2) 持证人员从事会计工作情况。

(3) 持证人员接受继续教育情况。

(4) 持证人员受到表彰奖励情况。

(5) 持证人员因违反会计法律、法规、规章和会计职业道德被处罚情况。

持证人员的学历或学位、会计专业技术职务资格以及上述第(1)至第(5)项内容发生变更的，可以持相关有效证明和会计从业资格证书，向所属会计从业资格管理机构办理从业档案信息变更。

3. 监督检查制度

会计从业资格管理机构应当对下列情况实施监督检查：

(1) 从事会计工作的人员持有会计从业资格证书并注册登记情况。

(2) 持证人员从事会计工作和执行国家统一的会计制度情况。

(3) 持证人员遵守会计职业道德情况。

(4) 持证人员接受继续教育情况。

会计从业资格管理机构在实施监督检查时，持证人员应当如实提供有关情况和材料，各有关单位应当予以配合。

(二) 会计机构负责人任职资格的有关规定

我国《会计法》规定："担任单位会计机构负责人(会计主管人员)的，除取得会计从业资格证书外，还应当具备会计师以上专业技术职务资格或者从事会计工作三年以上经历。"

会计机构负责人(会计主管人员)是在一个单位内具体负责会计工作的中层领导人员，其工作水平的高低、质量的好坏，直接关系到单位会计工作的水平和质量。可以说，会计机构负责人(会计主管人员)任用是否得当，对能否保证国家的财经法律法规和制度在一个单位得到贯彻执行关系重大，对能否切实维护投资者、债权人的合法权益关系重大。基于以上认识，对会计机构负责人(会计主管人员)的任职资格，必然要提出比一般会计人员更为严格的要求。因此《会计法》对此作了特别规定。

会计机构负责人(会计主管人员)应严格遵守职业道德规范，不断提高业务素质，增强组织协调能力，使自己能够切实承担起组织本单位日常会计核算和会计监督的重要职责。

(三) 总会计师的地位和任职条件

我国《会计法》规定："国有的和国有资产占控股地位或者主导地位的大、中型企业必须设置总会计师。"

随着我国社会主义市场经济的发展和国有企业改革的深化，国有企业尤其是国有大、中型企业组织形式不断发展变化，在发挥国有经济活力和优化资源配置的前提下，通过改组、改制和改造，有的成为国有独资企业，有的成为国有控股公司，国有企业的组织结构日趋完善，在我国国民经济中的控制力、影响力日益增强。国家作为国有企业的投资者，为了有效行使所有者的权利，必须依法加强对国有企业的管理。实践证明，建立健全总会计师制度，对完善法人治理结构，发挥会计职能作用。保护所有者权益，具有明显效果。

当然，《会计法》规定国有大、中型企业必须设置总会计师，并没有限制其他单位设置总会计师的范围。其他单位完全可以根据业务需要，视情况自行决定是否设置总会计师。从实际情况看，许多外商投资企业、民营企业等也都设有总会计师。

1. 总会计师的地位

我国《总会计师条例》规定："总会计师是单位行政领导成员，协助单位主要行政领导人工作，直接对单位主要行政领导人负责。”

2. 总会计师的任职条件

按照《总会计师条例》的规定，总会计师必须具备下列条件：

(1) 坚持社会主义方向，积极为社会主义建设和改革开放服务。

(2) 坚持原则、廉洁奉公。

(3) 取得会计师专业技术资格后，主管一个单位或者单位内一个重要方面的财务会计工作时间不少于3年。

(4) 有较高的理论政策水平，熟悉国家财经法律、法规、方针、政策和制度，掌握现代化管理的有关知识。

(5) 具备本行业的基本业务知识，熟悉行业情况，有较强的组织领导能力。

(6) 身体健康、能胜任本职工作。

(四) 会计职业道德

会计职业道德是会计人员职业品德、职业纪律、专业胜任能力及职业责任等的总称。会计职业道德规范是人们在从事会计职业活动中应遵循的道德规范和行为准则。

为了贯彻江泽民同志提出的依法治国与以德治国相结合的重要思想，落实朱镕基同志对会计工作提出的“诚信为本，操守为重，坚持准则，不做假账”的要求，加强会计职业道德建设，在全社会营造会计诚信的氛围，财政部于2003年3月5日发布了《关于开展会计职业道德宣传教育工作的通知》(财会[2003]5号)，要求各级财政部门会计管理机构和中央会计从业资格管理部门要充分认识新形势下加强会计职业道德建设的重要意义，把会计职业道德建设作为新时期会计管理工作的一项十分重要的内容，真正担当起组织和推动本地区、本部门会计职业道德建设的重任。要在全社会营造“爱岗敬业、诚实守信、廉洁自律、客观公正、坚持准则、提高技能、参与管理、强化服务”等会计职业道德意识和观念，树立良好的会计职业道德风尚，提高会计职业道德水平。

1. 爱岗敬业

爱岗，会计人员应充分认识会计工作在整个经济和社会事业发展过程中的重要作用，热爱本职工作。

敬业，会计人员要有敬业精神。敬业反映了一个人的事业心、责任感，一种对工作的投入程度。

热爱会计事业，热爱会计工作，才会具有强烈的事业心和责任感以及高度负责的精神。一个人能力有大小，水平有高低，但只要全身心投入，至少可以发挥自己的最大潜能、最高水平。

爱岗敬业是会计人员做好会计工作的首要前提。

2. 诚实守信

市场经济是信用经济。信用的确立是经济发展的一项前提，而会计以其特殊的功能在市场经济信用的确立中有着举足轻重的作用。诚实守信即诚信，它表达了会计人员对社会的一种基本承诺，也就是说，客观公正地把现实经济活动反映出来，并忠实地为会计信息使用者服务。

坚持诚信，表现在办理经济业务时，能够实事求是，如实反映经济活动，提供真实、完整的会计信息；表现在处理财务关系时，能够客观公正，恪守信用，自觉维护投资者和债权人的权益，维护国家利益、社会利益和职工利益，维护协作者和消费者的权益。坚持诚信，意味着会计人员能够忠实地履行自己对社会的一份责任。

从更高的层次来理解，诚信不仅仅是一种道德要求，而且是市场经济的基本游戏规则，没有诚信就谈不上伦理道德，没有诚信就没有公平、公正，没有诚信就没有秩序。从根本上说，诚信是社会经济文化不断走向文明的内在要求，没有诚信，就不会有人类的文明进步。

诚实守信是会计人员最基本的职业道德。

3. 廉洁自律

廉洁，是指廉洁奉公。在日常工作中，会计人员直接和钱财打交道，要清正廉明、依法办事、不徇私情、坚持原则、奉公守法。

自律，是指自我约束。会计人员要树立正确的人生观和价值观，自觉抵制享乐主义、个人主义，摒弃金钱至上、金钱万能的错误思想，自觉把好财务收支的关口，阻止损公肥私、挥霍浪费、侵吞钱财、中饱私囊行为的发生。

严于律己，提高自我约束能力，才能做到廉洁奉公，遵纪守法。廉洁自律是会计人员道德品质和高尚情操的重要标志。

4. 客观公正

客观，要求会计人员应当实事求是，如实反映发生的交易和事项，提供真实可靠的会计信息，不掺杂个人的主观意愿，也不为他人意见所左右。

公正，就是公平正直。在市场经济条件下，存在着利益主体多元化的趋势，会计人员往往处在多元利益主体的中心。要求会计人员在理财过程中，正确处理国家、集体和个人三者之间的关系，维护投资者、债权人的合法权益。

国际会计师联合会(IFAC)发布的《职业会计师职业道德守则》认为："公正性指公平和真实，而不仅仅指诚实。客观性原则使得职业会计师有责任做到公平、理智、诚实和超脱于利益冲突。"

客观公正，要求会计人员核算要真实、监督要严格。对成本计算、财产计价、收益确认、费用分配等所采用的会计处理方法要合规、合法、合理。所有账目数字都必须内容真实、准确，符合客观实际，绝不能弄虚作假。

客观公正是会计职业道德的灵魂。

5. 坚持准则

高质量的会计准则还需要相应的支撑系统配套,才会产生高质量的会计信息。这个支撑系统包括了各种因素,如:高质量的审计准则、独立公正的注册会计师、有效的监管机制、合理的公司治理结构,还有普遍存在的有关诚信的人文精神。

坚持准则,要求会计人员在会计工作中,以准则作为自己的行动指南。首先要熟悉准则,不熟悉,不掌握,就容易出错。要严格按照准则的规定处理经济业务,依法办事。

6. 提高技能

会计职业技能是指会计人员必须具备的知识和经验,以及应用这些知识和经验处理会计具体问题的能力。会计工作政策性强,涉及面广,技术要求高。提高技能,关键要在以下三个方面下工夫:

一是注重知识更新。随着科学技术突飞猛进,现代社会全面进步,知识更新的速度大大加快。这些年来,我国会计改革与时俱进,例如,新企业会计准则体系的发布和实施,对会计人员的知识更新提出了很高的要求。如果会计人员不注重知识更新,则会感到本领恐慌,无法胜任会计工作了。

二是不断拓宽知识面。要做好会计工作,仅注重本专业知识的学习是远远不够的。要熟悉国家的法律法规、方针政策和制度,要懂政治经济学、经济管理、涉外经济、计算机技术和外语,还要熟悉本单位的生产经营活动流程和业务管理情况等。

三是在实践中增长才干。会计人员的职业技能包括的内容很丰富,除要求会计人员具备会计专业知识和其他相关知识以及从事日常会计核算和财务管理的能力以外,还要求会计人员具备组织协调能力、职业判断能力、参与决策能力和创新能力等,会计人员应重视在实践中不断积累知识和经验,使自己能胜任本职工作。

7. 参与管理

会计的本质是一种管理活动。参与管理就是要求会计人员充分利用掌握的会计信息参与预测、决策、分析和控制,生财有方,聚财有路,用财有道,为改善经济管理,提高经济效益服务。

8. 强化服务

会计职业是社会服务体系中的一个重要窗口。会计职业作为市场经济活动中的一项重要职业,其服务质量如何,直接影响着经营者、投资人和社会公众的利益,进而影响整个社会经济秩序。

强化服务,要求会计人员树立浓厚的服务意识,不断提高服务水平,服务质量和服务效率，维护会计职业的声誉，努力提升会计职业的良好社会形象。

我国《会计法》规定："对认真执行本法、忠于职守、坚持原则、做出显著成绩的会计人员，给予精神的或者物质的奖励。"因此，应将实行会计人员表彰制度与会计职业道德激励机制结合起来，对于那些自觉遵守会计职业道德规范的优秀会计人员，应当给予精神的或者物质的奖励。

总之，加强会计职业道德建设是提高会计公信力的现实要求，有利于发挥会计工作在社会主义市场经济中的基础性作用。要积极开展会计职业道德建设，采取切实可行的措施和方法，把会计职业道德建设提高到一个新的水平。

（五）会计人员继续教育

我国《会计法》明确指出："会计人员应当遵守职业道德，提高业务素质。对会计人员的教育和培训工作应当加强。"要将会计人员的从业资格管理与对会计人员的教育和培训结合起来，不断提高会计人员的政治素质、业务能力、职业道德水平，使其知识和技能不断得到更新、补充、拓展和提高，以便更好地开展会计核算和会计监督工作，切实履行职责和行使权限。

会计人员享有参加继续教育的权利和接受继续教育的义务。会计人员继续教育的对象是取得并持有会计从业资格证书的人员。会计人员继续教育分为高级、中级、初级三个级别。高级会计人员继续教育的对象为取得或者受聘高级会计专业技术资格（职称）及具备相当水平的会计人员；中级会计人员继续教育的对象为取得或者受聘中级会计专业技术资格（职称）及具备相当水平的会计人员；初级会计人员继续教育的对象为取得或者受聘初级会计专业技术资格（职称）的会计人员，以及取得会计从业资格证书但未取得或者受聘初级会计专业技术资格（职称）的会计人员。

为了建立和完善与社会主义市场经济要求相适应的会计人员继续教育制度，规范会计人员继续教育工作，促进我国会计工作水平的提高，财政部于 1998 年 1 月 23 日发布了《会计人员继续教育暂行规定》（财会[1998]4 号），为推进会计人员继续教育科学化、制度化、规范化，培养造就高素质的会计队伍，提高会计人员专业胜任能力，2006 年 11 月 20 日，财政部又发布了《会计人员继续教育规定》（财会[2006]19 号），自 2007 年 1 月 1 日起施行。我国《会计人员继续教育规定》对会计人员继续教育的基本原则、继续教育的内容与形式、考核与检查等作了明确的规定。

1. 会计人员继续教育的基本原则

会计人员继续教育应当遵循下列基本原则：

(1) 以人为本，按需施教。把握会计行业发展趋势和会计人员从业基本要求，突出提升会计人员专业胜任能力，引导会计人员更新知识、拓展技能，提高解决实际问题的能力。

(2) 突出重点,提高能力。会计人员继续教育面向会计队伍,创造人人皆受教育、人人皆可成才的环境,全面提高会计人员整体素质。同时,突出高层次会计人才培养和提高综合能力培训,进一步改善会计队伍人才结构和知识结构。

(3) 加强指导,创新机制。在统筹规划的前提下,有效利用各方面教育资源,引导社会办学单位参与会计人才继续教育,并不断创新继续教育内容,改进继续教育方式,提高继续教育质量,逐步形成政府部门规划指导、社会办学单位积极参与、用人单位支持督促的会计人员继续教育新格局。

2. 会计人员继续教育的内容

会计人员继续教育的内容主要包括会计理论、政策法规、业务知识、技能训练和职业道德等。

(1) 会计理论继续教育,重点加强会计基础理论和应用理论的培训,提高会计人员用理论指导实践的能力。

(2) 政策法规继续教育,重点加强会计法规制度及其他相关法规制度的培训,提高会计人员依法理财的能力。

(3) 业务知识培训和技能训练,重点加强履行岗位职责所必备的专业知识和经营管理、内部控制、信息化等方面的培训,提高会计人员的实际工作能力和业务技能。

(4) 职业道德继续教育,重点加强会计职业道德的培训,提高会计人员职业道德水平。

3. 会计人员继续教育的形式

会计人员继续教育的形式以接受培训为主。在职自学是会计人员继续教育的重要补充。

(1) 接受培训。会计人员可以自愿选择参加继续教育主管部门认可的接受培训的形式:① 参加在继续教育主管部门备案并予以公布的会计人员继续教育机构组织的会计培训;② 参加继续教育主管部门组织的会计人员继续教育师资培训和会计培训;③ 参加会计人员所在单位组织的会计类脱产培训;④ 参加会计、审计、统计、经济专业技术资格考试,以及注册会计师、注册资产评估师、注册税务师考试;⑤ 继续教育主管部门认可的其他形式。

为了保证培训质量,从事会计人员继续教育工作的师资,应当具有良好的职业道德修养、较高的理论政策水平、扎实的专业知识基础,有一定的实际工作经验,掌握现代教育培训理论和方法,具备胜任教学、科研工作的能力。要加强会计人员继续教育教材建设,逐步形成会计人员继续教育教材体系,以适应不同级别会计人员继续教育的需要。

会计人员每年接受培训(面授)的时间累计不应少于 24 小时。会计人员由于病假、在境外工作、生育等原因,无法在当年完成接受培训时间的,可由本人提供合理证明,经归口管理的当地财政部门或中央主管单位(以下简称继续教育管理部门)审核确认后,其参加继续教育时间可以顺延至以后年度完成。

会计人员所在单位负责组织和督促本单位的会计人员参加继续教育。会计人员所在单位应当遵循教育、考核、使用相结合的原则,支持、督促并组织本单位会计人员参加继续教育,保证学习时间,提供必要的学习条件。

(2) 在职自学。鼓励会计人员参加在职自学。在职自学形式包括:① 参加普通院校或成人院校会计、审计、财务管理、理财学、会计电算化、注册会计师专门化、会计硕士专业学位(MPAcc)等国家承认的相关专业学历教育。② 独立完成通过地(市)级以上(含地、市级)财政部门或会计学术团体认可的会计类研究课题或在省级以上(含省级)经济类报刊上发表会计类论文。③ 系统地接受会计业务相关的远程教育和网上培训。④ 其他在职自学形式。

会计人员所在单位应当对会计人员在职自学提出要求,并提供必要的条件。

开展会计人员继续教育应当根据会计人员的特点,综合运用讲授式、研究式、案例式、模拟式、体验式等教学方法,增强培训效果。推广网络教育、远程教育、电化教育,提高会计人员继续教育教学和管理的信息化水平。

4. 考核与检查

对会计人员参加继续教育情况的考核与检查,其要求和做法是:

(1) 继续教育主管部门应当加强对会计人员参加继续教育情况的考核,并将考核结果作为评选先进会计工作者、颁发会计人员荣誉证书等的依据之一。对未按规定参加继续教育或者未完成接受培训时间的会计人员,继续教育主管部门应当督促其接受继续教育;对无正当理由仍不参加继续教育的,可采取适当方式向社会公布。

(2) 会计人员所在单位应当将会计人员参加继续教育情况作为会计人员任职、晋升的依据之一。

(3) 会计人员继续教育实行登记管理。会计人员按照要求接受培训,考核合格并取得相关证明后,应在 90 日内持《会计人员从业资格证书》及相关证明向继续教育主管部门办理继续教育事项登记。继续教育主管部门应当加强会计人员业务档案、诚信档案建设,如实记载会计人员接受继续教育情况。

总之,会计人员继续教育必须紧密结合经济社会发展和会计行业发展要求,统筹规划,分类指导,强化服务,注重质量,全面推进会计人才队伍建设,为经济社会和会计行业发展提供人才保证和智力支持。

第二节 会计电算化

会计电算化是以计算机为主的当代电子技术和信息技术应用到会计工作中，以计算机代替人工记账、算账以及替代部分由人脑完成的对会计信息的分析和判断的过程。会计电算化已发展成为一门融电子计算机科学、管理科学、信息科学、会计科学为一体的边缘科学，其主要任务是研究在会计工作中应用电子计算机的理论和实践问题，以提高会计管理的水平。在我国会计管理的实践中，会计电算化得到了发展与普及。它相对于手工处理会计信息方式有了长足的进步，它使得数据载体处理工具有了很大的变化，提高了工作效率，保证了信息处理的质量。会计电算化的广泛应用，为实现会计信息的高速传递提供了可靠保障，有利于增强决策有用性，提高管理效率和效益。

一、会计电算化的特点

会计电算化是计算机技术、信息技术和现代会计技术相结合的产物。从会计数据处理技术方面来看，会计电算化有以下特点。

（一）会计数据代码化

实行会计电算化，需要对各种会计数据统一编码。用统一编制的标准代码表示各种用文字描述的会计科目，既缩短了数据项的长度，减少所占用的存储空间，提高处理速度，又实现了数据表示的系列化和标准化，便于计算机处理。

（二）会计数据传输介质化

在数据处理过程中，由外部设备（键盘、磁带、磁盘、屏幕和打印机等）作为传输数据的媒介，在输入时将数据转换为便于计算机处理的电、磁信号；在输出时转换为便于识别的各种文字或数据。

（三）会计数据存储磁性化

会计数据均以电磁数据的形式存储于软、硬盘上，常规的凭证、账簿和报表必须在相应的计算机中通过相应的软件显示出来。

（四）数据处理集中化

各个会计岗位上的数据都由计算机统一处理，避免了分散、重复抄写数据，且能做到一数多用。

（五）数据处理自动化

会计电算化软件能自动处理会计数据，减少了人工干预，保证了数据处理的正确性，提高了数据处理的效率。

（六）内部控制程序化

通过计算机程序化步骤进行内部控制，如数据校验、账与账之间核对、密码防护等，都可以通过计算机程序自动完成。

利用计算机对会计数据进行成批处理和实时处理，能及时提供各种会计信息，缩短了会计结算周期，可以做到周核算和日核算，及时提供月度、季度、半年度和年度财务会计报告。

二、会计电算化的意义

实行会计电算化，具有十分重要的意义。

（一）促进会计技术手段的变革，提高会计工作效率

会计核算工作数据量大，对准确度要求很高，要求提供会计信息的时效性很强。而电子计算机具有高速度、高效率和高容量的特点，对于数据的记录、汇总排列、查询核对和存贮分析等方面，比手工操作的速度能够提高成百上千倍，并可随时从计算机中获取有关数据，能够大大提高会计工作效率，保证提供会计信息的及时性。

（二）促进会计工作的规范化，提高会计信息质量

会计电算化对会计数据的搜集、核算和储存等都提出了一系列规范化的要求。利用计算机进行经济业务的会计处理，能够规范会计核算工作，克服手工操作带来的人为因素的干扰等弊端，并可大大减少人为造成的差错，有利于提高会计信息的质量。

（三）促进会计人员提高业务素质，提高会计管理水平

实行会计电算化，可以将会计人员从繁重的手工记账、算账和报账工作中解脱出来，使会计人员能够将更多的时间和精力用于会计预测、决策、分析和控制等方面，有利于提高会计人员的业务素质，提高会计管理水平。

三、会计电算化信息系统

会计电算化的程度越高，越能满足管理的需要，越能为提高经济效益服务。目前，会计电算化信息系统已经对会计管理产生了直接影响。

（一）会计电算化系统的应用方式

在实际工作中，会计电算化一般表现为四种应用方式：

(1) 由计算机代替手工处理某一项业务，即单项业务电算化。

(2) 几项会计业务有机地组织起来，由计算机处理，即多项业务电算化。

(3) 将所有的会计业务有机地组织起来，由计算机进行系统处理，即整个会计信息系统电算化。

(4) 把所有会计业务与其他管理业务有机地组织起来，由计算机进行系统处理，即整个管理信息系统电算化。

会计电算化信息系统相对于手工会计信息系统来说是一场巨大的变革，在对数据处理流程上有很大的不同。

(二) 会计电算化对会计信息系统数据处理的流程

1. 数据输入

(1) 会计数据输入的方式。

(a) 直接输入方式。直接输入方式是会计人员根据原始凭证或记账凭证，通过键盘、屏幕将数据直接送入计算机、存入凭证文件的一种方式。采用这种方式输入的凭证称人工凭证，类似于手工填制凭证。

(b) 间接输入方式。间接输入方式亦称脱机输入方式，会计人员首先将会计数据录制在磁介质上，然后再将其转换成计算机所能接受的凭证，并保存在凭证文件中。如连锁店的营业员通过扫描装置将当日的销售数据录制到磁盘或当地的计算机中，一天的营业结束后，连锁店将装有会计数据的磁盘送到总店，或通过调制解调器、远程网络将会计数据传送到总店，总店根据这些数据生成凭证，并保存在凭证文件中。

(c) 自动输入方式。自动输入方式是指计算机自动编制凭证，并保存在凭证文件中。这种方式生成的凭证，称作机制凭证，包括：各业务子系统处理业务后自动编制的机制凭证，如材料子系统转来的收料、发料等凭证，工资子系统转来的工资费用分配凭证，销售子系统转来的销售凭证等；账务处理子系统自身派生的机制凭证，如月末辅助生产费用的结转凭证，月末制造费用的结转凭证，月末把核算本期销售收入、销售成本、销售税金和期间费用等有关账户的余额结转到“本年利润”科目形成的凭证等。

由于机制凭证是计算机自动生成的，不需要人工干涉，所以这种方式产生的凭证及时、准确、效率高。

(2) 会计数据的审核。凭证输入并保存在磁性介质上后，会计人员仍然需要进行审核。在会计电算化信息系统中，对会计数据的审核有以下三种方式：

(a) 静态审核。即人工审核，是将计算机中的凭证打印出来，然后由人工进行一一核对。

(b) 屏幕审核。即由会计电算化信息系统提供审核模块，它将需要审核的凭证一一显示在屏幕上，会计人员对屏幕上显示的凭证进行人工审核。

(c) 二次录入校验。即重复输入校验。对同一张凭证上的数据，分别由两个操作人员单独输入，然后由计算机程序自动进行两次录入数据的核对，如果不完全相等，则显示出错信息。这种校验方法对凭证数据输入的完整性和准确性可提供较高的保证程度，但由于是相同数据的重复输入，必然导致效率很低。在实际工作中，可以采用此方法对少数收款、付款凭证进行审核。

2. 会计数据处理

在会计电算化信息系统中，会计数据处理工作都是由计算机自动完成的，目前常见的处理方式有：

(1) 成批处理。成批处理是指定期收集会计数据，按组或按批进行处理的方式。例如，输入并审核 1～50 张凭证后，要求计算机对这 50 张凭证进行记账，或者输入并审核了一天或一周的凭证后，要求计算机对一天或一周的凭证进行记账，计算机就会自动、准确、高速地将这些数据分别登记在总账、明细账、日记账等电子账簿中。由于登记账簿的工作是由计算机自动完成的，不会出现人工记账时的错误，所以不需要进行总账和明细账、总账和日记账的核对。成批处理是会计电算化信息系统中使用最广泛的一种处理方式。

(2) 实时处理。实时处理是指当产生一个数据或会计人员有一次处理要求时，计算机就进行处理的方式。例如，材料核算采用先进先出法，当收到或发出一笔材料时，便要求计算机立即进行数据处理，更改材料结存文件。实时处理方式要求计算机必须随时接受处理的要求，及时进行处理，因此，对系统的响应时间、可靠性、安全性等要求都比较高。

3. 会计信息输出

会计数据都保存在磁介质的文件中，为了使会计信息的使用者能够看到各种资料(如凭证、账簿、各种报表等)，就需要从磁介质文件中提取信息并输出。提取会计数据并按会计人员需要的形式输出的过程称作会计信息输出。目前会计信息输出常见的方式有：

(1) 显示输出。显示输出是指用字符或图形的形式，将磁介质文件中的会计数据，按照会计人员的要求输出到显示器上。这种方式一般用于随机查询信息。

(2) 打印输出。打印输出是指用字符或图形的形式，将磁介质文件中的会计数据，按照会计人员的要求输出到打印机，并将会计信息打印在纸张上，形成可长期保存和阅读的账簿。

(3) 软盘输出。软盘输出是指将产生的有关结果信息输出到软盘磁介质中的一种方式。如将所有会计数据保存在软盘上作为备份资料，当硬盘的会计数据被破坏时，可以用此备份资料进行恢复。

4. 会计数据存储

在会计电算化信息系统中，无论是记账凭证、账簿还是财务报表，都是以数据库文件形式保存在磁介质中的。

会计信息系统中存在着多个文件，如凭证文件(存放企业各种凭证的数据库文件)、汇总文件(存放所有科目期初余额、本期借方发生额、本期贷方发生额等的数据库文件)、科目文件(存放所有科目的代码、名称、类型、性质等的数据库文件)等，若干个相互关联的数据库文件组成会计信息系统数据库。

(三) 会计电算化对传统会计信息系统的影响

1. 会计科目编码的变化

以计算机作为处理工具的会计信息系统，必须有一套科学的会计科目体系以及一套相应的会计编码方案，这对于提高系统的输入效率、处理效率，对于输出详细而又完整的会计核算资料都有着极为重要的意义。编码方式的变化，是会计电算化以后对会计实务最直接的影响之一。

2. 记账凭证的变化

与手工方式相比，电算化方式下的记账凭证在内容上基本保持一致，但记账凭证的产生、取得及分类都有了很大的不同。在会计电算化实务中，记账凭证有以下三个来源：

(1) 人工凭证。对零星业务编制的人工凭证主要产生于未单独设置子系统进行核算的经济业务，如零星的现金收支、银行存款的存取及应收、应付账款的往来结算等。这些业务的处理类似手工方式下记账凭证的编制。即先填制或取得原始凭证，包括自制原始凭证和外来原始凭证，经会计人员整理、加工审核后，填制记账凭证，再交计算机操作人员录入，存入凭证文件。

(2) 各业务子系统产生的机制凭证。各业务子系统处理业务后自动编制的机制凭证，与人工凭证的区别比较大，它无需人工直接参与编制，而是在一定业务处理后，由各子系统自动编制凭证并传递到账务处理子系统。

(3) 账务处理子系统产生的机制凭证。由账务处理子系统自身派生的机制凭证，主要涉及期末一些固定的结转业务。这种记账凭证完全产生于账务处理子系统的内部，它也是由计算机自动编制的。由于计算机能够自动产生机制凭证，大大提高了凭证编制的速度，特别是大大提高了月末一些固定的结转业务凭证编制速度，从而减轻了会计人员的劳动强度。

3. 会计核算形式的变化

在手工会计信息系统中，为了提高会计核算工作的效率和质量，节省人力和物力，各单位根据其经济活动的特点、规模大小和业务繁简等实际情况，设计或选用合适的账务处理程序，如记账凭证账务处理程序、科目汇总表账务处理程序等。但这些核算形式，只能在一定程度上减少或简化转抄的工作，而不能完全避免转抄，这就决定了这些处理形式不可避免地带有手工处理的局限性，即数据大量重复容易出错等。

在会计电算化信息系统中，就没有必要完全照搬手工会计下的会计核算形式了，因为手工会计下的会计核算形式并不是会计数据处理本身所要求的，而是手工处理的局限所致。计算机处理与手工处理相比，不仅在处理速度上有成百倍、成千倍的提高，而且不存在因为工作时间过长或疲劳而引起的计算错误和抄写错误。这样，完全可以从所要达到的目标出发，设计出更适合计算机处理、效率更高、数据流程更加合理的账务处理程序。

4. 账簿和报表的变化

在会计电算化信息系统中，账簿和报表都发生了变化。

(1) 会计账簿存储介质的变化。在手工会计信息系统中，会计账簿的存储介质是看得见、摸得着的纸张介质。在会计电算化信息系统中，会计账簿的存储介质是看不见、摸不着的光、电磁介质。

(2) 账簿输出方式的变化。在手工会计信息系统中，总账、明细账、日记账都是严格区分的，并有其特定的格式输出。在会计电算化信息系统中，类似手工的账簿种类、格式在计算机中并不完全存在或不永久存在，账簿所需的数据是以数据库文件的形式保存，数据库文件可以设置一个或者多个。当需要输出这些账簿时，计算机自动从数据库文件中依次按相应的会计科目进行挑选，然后按照会计人员需要的格式，将这些账簿显示在屏幕上或从打印机输出。

(3) 账簿分类的变化。在会计电算化信息系统中，会计人员只要给出一个会计科目，计算机就可以将涉及该科目的所有业务全部挑选出来，而且只要对挑选的结果按日期进行排序或索引，所有的账都可表现为日记账的形式。这一变化是会计数据处理上的一次革命，它突破了手工会计的局限性。在手工方式下，我们不能要求会计人员按登记日记账的要求去逐日、逐笔登记所有账簿，这是人工所无法胜任的。既然使用计算机以后改变了这种状况，就已经没有必要继续沿用手工会计下关于账簿的一些概念和分类方式。

(4) 报表编制方法的变化。在手工条件下，报表中的数据一部分是会计人员从账簿、其他报表上获取，然后手工填入报表；还有一部分数据是根据基本数据计算，将结果填入报表。当报表中的一个数据出错，整张报表都需重新计算，然后再填写。因此，编制报表是一件费时、费工、费力的事情。在会计电算化信息系统中，编制报表的方法发生了很大的变化，会计人员只要定义好报表格式、取数公式，输入基本数据，计算机便自动从账务核算系统或其他会计核算系统中采集数据。

当会计期间发生变化时，系统自动根据定义的公式和获取数据的方法采集数据，生成所需的报表。因此，能够大大节省编制报表的时间，减少编制错误，省事又经济，把大量重复、复杂的劳动简单化了，从而提高了工作效率。

(5) 内部控制的变化。在会计电算化信息系统中，原来使用的靠账簿之间互相核对来实现的差错纠错控制已经不复存在，计算机电磁介质也不同于纸张介质，它能不留痕迹进行修改和删除。此外，计算机在硬件和软件结构、环境要求、文档保存等方面的特点，决定了会计电算化信息系统的内部控制必然具有新的内容。控制范围已经从会计部门转变为会计部门和计算机处理部门；控制方式也从单纯的手工控制转化为组织控制、手工控制和程序控制相结合的全面内部控制。

(6) 会计职能的变化。在会计电算化信息系统中，会计职能得到了进一步扩展。不仅要对外报送财务会计报告，而且要利用会计数据加强企业内部的经营管理；由过去单纯事后核算和监督，转向全面核算和监督；由过去会计部门只是反映财务情况，提供会计信息，发展到预测经济前景，参与经营决策，控制经济活动，分析评估经营业绩，充分发挥会计在经济管理中的重要作用。

四、会计核算软件基本功能规范

我国《会计法》明确规定："使用电子计算机进行会计核算的，其软件及其生成的会计凭证、会计账簿、财务会计报告和其他会计资料，也必须符合国家统一的会计制度的规定。"

（一）会计核算软件基本功能规范的基本含义

会计核算软件基本功能是指会计核算软件必须具备的功能和完成这些功能的基本步骤。

会计核算软件基本功能规范是指为了规范会计核算软件，保证会计核算软件质量，根据相关法律、法规的规定而制定的关于会计核算软件应具备的基本条件、会计核算软件在会计数据的输入、处理、输出及会计数据安全方面应当达到的要求和规定。

（二）会计核算软件基本功能规范的主要内容

一般来说，会计核算软件分为在一定范围内适用的通用会计核算软件和仅用于个别单位的定点开发会计核算软件。根据财政部 1994 年 6 月 30 日发布的《会计核算软件基本功能规范》的规定，会计核算软件基本功能规范主要包括以下内容。

1. 会计核算软件应具备的基本条件

会计核算软件应具备的基本条件主要有：会计核算软件设计应当符合我国法律、法规、规章的规定，保证会计数据合法、真实、准确、完整，有利于提高会计核算工作效率；会计核算软件应当按照国家统一会计制度的规定划分会计期间，分期结算账目和编制财务报表。会计核算软件可以根据用户需要同时具有提供按照其他会计年度生成参考性会计资料的功能；会计核算中的文字输入、屏幕提示和打印输出必须采用中文，也可以同时提供少数民族文字或者外国文字对照；会计核算软件在设计性能允许使用范围内，不得出现由于自身原因造成死机或者非正常退出等情况。

2. 会计核算软件应具备的功能

会计核算软件应具备的功能主要包括：

(1) 会计数据输入。

(a) 会计核算软件具备初始化功能。初始化功能运行结束后，会计核算软件必须提供必要的方法对初始数据进行准确性校验。

(b) 会计核算软件应当提供输入记账凭证的功能，输入的记账凭证的格式和种类应当符合国家统一会计制度的规定。在输入记账凭证的过程中，会计核算软件必须提供一定的提示功能，以确保数据输入的准确性。

(c) 会计核算软件应提供对已经输入但未登记会计账簿的机内记账凭证(不包括会计核算软件自动产生的机内记账凭证)进行修改的功能。

(d) 会计核算软件应当提供对已经输入但未登账记账凭证的审核功能，审核通过后即不能再提供对机内凭证的修改。同时要分别提供对审核功能与输入、修改功能的使用权限控制。

(e) 适用于人民币以外的货币核算业务的会计核算软件，应当提供输入有关人民币以外的货币凭证的功能。通用会计核算软件还可以在初始化功能中提供选择记账本位币的功能。采用统账制核算人民币以外的货币的会计核算软件，应当提供在当期人民币以外的货币业务发生期初和业务发生时，输入期初和当时的外汇牌价的功能。记账凭证中人民币以外的货币金额输入后，会计核算软件应当立即自动折合为记账本位币金额。

(2) 会计数据处理。

(a) 会计核算软件应当提供根据审核通过的机内记账凭证及所附原始凭证登记账簿的功能。可以根据审核通过的机内记账凭证或者计算机自动生成的记账凭证或者记账凭证汇总表登记总分类账；可以根据审核通过的机内记账凭证和相应机内原始凭证登记明细分类账；总分类账和明细分类账可以同时登记或者分别登记，可以在同一功能模块中登记或者在不同功能模块中登记；会计核算软件可以提供机内会计凭证审核通过后直接登账或成批登账的功能；机内总分类账和明细分类账登记时，应当计算出各会计科目的发生额和余额。

(b) 会计核算软件应当提供自动进行银行对账的功能，根据机内银行存款日记账与输入的银行对账单及适当的手工辅助，自动生成银行存款余额调节表。

(c) 通用会计核算软件应当同时提供国家统一会计制度允许使用的多种会计核算方法，以供用户选择。会计核算软件对会计核算方法的更改过程，在计算机内应有相应的记录。

(d) 会计核算软件应当提供机内会计数据按照规定的会计期间进行结账的功

能。结账前能自动检查本期输入的会计凭证是否全部登记入账,全部登记入账后才能结账。

(e) 会计核算软件能提供符合国家统一会计制度的自动编制财务报表的功能。通用会计核算软件能提供财务报表的自定义功能。

(3) 会计数据输出。

(a) 会计核算软件应提供对机内会计数据的查询功能,查询机内总分类会计科目和明细分类会计科目的名称、编号、年初余额、期初余额、累计发生额、本期发生额和余额等项目;查询本期已经输入并登账和未登账的机内记账凭证、原始凭证;查询机内本期和以前各期的总分类账和明细分类账簿;查询往来账款项目的结算情况;查询到期票据的结算情况。查询出来的机内数据如果已经结账,屏幕显示应给予提示。

(b) 会计核算软件应提供机内原始凭证、记账凭证的打印输出功能,打印输出的原始凭证、记账凭证的格式和内容应当符合国家统一会计制度的规定。

(c) 会计核算软件必须提供会计账簿、会计报表的打印输出功能,打印输出的会计账簿和财务报表的格式和内容应当符合国家统一会计制度的规定。

(d) 对根据机内会计凭证和据以登记的相应账簿生成的各种机内财务报表数据,会计核算软件不能提供直接修改功能。

(e) 会计年度终了进行结账时,会计核算软件应当提供在数据磁带、可装卸硬磁盘或者软磁盘等存储介质的强制备份功能。

(4) 保证会计数据的安全。

(a) 会计核算软件应具有按照初始化功能中的设定,防止非指定人员擅自使用的功能和对指定操作人员实行使用权限控制的功能。

(b) 遇有以下情况时,会计核算软件应予提示,并保持正常运行:会计核算软件在执行备份功能时,存储介质无存储空间、数据磁带或者软磁盘未插入、软磁盘贴有写保护标签;会计核算软件执行打印时,打印机未连接或未打开电源开关;会计核算软件操作过程中,输入了与软件当前要求输入项目不相关的数字或字符。

(c) 对存储在磁性介质或者其他介质上的程序文件和相应的数据文件,会计核算软件应当有必要的加密或者其他保护措施,以防止被非法篡改。一旦发现程序文件和相应的数据文件被非法篡改,应当能够利用标准程序和备份数据,恢复会计核算软件的运行。

(d) 会计核算软件应当具有在计算机发生故障或者由于强行关机及其他原因引起内存和外存会计数据被破坏的情况下,利用现有数据恢复到最近状态的功能。

五、会计电算化内部管理制度

会计电算化内部管理制度是指实行会计电算化的单位为保证会计软件的正常运行所制定的一套管理制度。

(一) 会计电算化内部管理制度的重要性

随着会计电算化的日益普及,会计电算化后的内部管理制度建设越来越重要。抓不好这个环节,不但不能很好地发挥计算机应用于会计工作后的作用,反而有可能造成会计工作的混乱,甚至给国家和单位造成重大经济损失。所以,会计电算化内部管理制度建设是实现单位会计电算化工作正常进行的关键因素,也是对会计电算化系统构成(人、硬件、软件、环境)和处理活动实施有效控制的重要保证。

(二) 会计电算化内部管理制度的内容

会计电算化内部管理制度主要包括以下几个方面的内容。

1. 会计电算化岗位责任制

建立会计电算化岗位责任制,应划分会计电算化各个工作岗位的职责范围,确保事事有人管,人人有专责,办事有要求,工作有检查。会计电算化后的工作岗位可分为基本会计岗位和电算化会计岗位。基本会计岗位包括会计主管、出纳、会计核算各岗、稽核、会计档案管理等工作岗位。电算化会计岗位包括直接管理、操作、维护计算机及会计软件系统等工作岗位。基本会计岗位和电算化会计岗位可在保证会计数据安全的前提下交叉设置,各岗位人员要保持相对稳定。本单位进行会计软件开发的,还可以设立软件开发岗位。

电算化会计岗位和工作职责一般可划分如下:

(1) 电算主管:负责协调计算机及会计软件系统的运行工作。

(2) 软件操作:负责输入记账凭证和原始凭证等会计数据,输出记账凭证、会计账簿、报表和进行部分会计数据处理工作。

(3) 审核记账:负责对输入计算机的会计数据(记账凭证和原始凭证等)进行审核,操作会计软件登记机内账簿,对打印输出的账簿、报表进行确认。

(4) 电算维护:负责保证计算机硬件、软件的正常运行,管理机内会计数据。

(5) 电算审查:负责监督计算机及会计软件系统的运行,防止利用计算机进行舞弊。

(6) 数据分析:负责对计算机内的会计数据进行分析。

2. 会计电算化操作管理制度

会计电算化操作管理制度是规范会计电算化工作中有关人员的操作行为的制度,主要包括:

(1) 明确规定上机操作人员对会计软件的操作工作内容和权限,严格管理操作密码，指定专人定期更换密码，杜绝未经授权人员操作会计软件。

(2) 预防已输入计算机的原始凭证和记账凭证等会计数据未经审核而登记机内账簿。

(3) 操作人员离开机房前，应执行相应命令退出会计软件。

(4) 根据本单位实际情况，由专人保存必要的上机操作记录，记录操作人、操作时间、操作内容、故障情况等内容。

3. 计算机软件、硬件管理制度

计算机软件、硬件管理制度是对会计电算化工作中的计算机硬件、软件(包括系统软件和应用软件)的管理制度。主要包括：

(1) 硬件配备制度。配备专门或主要用于会计核算工作的计算机或计算机终端，保证机房设备安全和计算机正常运转。

(2) 会计数据和会计软件安全保密制度。防止对会计数据和软件的非法修改和删除；指定人员妥善保管好会计数据和备份文件；定期检查机内运行会计核算软件和相应数据是否被他人篡改、更换、破坏等。

(3) 修改会计核算软件的审批和监督制度。对正在使用的会计核算软件进行修改，对通用会计软件进行升级和计算机硬件设备进行更换等工作，必须有一定的审批手续，且要保证实际会计数据的连续和安全。同时，必须由有关人员监督修改、更换工作。

(4) 维护会计软件运行制度。健全计算机硬件、软件出现故障进行排除的管理措施，保证会计数据完整性；健全必要的防治计算机病毒的措施。

4. 会计电算化档案管理制度

电算化会计档案包括储存在计算机硬盘中的会计数据以及其他磁性介质或光盘存储的会计数据和计算机打印出来的书面等形式的会计数据。会计数据则是指记账凭证、会计账簿、财务报表(包括报表格式和计算公式)等数据。因此，电算化会计档案管理是重要的会计基础工作，实行会计电算化的单位必须按照财政部、国家档案局 1998 年 8 月 21 日发布的《会计档案管理办法》的规定，切实做好电算化会计档案的管理工作。

(1) 指定专人负责电算化会计档案的管理工作。

(2) 做好防磁、防火、防潮和防尘工作，重要会计档案应准备双份，并存放在两个不同的地点。

(3) 采用磁介质保存的会计档案，要定期进行检查，定期进行复制，防止由于磁性介质损坏而使会计档案丢失。

(4) 会计核算软件的全套文档资料以及会计软件程序，视同会计档案保管，保管期截至该软件停止使用或有重大更改之后的 5 年。

六、我国会计电算化的发展前景展望

我国会计电算化工作始于20世纪70年代,当时仅少数单位应用计算机进行工资计算等单项处理。80年代初,一些单位开始开发使用会计信息系统,但在推广上采用的是非商品化方式,未能形成良好的发展态势。80年代末,我国的会计电算化进入了较快的发展时期。1988年,先锋、用友财务软件公司先后推出了商品化财务软件,自此,我国财务软件的发展进入一个高速发展阶段。目前,财务软件已成为我国软件产业中最成熟的领域。经过30多年的实践和探索,我国会计电算化事业有了很大的发展,目前已呈现出更加普及化、深入化和社会化的发展趋势。随着我国经济融入世界经济一体化的潮流,随着电子计算机技术的快速发展,可以预见,我国会计电算化的发展前景喜人。

(一)会计电算化的普遍推广和应用

在市场经济条件下,企业之间竞争激烈,信息流已成为企业生存和发展的生命线。这就要求企业注重运用会计电算化,提高财务管理水平。目前,我国会计电算化的发展还不平衡,特别是小城镇和农村及其小型企业,已成为推广使用会计电算化的重点。随着经济的发展及人们对电子技术认识的加深,会计电算化必将进一步推广和应用。对于那些较早实行会计电算化的单位,将推动会计电算化向更高层次发展。

(二)会计软件实现由核算型向管理型的跨越

会计软件是会计电算化整个体系结构中的核心,其功能的完善与否,将直接决定会计信息的质量,随着我国经济建设的高速发展,企业的财务活动发生了深刻变化,仅仅完成事后的核算已不能满足管理的需要,必须要在现有的会计软件中增加财务及企业各方面的管理要素,使会计人员能够在核算的基础上,充分利用会计信息,开展分析,实施控制,预测未来,参与决策,真正发挥会计的管理职能。在市场经济条件下,企业不断引入各种先进的经营管理理念,这些理念都需要复杂的数据模型和知识库、方法库的支持。这必然促使会计软件向更高层次发展,实现由核算型向管理型的跨越。

(三)实现财务会计和管理会计的全面电算化

现代会计包括财务会计和管理会计两大分支。所以,完整意义的会计电算化应该是财务会计和管理会计的全面电算化。电算化会计信息处理的代码化、数据共享和自动化,为两个子系统的结合提供了条件和可能。企业应同时建立两个子系统并予以有机结合,以便运用会计核算资料,建立适应管理需要的会计模型,使会计电算化从核算型向管理型发展,从而推动整个企业管理信息系统的建立和完善,这将进一步促进管理会计在我国企业中的广泛应用。

（四）会计电算化从单机应用向网络会计发展

网络会计是以网络技术为手段，在互联网环境下实施会计核算、预测、决策、控制、分析和监督的现代财务管理形式。网络会计的出现，是会计电算化的一种崭新的形式。

1. 网络会计的基本特征

网络会计的基本特征主要表现在以下几个方面：

(1) 集中性。会计信息资源基于网络技术的发展而高度共享，财务与企业内部各部门协同，实现“数出一门、数据共享”，企业财务资源得到整合，竞争能力得到提高。

(2) 动态性。业务信息实时转化，自动生成会计信息。使得会计核算从事后核算变为实时核算，静态核算变为动态核算，财务管理实现在线管理。信息生成后，将通过财务软件实时反映到企业公共信息平台上，信息使用者可以随时了解企业的信息，及时作出决策。

(3) 自动性。计算机执行从会计凭证到财务会计报告全过程的管理，用户对信息的获取是主动的而非被动的，用户根据自己的需要，选择会计信息，计算机根据选择的信息进行实时自动处理。

(4) 开放性。会计信息将具有更大程度的开放性和公开性，大量数据通过网络从企业内外有关系统直接采集，而企业内部的各个机构和部门也可以根据授权，通过网络直接获取信息。

2. 网络会计对会计电算化的影响

网络会计可以弥补单机工作的会计电算化所存在的诸多不足，如数据传送时间长、资源不共享、信息交换不畅、信息使用者查看数据资料不方便等，它具有以下优点：

(1) 实现资源共享。网络上的计算机不仅可以使用本机储存的资料，还可以充分利用网络上其他计算机内储存的资料，实现会计信息数据上的资源共享。

(2) 达到设备共用。会计网络化以后，网络上的计算机可共享服务器，特别是一些贵重设备的各种硬件和软件，提高资源使用效率和经济效益。

(3) 实现快捷通讯。联入网络之后，会计信息可利用网络上的计算机快捷通讯，及时、清晰、准确地提供会计信息，为会计信息的使用者利用会计信息进行经济决策提供极为便利的条件。

(4) 提高整体功能。一项复杂的工作可以划分多个部分由网络上的不同计算机同时分别处理，从而提高了系统的整体功能，进而达到提高会计工作效率和效果的目的。

综上所述，现代信息技术，尤其是网络技术在经济领域的应用和发展，推动了网络经济时代的到来，进而推动了会计实务技术的发展，网络会计将会得到更加广泛的重视和应用。

（五）促进会计理论和方法的发展和完善

会计电算化产生和发展的过程，也是突破传统会计观念，研究和确立新的会计理论和方法的过程。如会计电算化在系统设计、工作组织、信息处理及账务处理程序等方式和方法上的改变，本身就是对现行会计理论和方法的突破和完善，而新的会计理论和方法的确立，又将使会计电算化在新的基础上获得进一步完善和发展。网络技术的发展和信息高速公路的建设，将有力地促进会计信息系统在实务上向着高新技术、综合化、集成化、智能化方向发展，进一步提升会计服务质量的潜能，最终将给会计理论和方法的发展带来无限的生机和活力。

本章小结

本章一方面介绍会计从业资格管理、会计职业道德和会计人员继续教育方面的有关新规定，另一方面介绍会计工作的电算化以及会计电算化信息系统对会计管理的影响；提出加强会计工作的组织与管理，必须坚持以人为本的科学发展观，同时必须注重采用现代化技术手段，并以这一见解作为全书的总结。

复习思考题

1. 简要说明会计机构的设置及其会计岗位责任制的建立。
2. 委托代理记账的委托人应当履行哪些义务？
3. 申请参加会计从业资格考试的人员，应当符合哪些基本条件？
4. 会计职业道德规范的主要内容有哪些？
5. 会计人员继续教育的主要内容有哪些？
6. 简要说明会计人员继续教育的形式。
7. 会计核算软件基本功能规范的主要内容有哪些？
8. 联系实际，说明如何建立健全会计电算化内部管理制度？

习　题

一、单项选择题

1. 我国《会计法》明确规定，由(　　)主管全国的会计工作。

　A. 国务院　　　　B. 财政部

C. 全国人民代表大会　　　D. 中国注册会计师协会

2. 下列各项中,属于会计中级职务的是(　　)。

A. 会计员　　　B、助理会计师

C. 会计师　　　D. 高级会计师

3. 关于会计从业资格管理,下列说法不正确的是(　　)。

A. 从事会计工作的人员,必须取得会计从业资格证书

B. 会计从业资格证书是具备会计从业资格的证明文件,在全国范围内有效

C. 会计从业资格考试科目为:财经法规与会计职业道德、会计基础、初级会计电算化(或者珠算五级)

D. 持证人员在同一会计从业资格管理机构管辖范围内调转工作单位,且继续从事会计工作的,应当自离开原工作单位之日起 30 日内,填写调转登记表,持会计从业资格证书及调入单位开具的从事会计工作的证明,办理调转登记

4. 关于会计核算软件基本功能,下列说法不正确的是(　　)。

A. 会计核算软件应当提供根据审核通过的机内记账凭证及所附原始凭证登记账簿的功能

B. 会计核算软件能提供符合国家统一会计制度的自动编制财务报表的功能

C. 对根据机内会计凭证和据以登记的相应账簿生成的各种机内财务报表数据,会计核算软件能够提供直接修改功能

D. 会计年度终了进行结账时,会计核算软件应当提供在数据磁带、可装卸硬磁盘或者软磁盘等存储介质的强制备份功能

二、多项选择题

1. 下列各项中,属于委托代理记账的委托人应当履行的义务有(　　)。

A. 对本单位发生的经济业务事项,应当填制或者取得符合国家统一的会计制度规定的原始凭证

B. 应当配备专人负责日常货币收支和保管

C. 及时向代理记账机构提供真实、完整的原始凭证和其他相关资料

D. 对于代理记账机构退回的要求按照国家统一的会计制度规定进行更正、补充的原始凭证,应当及时予以更正、补充

2. 会计人员是从事会计工作的专业技术人员。下列属于会计专业职务的有(　　)。

A. 会计员　　　　　　　　B. 会计师
C. 总会计师　　　　　　　D. 高级会计师

3. 会计从业资格管理机构应当实施监督检查的情况有(　　)。
A. 从事会计工作的人员持有会计从业资格证书并注册登记的情况
B. 持证人员从事会计工作和执行国家统一的会计制度的情况
C. 持证人员遵守会计职业道德的情况
D. 持证人员接受继续教育的情况

4. 下列各项中，属于会计人员继续教育内容的有(　　)。
A. 会计理论　　　　　　　B. 政策法规
C. 技能训练　　　　　　　D. 职业道德

5. 下列各项中，会计人员应当遵守的职业道德有(　　)。
A. 诚实守信　　　　　　　B. 廉洁自律
C. 客观公正　　　　　　　D. 坚持准则

6. 会计电算化后的工作岗位可分为基本会计岗位和电算化会计岗位。下列属于基本会计岗位的有(　　)。
A. 出纳　　　　　　　　　B. 电算维护
C. 软件操作　　　　　　　D. 稽核

三、判断题

1. 持证人员从事会计工作，应当自从事会计工作之日起 1 个月内，填写注册登记表，并持会计从业资格证书和所在单位出具的从事会计工作的证明，向单位所在地或所属部门、系统的会计从业资格管理机构办理注册登记。　(　　)

2. 总会计师是单位行政领导成员，协助单位主要行政领导人工作，直接对单位主要行政领导人负责。　(　　)

3. 会计人员继续教育的形式就是接受培训。　(　　)

4. 会计人员每年接受培训(面授)的时间累计不应少于 24 小时。　(　　)

5. 总会计师必须具备的任职条件之一是取得会计师专业技术资格后，主管一个单位或者单位内一个重要方面的财务会计工作时间不少于 2 年。　(　　)

6. 担任单位会计机构负责人(会计主管人员)的，除取得会计从业资格证书外，还应当具备会计师以上专业技术职务资格或者从事会计工作 3 年以上经历。　(　　)

7. 实行会计电算化的单位，基本会计岗位和电算化会计岗位可在保证会计数据安全的前提下交叉设置，各岗位人员要保持相对稳定。　(　　)

8. 会计核算软件的全套文档资料以及会计软件程序，视同会计档案保管，保

管期截至该软件停止使用或有重大更改之后的3年。（　）

9. 网络会计可以实现会计信息数据上的资源共享。（　）

10. 对电算化会计档案管理要做好防磁、防火、防潮和防尘工作，重要会计档案应准备双份，并存放在两个不同的地点。（　）

附录一

中华人民共和国会计法

（中华人民共和国主席令[1999]第 24 号）

（1985 年 1 月 21 日第六届全国人民代表大会常务委员会第九次会议通过，根据 1993 年 12 月 29 日第八届全国人民代表大会常务委员会第五次会议《关于修改〈中华人民共和国会计法〉的决定》修正，1999 年 10 月 31 日第九届全国人民代表大会常务委员会第十二次会议修订）

第一章　总　　则

第一条　为了规范会计行为，保证会计资料真实、完整，加强经济管理和财务管理，提高经济效益，维护社会主义市场经济秩序，制定本法。

第二条　国家机关、社会团体、公司、企业、事业单位和其他组织（以下统称单位）必须依照本法办理会计事务。

第三条　各单位必须依法设置会计账簿，并保证其真实、完整。

第四条　单位负责人对本单位的会计工作和会计资料的真实性、完整性负责。

第五条　会计机构、会计人员依照本法规定进行会计核算，实行会计监督。

任何单位或者个人不得以任何方式授意、指使、强令会计机构、会计人员伪造、变造会计凭证、会计账簿和其他会计资料，提供虚假财务会计报告。

任何单位或者个人不得对依法履行职责、抵制违反本法规定行为的会计人员实行打击报复。

第六条　对认真执行本法，忠于职守，坚持原则，做出显著成绩的会计人员，给予精神的或者物质的奖励。

第七条　国务院财政部门主管全国的会计工作。

县级以上地方各级人民政府财政部门管理本行政区域内的会计工作。

第八条　国家实行统一的会计制度。国家统一的会计制度由国务院财政部门根据本法制定并公布。

国务院有关部门可以依照本法和国家统一的会计制度制定对会计核算和会计

监督有特殊要求的行业实施国家统一的会计制度的具体办法或者补充规定，报国务院财政部门审核批准。

中国人民解放军总后勤部可以依照本法和国家统一的会计制度制定军队实施国家统一的会计制度的具体办法，报国务院财政部门备案。

第二章 会计核算

第九条 各单位必须根据实际发生的经济业务事项进行会计核算，填制会计凭证，登记会计账簿，编制财务会计报告。

任何单位不得以虚假的经济业务事项或者资料进行会计核算。

第十条 下列经济业务事项，应当办理会计手续，进行会计核算：

（一）款项和有价证券的收付；

（二）财物的收发、增减和使用；

（三）债权债务的发生和结算；

（四）资本、基金的增减；

（五）收入、支出、费用、成本的计算；

（六）财务成果的计算和处理；

（七）需要办理会计手续、进行会计核算的其他事项。

第十一条 会计年度自公历1月1日起至12月31日止。

第十二条 会计核算以人民币为记账本位币。

业务收支以人民币以外的货币为主的单位，可以选定其中一种货币作为记账本位币，但是编报的财务会计报告应当折算为人民币。

第十三条 会计凭证、会计账簿、财务会计报告和其他会计资料，必须符合国家统一的会计制度的规定。

使用电子计算机进行会计核算的，其软件及其生成的会计凭证、会计账簿、财务会计报告和其他会计资料，也必须符合国家统一的会计制度的规定。

任何单位和个人不得伪造、变造会计凭证、会计账簿及其他会计资料，不得提供虚假的财务会计报告。

第十四条 会计凭证包括原始凭证和记账凭证。

办理本法第十条所列的经济业务事项，必须填制或者取得原始凭证并及时送交会计机构。

会计机构、会计人员必须按照国家统一的会计制度的规定对原始凭证进行审核，对不真实、不合法的原始凭证有权不予接受，并向单位负责人报告；对记载不准确、不完整的原始凭证予以退回，并要求按照国家统一的会计制度的规定更正、补充。

原始凭证记载的各项内容均不得涂改；原始凭证有错误的，应当由出具单位重开或者更正，更正处应当加盖出具单位印章。原始凭证金额有错误的，应当由出具单位重开，不得在原始凭证上更正。

记账凭证应当根据经过审核的原始凭证及有关资料编制。

第十五条 会计账簿登记，必须以经过审核的会计凭证为依据，并符合有关法律、行政法规和国家统一的会计制度的规定。会计账簿包括总账、明细账、日记账和其他辅助性账簿。

会计账簿应当按照连续编号的页码顺序登记。会计账簿记录发生错误或者隔页、缺号、跳行的，应当按照国家统一的会计制度规定的方法更正，并由会计人员和会计机构负责人（会计主管人员）在更正处盖章。

使用电子计算机进行会计核算的，其会计账簿的登记、更正，应当符合国家统一的会计制度的规定。

第十六条 各单位发生的各项经济业务事项应当在依法设置的会计账簿上统一登记、核算，不得违反本法和国家统一的会计制度的规定私设会计账簿登记、核算。

第十七条 各单位应当定期将会计账簿记录与实物、款项及有关资料相互核对，保证会计账簿记录与实物及款项的实有数额相符、会计账簿记录与会计凭证的有关内容相符、会计账簿之间相对应的记录相符、会计账簿记录与会计报表的有关内容相符。

第十八条 各单位采用的会计处理方法，前后各期应当一致，不得随意变更；确有必要变更的，应当按照国家统一的会计制度的规定变更，并将变更的原因、情况及影响在财务会计报告中说明。

第十九条 单位提供的担保、未决诉讼等或有事项，应当按照国家统一的会计制度的规定，在财务会计报告中予以说明。

第二十条 财务会计报告应当根据经过审核的会计账簿记录和有关资料编制，并符合本法和国家统一的会计制度关于财务会计报告的编制要求、提供对象和提供期限的规定；其他法律、行政法规另有规定的，从其规定。

财务会计报告由会计报表、会计报表附注和财务情况说明书组成。向不同的会计资料使用者提供的财务会计报告，其编制依据应当一致。有关法律、行政法规规定会计报表、会计报表附注和财务情况说明书须经注册会计师审计的，注册会计师及其所在的会计师事务所出具的审计报告应当随同财务会计报告一并提供。

第二十一条 财务会计报告应当由单位负责人和主管会计工作的负责人、会计机构负责人（会计主管人员）签名并盖章；设置总会计师的单位，还须由总会计师签名并盖章。

单位负责人应当保证财务会计报告真实、完整。

第二十二条 会计记录的文字应当使用中文。在民族自治地方，会计记录可以同时使用当地通用的一种民族文字。在中华人民共和国境内的外商投资企业、外国企业和其他外国组织的会计记录可以同时使用一种外国文字。

第二十三条 各单位对会计凭证、会计账簿、财务会计报告和其他会计资料应当建立档案，妥善保管。会计档案的保管期限和销毁办法，由国务院财政部门会同有关部门制定。

第三章 公司、企业会计核算的特别规定

第二十四条 公司、企业进行会计核算，除应当遵守本法第二章的规定外，还应当遵守本章规定。

第二十五条 公司、企业必须根据实际发生的经济业务事项，按照国家统一的会计制度的规定确认、计量和记录资产、负债、所有者权益、收入、费用、成本和利润。

第二十六条 公司、企业进行会计核算不得有下列行为：

（一）随意改变资产、负债、所有者权益的确认标准或者计量方法，虚列、多列、不列或者少列资产、负债、所有者权益；

（二）虚列或者隐瞒收入，推迟或者提前确认收入；

（三）随意改变费用、成本的确认标准或者计量方法，虚列、多列、不列或者少列费用、成本；

（四）随意调整利润的计算、分配方法，编造虚假利润或者隐瞒利润；

（五）违反国家统一的会计制度规定的其他行为。

第四章 会 计 监 督

第二十七条 各单位应当建立、健全本单位内部会计监督制度。单位内部会计督制度应当符合下列要求：

（一）记账人员与经济业务事项和会计事项的审批人员、经办人员、财物保管人员的职责权限应当明确，并相互分离、相互制约；

（二）重大对外投资、资产处置、资金调度和其他重要经济业务事项的决策和执行的相互监督、相互制约程序应当明确；

（三）财产清查的范围、期限和组织程序应当明确；

（四）对会计资料定期进行内部审计的办法和程序应当明确。

第二十八条 单位负责人应当保证会计机构、会计人员依法履行职责，不得授意、指使、强令会计机构、会计人员违法办理会计事项。

会计机构、会计人员对违反本法和国家统一的会计制度规定的会计事项，有权拒绝办理或者按照职权予以纠正。

第二十九条 会计机构、会计人员发现会计账簿记录与实物、款项及有关资料不相符的，按照国家统一的会计制度的规定有权自行处理的，应当及时处理；无权处理的，应当立即向单位负责人报告，请求查明原因，作出处理。

第三十条 任何单位和个人对违反本法和国家统一的会计制度规定的行为，有权检举。收到检举的部门有权处理的，应当依法按照职责分工及时处理；无权处理的，应当及时移送有权处理的部门处理。收到检举的部门、负责处理的部门应当为检举人保密，不得将检举人姓名和检举材料转给被检举单位和被检举人个人。

第三十一条 有关法律、行政法规规定，须经注册会计师进行审计的单位，应当向受委托的会计师事务所如实提供会计凭证、会计账簿、财务会计报告和其他会计资料以及有关情况。

任何单位或者个人不得以任何方式要求或者示意注册会计师及其所在的会计师事务所出具不实或者不当的审计报告。

财政部门有权对会计师事务所出具审计报告的程序和内容进行监督。

第三十二条 财政部门对各单位的下列情况实施监督：

（一）是否依法设置会计账簿；

（二）会计凭证、会计账簿、财务会计报告和其他会计资料是否真实、完整；

（三）会计核算是否符合本法和国家统一的会计制度的规定；

（四）从事会计工作的人员是否具备从业资格。

在对前款第（二）项所列事项实施监督，发现重大违法嫌疑时，国务院财政部门及其派出机构可以向与被监督单位有经济业务往来的单位和被监督单位开立账户的金融机构查询有关情况，有关单位和金融机构应当给予支持。

第三十三条 财政、审计、税务、人民银行、证券监管、保险监管等部门应当依照有关法律、行政法规规定的职责，对有关单位的会计资料实施监督检查。

前款所列监督检查部门对有关单位的会计资料依法实施监督检查后，应当出具检查结论。有关监督检查部门已经作出的检查结论能够满足其他监督检查部门履行本部门职责需要的，其他监督检查部门应当加以利用，避免重复查账。

第三十四条 依法对有关单位的会计资料实施监督检查的部门及其工作人员对在监督检查中知悉的国家秘密和商业秘密负有保密义务。

第三十五条 各单位必须依照有关法律、行政法规的规定，接受有关监督检查部门依法实施的监督检查，如实提供会计凭证、会计账簿、财务会计报告和其他会计资料以及有关情况，不得拒绝、隐匿、谎报。

第五章 会计机构和会计人员

第三十六条 各单位应当根据会计业务的需要，设置会计机构，或者在有关机构中设置会计人员并指定会计主管人员；不具备设置条件的，应当委托经批准设立从事会计代理记账业务的中介机构代理记账。

国有的和国有资产占控股地位或者主导地位的大、中型企业必须设置总会计师。总会计师的任职资格、任免程序、职责权限由国务院规定。

第三十七条 会计机构内部应当建立稽核制度。

出纳人员不得兼任稽核、会计档案保管和收入、支出、费用、债权债务账目的登记工作。

第三十八条 从事会计工作的人员，必须取得会计从业资格证书。担任单位会计机构负责人（会计主管人员）的，除取得会计从业资格证书外，还应当具备会计师以上专业技术职务资格或者从事会计工作三年以上经历。

会计人员从业资格管理办法由国务院财政部门规定。

第三十九条 会计人员应当遵守职业道德，提高业务素质。对会计人员的教育和培训工作应当加强。

第四十条 因有提供虚假财务会计报告，做假账，隐匿或者故意销毁会计凭证、会计账簿、财务会计报告，贪污，挪用公款，职务侵占等与会计职务有关的违法行为被依法追究刑事责任的人员，不得取得或者重新取得会计从业资格证书。

除前款规定的人员外，因违法违纪行为被吊销会计从业资格证书的人员，自被吊销会计从业资格证书之日起五年内，不得重新取得会计从业资格证书。

第四十一条 会计人员调动工作或者离职，必须与接管人员办清交接手续。

一般会计人员办理交接手续，由会计机构负责人（会计主管人员）监交；会计机构负责人（会计主管人员）办理交接手续，由单位负责人监交，必要时主管单位可以派人会同监交。

第六章 法律责任

第四十二条 违反本法规定，有下列行为之一的，由县级以上人民政府财政部门责令限期改正，可以对单位并处3 000元以上5万元以下的罚款；对其直接负责的主管人员和其他直接责任人员，可以处2 000元以上2万元以下的罚款；属于国家工作人员的，还应当由其所在单位或者有关单位依法给予行政处分：

（一）不依法设置会计账簿的；

（二）私设会计账簿的；

（三）未按照规定填制、取得原始凭证或者填制、取得的原始凭证不符合规定的；

（四）以未经审核的会计凭证为依据登记会计账簿或者登记会计账簿不符合规定的；

（五）随意变更会计处理方法的；

（六）向不同的会计资料使用者提供的财务会计报告编制依据不一致的；

（七）未按照规定使用会计记录文字或者记账本位币的；

（八）未按照规定保管会计资料，致使会计资料毁损、灭失的；

（九）未按照规定建立并实施单位内部会计监督制度或者拒绝依法实施的监督或者不如实提供有关会计资料及有关情况的；

（十）任用会计人员不符合本法规定的。

有前款所列行为之一，构成犯罪的，依法追究刑事责任。

会计人员有第一款所列行为之一，情节严重的，由县级以上人民政府财政部门吊销会计从业资格证书。

有关法律对第一款所列行为的处罚另有规定的，依照有关法律的规定办理。

第四十三条 伪造、变造会计凭证、会计账簿，编制虚假财务会计报告，构成犯罪的，依法追究刑事责任。

有前款行为，尚不构成犯罪的，由县级以上人民政府财政部门予以通报，可以对单位并处 5 000 元以上 10 万元以下的罚款；对其直接负责的主管人员和其他直接责任人员，可以处 3 000 元以上 5 万元以下的罚款；属于国家工作人员的，还应当由其所在单位或者有关单位依法给予撤职直至开除的行政处分；对其中的会计人员，并由县级以上人民政府财政部门吊销会计从业资格证书。

第四十四条 隐匿或者故意销毁依法应当保存的会计凭证、会计账簿、财务会计报告，构成犯罪的，依法追究刑事责任。

有前款行为，尚不构成犯罪的，由县级以上人民政府财政部门予以通报，可以对单位并处 5 000 元以上 10 万元以下的罚款；对其直接负责的主管人员和其他直接责任人员，可以处 3 000 元以上 5 万元以下的罚款；属于国家工作人员的，还应当由其所在单位或者有关单位依法给予撤职直至开除的行政处分；对其中的会计人员，并由县级以上人民政府财政部门吊销会计从业资格证书。

第四十五条 授意、指使、强令会计机构、会计人员及其他人员伪造、变造会计凭证、会计账簿，编制虚假财务会计报告或者隐匿、故意销毁依法应当保存的会计凭证、会计账簿、财务会计报告，构成犯罪的，依法追究刑事责任；尚不构成犯罪的，可以处 5 000 元以上 5 万元以下的罚款；属于国家工作人员的，还应当由其所在单位或者有关单位依法给予降级、撤职、开除的行政处分。

第四十六条 单位负责人对依法履行职责、抵制违反本法规定行为的会计人员以降级、撤职、调离工作岗位、解聘或者开除等方式实行打击报复，构成犯罪的，依法追究刑事责任；尚不构成犯罪的，由其所在单位或者有关单位依法给予行政处分。对受打击报复的会计人员，应当恢复其名誉和原有职务、级别。

第四十七条 财政部门及有关行政部门的工作人员在实施监督管理中滥用职权、玩忽职守、徇私舞弊或者泄露国家秘密、商业秘密，构成犯罪的，依法追究刑事责任；尚不构成犯罪的，依法给予行政处分。

第四十八条 违反本法第三十条规定，将检举人姓名和检举材料转给被检举单位和被检举人个人的，由所在单位或者有关单位依法给予行政处分。

第四十九条 违反本法规定，同时违反其他法律规定的，由有关部门在各自职权范围内依法进行处罚。

第七章 附 则

第五十条 本法下列用语的含义：

单位负责人，是指单位法定代表人或者法律、行政法规规定代表单位行使职权的主要负责人。

国家统一的会计制度，是指国务院财政部门根据本法制定的关于会计核算、会计监督、会计机构和会计人员以及会计工作管理的制度。

第五十一条 个体工商户会计管理的具体办法，由国务院财政部门根据本法的原则另行规定。

第五十二条 本法自2000年7月1日起施行。

附录二

企业会计准则——基本准则

（财政部令[2006]第33号）

第一章　总　　则

第一条　为了规范企业会计确认、计量和报告行为，保证会计信息质量，根据《中华人民共和国会计法》和其他有关法律、行政法规，制定本准则。

第二条　本准则适用于在中华人民共和国境内设立的企业（包括公司，下同）。

第三条　企业会计准则包括基本准则和具体准则，具体准则的制定应当遵循本准则。

第四条　企业应当编制财务会计报告（又称财务报告，下同）。财务会计报告的目标是向财务会计报告使用者提供与企业财务状况、经营成果和现金流量等有关的会计信息，反映企业管理层受托责任履行情况，有助于财务会计报告使用者作出经济决策。

财务会计报告使用者包括投资者、债权人、政府及其有关部门和社会公众等。

第五条　企业应当对其本身发生的交易或者事项进行会计确认、计量和报告。

第六条　企业会计确认、计量和报告应当以持续经营为前提。

第七条　企业应当划分会计期间，分期结算账目和编制财务会计报告。

会计期间分为年度和中期。中期是指短于一个完整的会计年度的报告期间。

第八条　企业会计应当以货币计量。

第九条　企业应当以权责发生制为基础进行会计确认、计量和报告。

第十条　企业应当按照交易或者事项的经济特征确定会计要素。会计要素包括资产、负债、所有者权益、收入、费用和利润。

第十一条　企业应当采用借贷记账法记账。

第二章　会计信息质量要求

第十二条　企业应当以实际发生的交易或者事项为依据进行会计确认、计量和报告，如实反映符合确认和计量要求的各项会计要素及其他相关信息，保证会计信息真实可靠、内容完整。

第十三条 企业提供的会计信息应当与财务会计报告使用者的经济决策需要相关，有助于财务会计报告使用者对企业过去、现在或者未来的情况作出评价或者预测。

第十四条 企业提供的会计信息应当清晰明了，便于财务会计报告使用者理解和使用。

第十五条 企业提供的会计信息应当具有可比性。

同一企业不同时期发生的相同或者相似的交易或者事项，应当采用一致的会计政策，不得随意变更。确需变更的，应当在附注中说明。

不同企业发生的相同或者相似的交易或者事项，应当采用规定的会计政策，确保会计信息口径一致、相互可比。

第十六条 企业应当按照交易或者事项的经济实质进行会计确认、计量和报告，不应仅以交易或者事项的法律形式为依据。

第十七条 企业提供的会计信息应当反映与企业财务状况、经营成果和现金流量等有关的所有重要交易或者事项。

第十八条 企业对交易或者事项进行会计确认、计量和报告应当保持应有的谨慎，不应高估资产或者收益、低估负债或者费用。

第十九条 企业对于已经发生的交易或者事项，应当及时进行会计确认、计量和报告，不得提前或者延后。

第三章 资　　产

第二十条 资产是指企业过去的交易或者事项形成的、由企业拥有或者控制的、预期会给企业带来经济利益的资源。

前款所指的企业过去的交易或者事项包括购买、生产、建造行为或其他交易或者事项。预期在未来发生的交易或者事项不形成资产。

由企业拥有或者控制，是指企业享有某项资源的所有权，或者虽然不享有某项资源的所有权，但该资源能被企业所控制。

预期会给企业带来经济利益，是指直接或者间接导致现金和现金等价物流入企业的潜力。

第二十一条 符合本准则第二十条规定的资产定义的资源，在同时满足以下条件时，确认为资产：

（一）与该资源有关的经济利益很可能流入企业；

（二）该资源的成本或者价值能够可靠地计量。

第二十二条 符合资产定义和资产确认条件的项目，应当列入资产负债表；符合资产定义、但不符合资产确认条件的项目，不应当列入资产负债表。

第四章　负　债

第二十三条　负债是指企业过去的交易或者事项形成的、预期会导致经济利益流出企业的现时义务。

现时义务是指企业在现行条件下已承担的义务。未来发生的交易或者事项形成的义务，不属于现时义务，不应当确认为负债。

第二十四条　符合本准则第二十三条规定的负债定义的义务，在同时满足以下条件时，确认为负债：

（一）与该义务有关的经济利益很可能流出企业；

（二）未来流出的经济利益的金额能够可靠地计量。

第二十五条　符合负债定义和负债确认条件的项目，应当列入资产负债表；符合负债定义，但不符合负债确认条件的项目，不应当列入资产负债表。

第五章　所有者权益

第二十六条　所有者权益是指企业资产扣除负债后由所有者享有的剩余权益。

公司的所有者权益又称为股东权益。

第二十七条　所有者权益的来源包括所有者投入的资本、直接计入所有者权益的利得和损失、留存收益等。

直接计入所有者权益的利得和损失，是指不应计入当期损益、会导致所有者权益发生增减变动的、与所有者投入资本或者向所有者分配利润无关的利得或者损失。

利得是指由企业非日常活动所形成的、会导致所有者权益增加的、与所有者投入资本无关的经济利益的流入。

损失是指由企业非日常活动所发生的、会导致所有者权益减少的、与向所有者分配利润无关的经济利益的流出。

第二十八条　所有者权益金额取决于资产和负债的计量。

第二十九条　所有者权益项目应当列入资产负债表。

第六章　收　入

第三十条　收入是指企业在日常活动中形成的、会导致所有者权益增加的、与所有者投入资本无关的经济利益的总流入。

第三十一条　收入只有在经济利益很可能流入从而导致企业资产增加或者负债减少、且经济利益的流入额能够可靠计量时才能予以确认。

第三十二条　符合收入定义和收入确认条件的项目，应当列入利润表。

第七章　费　　用

第三十三条　费用是指企业在日常活动中发生的、会导致所有者权益减少的、与向所有者分配利润无关的经济利益的总流出。

第三十四条　费用只有在经济利益很可能流出从而导致企业资产减少或者负债增加、且经济利益的流出额能够可靠计量时才能予以确认。

第三十五条　企业为生产产品、提供劳务等发生的可归属于产品成本、劳务成本等的费用，应当在确认产品销售收入、劳务收入等时，将已销售产品、已提供劳务的成本等计入当期损益。

企业发生的支出不产生经济利益的，或者即使能够产生经济利益但不符合或者不再符合资产确认条件的，应当在发生时确认为费用，计入当期损益。

企业发生的交易或者事项导致其承担了一项负债而又不确认为一项资产的，应当在发生时确认为费用，计入当期损益。

第三十六条　符合费用定义和费用确认条件的项目，应当列入利润表。

第八章　利　　润

第三十七条　利润是指企业在一定会计期间的经营成果，利润包括收入减去费用后的净额、直接计入当期利润的利得和损失等。

第三十八条　直接计入当期利润的利得和损失，是指应当计入当期损益、会导致所有者权益发生增减变动的、与所有者投入资本或者向所有者分配利润无关的利得或者损失。

第三十九条　利润金额取决于收入和费用、直接计入当期利润的利得和损失金额的计量。

第四十条　利润项目应当列入利润表。

第九章　会计计量

第四十一条　企业在将符合确认条件的会计要素登记入账并列报于会计报表及其附注（又称财务报表，下同）时，应当按照规定的会计计量属性进行计量，确定其金额。

第四十二条　会计计量属性主要包括：

（一）历史成本。在历史成本计量下，资产按照购置时支付的现金或者现金等价物的金额，或者按照购置资产时所付出的对价的公允价值计量。负债按照因承担现时义务而实际收到的款项或者资产的金额，或者承担现时义务的合同金额，或者按照日常活动中为偿还负债预期需要支付的现金或者现金等价物的金额计量。

（二）重置成本。在重置成本计量下，资产按照现在购买相同或者相似资产所需支付的现金或者现金等价物的金额计量。负债按照现在偿付该项债务所需支付的现金或者现金等价物的金额计量。

（三）可变现净值。在可变现净值计量下，资产按照其正常对外销售所能收到现金或者现金等价物的金额扣减该资产至完工时估计将要发生的成本、估计的销售费用以及相关税费后的金额计量。

（四）现值。在现值计量下，资产按照预计从其持续使用和最终处置中所产生的未来净现金流入量的折现金额计量。负债按照预计期限内需要偿还的未来净现金流出量的折现金额计量。

（五）公允价值。在公允价值计量下，资产和负债按照在公平交易中，熟悉情况的交易双方自愿进行资产交换或者债务清偿的金额计量。

第四十三条 企业在对会计要素进行计量时，一般应当采用历史成本，采用重置成本、可变现净值、现值、公允价值计量的，应当保证所确定的会计要素金额能够取得并可靠计量。

第十章 财务会计报告

第四十四条 财务会计报告是指企业对外提供的反映企业某一特定日期的财务状况和某一会计期间的经营成果、现金流量等会计信息的文件。

财务会计报告包括会计报表及其附注和其他应当在财务会计报告中披露的相关信息和资料。会计报表至少应当包括资产负债表、利润表、现金流量表等报表。

小企业编制的会计报表可以不包括现金流量表。

第四十五条 资产负债表是指反映企业在某一特定日期的财务状况的会计报表。

第四十六条 利润表是指反映企业在一定会计期间的经营成果的会计报表。

第四十七条 现金流量表是指反映企业在一定会计期间的现金和现金等价物流入和流出的会计报表。

第四十八条 附注是指对在会计报表中列示项目所作的进一步说明，以及对未能在这些报表中列示项目的说明等。

第十一章 附　则

第四十九条 本准则由财政部负责解释。

第五十条 本准则自2007年1月1日起施行。

附录三

内部会计控制规范——基本规范(试行)

(财会[2001]41号)

第一章　总　　则

第一条　为了促进各单位内部会计控制建设,加强内部会计监督,维护社会主义市场经济秩序,根据《中华人民共和国会计法》(以下简称《会计法》)等法律法规,制定本规范。

第二条　本规范所称内部会计控制是指单位为了提高会计信息质量,保护资产的安全、完整,确保有关法律法规和规章制度的贯彻执行等而制定和实施的一系列控制方法、措施和程序。

第三条　本规范适用于国家机关、社会团体、公司、企业、事业单位和其他经济组织(以下统称单位)。

第四条　国务院有关部门可以根据国家有关法律法规和本规范,制定本部门或本系统的内部会计控制规定。

各单位应当根据国家有关法律法规和本规范,结合部门或系统的内部会计控制规定,建立适合本单位业务特点和管理要求的内部会计控制制度,并组织实施。

第五条　单位负责人对本单位内部会计控制的建立健全及有效实施负责。

第二章　内部会计控制的目标和原则

第六条　内部会计控制应当达到以下基本目标:

(一)规范单位会计行为,保证会计资料真实、完整。

(二)堵塞漏洞、消除隐患,防止并及时发现、纠正错误及舞弊行为,保护单位资产的安全、完整。

(三)确保国家有关法律法规和单位内部规章制度的贯彻执行。

第七条　内部会计控制应当遵循以下基本原则:

(一)内部会计控制应当符合国家有关法律法规和本规范,以及单位的实际情况。

(二)内部会计控制应当约束单位内部涉及会计工作的所有人员,任何个人都不得拥有超越内部会计控制的权力。

（三）内部会计控制应当涵盖单位内部涉及会计工作的各项经济业务及相关岗位，并应针对业务处理过程中的关键控制点，落实到决策、执行、监督、反馈等各个环节。

（四）内部会计控制应当保证单位内部涉及会计工作的机构、岗位的合理设置及其职责权限的合理划分，坚持不相容职务相互分离，确保不同机构和岗位之间权责分明、相互制约、相互监督。

（五）内部会计控制应当遵循成本效益原则，以合理的控制成本达到最佳的控制效果。

（六）内部会计控制应随着外部环境的变化、单位业务职能的调整和管理要求的提高，不断修订和完善。

第三章　内部会计控制的内容

第八条　内部会计控制的内容主要包括：货币资金、实物资产、对外投资、工程项目、采购与付款、筹资、销售与收款、成本费用、担保等经济业务的会计控制。

第九条　单位应当对货币资金收支和保管业务建立严格的授权批准制度，办理货币资金业务的不相容岗位应当分离，相关机构和人员应当相互制约，确保货币资金的安全。

第十条　单位应当建立实物资产管理的岗位责任制度，对实物资产的验收入库、领用、发出、盘点、保管及处置等关键环节进行控制，防止各种实物资产被盗、毁损和流失。

第十一条　单位应当建立规范的对外投资决策机制和程序，通过实行重大投资决策集体审议联签等责任制度，加强投资项目立项、评估、决策、实施、投资处置等环节的会计控制，严格控制投资风险。

第十二条　单位应当建立规范的工程项目决策程序，明确相关机构和人员的职责权限，建立工程项目投资决策的责任制度，加强工程项目的预算、招投标、质量管理等环节的会计控制，防范决策失误及工程发包、承包、施工、验收等过程中的舞弊行为。

第十三条　单位应当合理设置采购与付款业务的机构和岗位，建立和完善采购与付款的会计控制程序，加强请购、审批、合同订立、采购、验收、付款等环节的会计控制，堵塞采购环节的漏洞，减少采购风险。

第十四条　单位应当加强对筹资活动的会计控制，合理确定筹资规模和筹资结构、选择筹资方式，降低资金成本，防范和控制财务风险，确保筹措资金的合理、有效使用。

第十五条 单位应当在制定商品或劳务等的定价原则、信用标准和条件、收款方式等销售政策时,充分发挥会计机构和人员的作用,加强合同订立、商品发出和账款回收的会计控制,避免或减少坏账损失。

第十六条 单位应当建立成本费用控制系统,做好成本费用管理的各项基础工作,制定成本费用标准,分解成本费用指标,控制成本费用差异,考核成本费用指标的完成情况,落实奖罚措施,降低成本费用,提高经济效益。

第十七条 单位应当加强对担保业务的会计控制,严格控制担保行为,建立担保决策程序和责任制度,明确担保原则、担保标准和条件、担保责任等相关内容,加强对担保合同订立的管理,及时了解和掌握被担保人的经营和财务状况,防范潜在风险,避免或减少可能发生的损失。

第四章 内部会计控制的方法

第十八条 内部会计控制的方法主要包括:不相容职务相互分离控制、授权批准控制、会计系统控制、预算控制、财产保全控制、风险控制、内部报告控制、电子信息技术控制等。

第十九条 不相容职务相互分离控制要求单位按照不相容职务相分离的原则,合理设置会计及相关工作岗位,明确职责权限,形成相互制衡机制。

不相容职务主要包括:授权批准、业务经办、会计记录、财产保管、稽核检查等职务。

第二十条 授权批准控制要求单位明确规定涉及会计及相关工作的授权批准的范围、权限、程序、责任等内容,单位内部的各级管理层必须在授权范围内行使职权和承担责任,经办人员也必须在授权范围内办理业务。

第二十一条 会计系统控制要求单位依据《会计法》和国家统一的会计制度,制定适合本单位的会计制度,明确会计凭证、会计账簿和财务会计报告的处理程序,建立和完善会计档案保管和会计工作交接办法,实行会计人员岗位责任制,充分发挥会计的监督职能。

第二十二条 预算控制要求单位加强预算编制、执行、分析、考核等环节的管理,明确预算项目,建立预算标准,规范预算的编制、审定、下达和执行程序,及时分析和控制预算差异,采取改进措施,确保预算的执行。

预算内资金实行责任人限额审批,限额以上资金实行集体审批。严格控制无预算的资金支出。

第二十三条 财产保全控制要求单位限制未经授权的人员对财产的直接接触,采取定期盘点、财产记录、账实核对、财产保险等措施,确保各种财产的安全完整。

第二十四条　风险控制要求单位树立风险意识，针对各个风险控制点，建立有效的风险管理系统，通过风险预警、风险识别、风险评估、风险分析、风险报告等措施，对财务风险和经营风险进行全面防范和控制。

第二十五条　内部报告控制要求单位建立和完善内部报告制度，全面反映经济活动情况，及时提供业务活动中的重要信息，增强内部管理的时效性和针对性。

第二十六条　电子信息技术控制要求运用电子信息技术手段建立内部会计控制系统，减少和消除人为操纵因素，确保内部会计控制的有效实施；同时要加强对财务会计电子信息系统开发与维护、数据输入与输出、文件储存与保管、网络安全等方面的控制。

第五章　内部会计控制的检查

第二十七条　单位应当重视内部会计控制的监督检查工作，由专门机构或者指定专门人员具体负责内部会计控制执行情况的监督检查，确保内部会计控制的贯彻实施。内部会计控制检查的主要职责是：

（一）对内部会计控制的执行情况进行检查和评价。

（二）写出检查报告，对涉及会计工作的各项经济业务、内部机构和岗位在内部控制上存在的缺陷提出改进建议。

（三）对执行内部会计控制成效显著的内部机构和人员提出表彰建议，对违反内部会计控制的内部机构和人员提出处理意见。

第二十八条　单位可以聘请中介机构或相关专业人员对本单位内部会计控制的建立健全及有效实施进行评价，接受委托的中介机构或相关专业人员应当对委托单位内部会计控制中的重大缺陷提出书面报告。

第二十九条　国务院财政部门和县级以上地方各级人民政府财政部门应当根据《会计法》和本规范，对本行政区域内各单位内部会计控制的建立和执行情况进行监督检查。

第六章　附　　则

第三十条　本规范由财政部负责解释。

第三十一条　本规范自发布之日起施行。

附录四

会计档案管理办法

（财会[1998]32 号）

第一条 为了加强会计档案管理，统一会计档案管理制度，更好地为发展社会主义市场经济服务，根据《中华人民共和国会计法》和《中华人民共和国档案法》的规定，制定本办法。

第二条 国家机关、社会团体、企业、事业单位、按规定应当建账的个体工商户和其他组织（以下简称各单位），应当依照本办法管理会计档案。

第三条 各级人民政府财政部门和档案行政管理部门共同负责会计档案工作的指导、监督和检查。

第四条 各单位必须加强对会计档案管理工作的领导，建立会计档案的立卷、归档、保管、查阅和销毁等管理制度，保证会计档案妥善保管、有序存放、方便查阅、严防毁损、散失和泄密。

第五条 会计档案是指会计凭证，会计账簿和财务报告等会计核算专业材料，是记录和反映单位经济业务的重要史料和证据。具体包括：

（一）会计凭证类：原始凭证，记账凭证，汇总凭证，其他会计凭证。

（二）会计账簿类：总账，明细账，日记账，固定资产卡片，辅助账簿，其他会计账簿。

（三）财务报告类：月度、季度、年度财务报告，包括会计报表、附表、附注及文字说明，其他财务报告。

（四）其他类：银行存款余额调节表，银行对账单，其他应当保存的会计核算专业资料，会计档案移交清册，会计档案保管清册，会计档案销毁清册。

第六条 各单位每年形成的会计档案，应当由会计机构按照归档要求，负责整理立卷，装订成册，编制会计档案保管清册。

当年形成的会计档案，在会计年度终了后，可暂由会计机构保管一年，期满之后，应当由会计机构编制移交清册，移交本单位档案机构统一保管；未设立档案机构的，应当在会计机构内部指定专人保管。出纳人员不得兼管会计档案。

移交本单位档案机构保管的会计档案，原则上应当保持原卷册的封装。个别需要拆封重新整理的，档案机构应当会同会计机构和经办人员共同拆封整理，以分清责任。

第七条 各单位保存的会计档案不得借出。如有特殊需要,经本单位负责人批准,可以提供查阅或者复制,并办理登记手续。查阅或者复制会计档案的人员,严禁在会计档案上涂画、拆封和抽换。

各单位应当建立健全会计档案查阅、复制登记制度。

第八条 会计档案的保管期限分为永久、定期两类。定期保管期限分为3年、5年、10年、15年、25年5类。

会计档案的保管期限,从会计年度终了后的第一天算起。

第九条 本办法规定的会计档案保管期限为最低保管期限,各类会计档案的保管原则上应当按照本办法附表所列期限执行。

各单位会计档案的具体名称如有同本办法附表所列档案名称不相符的,可以比照类似档案的保管期限办理。

第十条 保管期满的会计档案,除本办法第十一条规定的情形外,可以按照以下程序销毁:

(一) 由本单位档案机构会同会计机构提出销毁意见,编制会计档案销毁清册,列明销毁会计档案的名称、卷号、册数、起止年度和档案编号、应保管期限、已保管期限、销毁时间等内容。

(二) 单位负责人在会计档案销毁清册上签署意见。

(三) 销毁会计档案时,应当由档案机构和会计机构共同派员监销。国家机关销毁会计档案时,应当由同级财政部门、审计部门派员参加监销。财政部门销毁会计档案时,应当由同级审计部门派员参加监销。

(四) 监销人在销毁会计档案前,应当按照会计档案销毁清册所列内容清点核对所要销毁的会计档案;销毁后,应当在会计档案销毁清册上签名盖章,并将监销情况报告本单位负责人。

第十一条 保管期满但未结清的债权债务原始凭证和涉及其他未了事项的原始凭证,不得销毁,应当单独抽出立卷,保管到未了事项完结时为止。单独抽出立卷的会计档案,应当在会计档案销毁清册和会计档案保管清册中列明。

正在项目建设期间的建设单位,其保管期满的会计档案不得销毁。

第十二条 采用电子计算机进行会计核算的单位,应当保存打印出的纸质会计档案。

具备采用磁带、磁盘、光盘、微缩胶片等磁性介质保存会计档案条件的,由国务院业务主管部门统一规定,并报财政部、国家档案局备案。

第十三条 单位因撤销、解散、破产或者其他原因而终止的,在终止和办理注销登记手续之前形成的会计档案,应当由终止单位的业务主管部门或财产所有者代管或移交有关档案馆代管，法律、行政法规另有规定的，从其规定。

第十四条　单位分立后原单位存续的，其会计档案应当由分立后的存续方统一保管，其他方可查阅、复制与其业务相关的会计档案；单位分立后原单位解散的，其会计档案应当经各方协商后由其中一方代管或移交档案馆代管，各方可查阅、复制与其业务相关的会计档案。单位分立中未结清的会计事项所涉及的原始凭证，应当单独抽出由业务相关方保存，并按规定办理交接手续。

单位因业务移交其他单位办理所涉及的会计档案，应当由原单位保管，承接业务单位可查阅，复制与其业务相关的会计档案，对其中未结清的会计事项所涉及的原始凭证，应当单独抽出由业务承接单位保存，并按规定办理交接手续。

第十五条　单位合并后原各单位解散或一方存续其他方解散的，原各单位的会计档案应当由合并后的单位统一保管；单位合并后原各单位仍存续的，其会计档案仍应由原各单位保管。

第十六条　建设单位在项目建设期间形成的会计档案，应当在办理竣工决算后移交给建设项目的接受单位，并按规定办理交接手续。

第十七条　单位之间交接会计档案的，交接双方应当办理会计档案交接手续。

移交会计档案的单位，应当编制会计档案移交清册，列明应当移交的会计档案名称、卷号、册数、起止年度和档案编号、应保管期限、已保管期限等内容。

交接会计档案时，交接双方应当按照会计档案移交清册所列内容逐项交接，并由交接双方的单位负责人负责监交。交接完毕后、交接双方经办人和监交人应当在会计档案移交清册上签名或者盖章。

第十八条　我国境内所有单位的会计档案不得携带出境。驻外机构和境内单位在境外设立的企业(简称境外单位)的会计档案，应当按照本办法和国家有关规定进行管理。

第十九条　预算、计划，制度等文件材料，应当执行文书档案管理规定，不适用本办法。

第二十条　各省、自治区，直辖市人民政府财政部门、档案管理部门，国务院各业务主管部门，中国人民解放军总后勤部，可以根据本办法的规定，结合本地区、本部门的具体情况，制定实施办法，报财政部和国家档案局备案。

第二十一条　本办法由财政部负责解释，自 1999 年 1 月 1 日起执行。1984 年 6 月 1 日财政部、国家档案局发布的《会计档案管理办法》自本办法执行之日起废止。

附表一：企业和其他组织会计档案保管期限表

附表二：财政总预算、行政单位、事业单位和税收会计档案保管期限表附表一：

企业和其他组织会计档案保管期限表

序　号	档　案　名　称	保管期限	备　　注
一	会计凭证类		
1.	原始凭证	15年	
2.	记账凭证	15年	
3.	汇总凭证	15年	
二	会计账簿类		
4.	总账	15年	包括日记总账
5.	明细账	15年	
6.	日记账	15年	现金和银行存款日记账保管25年
7.	固定资产卡片		固定资产报废清理后保管5年
8.	辅助账簿	15年	
三	财务报告类		包括各级主管部门汇总财务报告
9.	月、季度财务报告	3年	包括文字分析
10.	年度财务报告(决算)	永久	包括文字分析
四	其他类		
11.	会计移交清册	15年	
12.	会计档案保管清册	永久	
13.	会计档案销毁清册	永久	
14.	银行余额调节表	5年	
15.	银行对账单	5年	

附表二：

财政总预算、行政单位、事业单位和税收会计档案保管期限表

序号	档案名称	保管期限			备　注
		财政总预算	行政单位事业单位	税收会计	
一	会计凭证类				
1	国家金库编送的各种报表及缴库退库凭证	10年		10年	
2	各收入机关编送的报表	10年			
3	行政单位和事业单位的各种会计凭证		15年		包括：原始凭证、记账凭证和传票汇总表

（续表）

序号	档案名称	保管期限			备　注
		财政总预算	行政单位事业单位	税收会计	
4	各种完税凭证和缴、退库凭证			15 年	缴款书存根联在销号后保管 2 年
5	财政总预算拨款凭证及其他会计凭证	15 年			包括：拨款凭证和其他会计凭证
6	农牧业税结算凭证			15 年	
二	会计账簿类				
7	日记账		15 年	15 年	
8	总账	15 年	15 年	15 年	
9	税收日记账（总账）和税收票证分类出纳账		25 年		
10	明细分类、分户账或登记簿	15 年	15 年	15 年	
11	现金出纳账、银行存款出纳账		25 年	25 年	
12	行政单位和事业单位固定资产明细账（卡片）				行政单位和事业单位固定资产报废清理后保管 5 年
三	财务报告类				
13	财政总预算	永久			
14	行政单位和事业单位决算	10 年	永久		
15	税收年报（决算）	10 年		永久	
16	国家金库年报（决算）	10 年			
17	基本建设拨、贷款年报（决算）	10 年			
18	财政总预算会计旬报	3 年			所属单位报送的保管 2 年
19	财政总预算会计月、季度报表	5 年			所属单位报送的保管 2 年
20	行政单位和事业单位会计月、季度报表		5 年		所属单位报送的保管 2 年
21	税收会计报表（包括票证报表）			10 年	电报保管 1 年，所属税务机关报送的保管 3 年
四	其他类				
22	会计移交清册	15 年	15 年	15 年	
23	会计档案保管清册	永久	永久	永久	
24	会计档案销毁清册	永久	永久	永久	

注：税务机关的税务经费会计档案保管期限，按行政单位会计档案保管期限规定办理。

附录五

会计从业资格管理办法

（财政部令[2005]第26号）

第一章　总　　则

第一条　为了加强会计从业资格管理，规范会计人员行为，根据《中华人民共和国会计法》（以下简称《会计法》）及相关法律的规定，制定本办法。

第二条　申请取得会计从业资格证书适用本办法。

在国家机关、社会团体、公司、企业、事业单位和其他组织（以下统称单位）从事下列会计工作的人员必须取得会计从业资格：

（一）会计机构负责人（会计主管人员）；

（二）出纳；

（三）稽核；

（四）资本、基金核算；

（五）收入、支出、债权债务核算；

（六）工资、成本费用、财务成果核算；

（七）财产物资的收发、增减核算；

（八）总账；

（九）财务会计报告编制；

（十）会计机构内会计档案管理。

第三条　各单位不得任用（聘用）不具备会计从业资格的人员从事会计工作。

不具备会计从业资格的人员，不得从事会计工作，不得参加会计专业技术资格考试或评审、会计专业职务的聘任，不得申请取得会计人员荣誉证书。

第四条　除本办法另有规定外，县级以上地方人民政府财政部门负责本行政区域内的会计从业资格管理。

第五条　财政部委托中共中央直属机关事务管理局、国务院机关事务管理局按照各自权限分别负责中央在京单位的会计从业资格的管理。

新疆生产建设兵团财务局负责所属单位的会计从业资格的管理。

财政部委托铁道部负责铁路系统的会计从业资格的管理。

第六条 财政部委托中国人民武装警察部队后勤部和中国人民解放军总后勤部分别负责中国人民武装警察部队、中国人民解放军系统的会计从业资格的管理。

第二章 会计从业资格的取得

第七条 国家实行会计从业资格考试制度。

第八条 申请参加会计从业资格考试的人员，应当符合下列基本条件：

（一）遵守会计和其他财经法律、法规；

（二）具备良好的道德品质；

（三）具备会计专业基础知识和技能。

因有《会计法》第四十二条、第四十三条、第四十四条所列违法情形，被依法吊销会计从业资格证书的人员，自被吊销之日起5年内（含5年）不得参加会计从业资格考试，不得重新取得会计从业资格证书。

因有提供虚假财务会计报告，做假账，隐匿或者故意销毁会计凭证、会计账簿、财务会计报告，贪污、挪用公款，职务侵占等与会计职务有关的违法行为，被依法追究刑事责任的人员，不得参加会计从业资格考试，不得取得或者重新取得会计从业资格证书。

第九条 会计从业资格考试科目为：财经法规与会计职业道德、会计基础、初级会计电算化（或者珠算五级）。

会计从业资格考试大纲由财政部统一制定并公布。

第十条 申请人符合本办法第八条规定且具备国家教育行政主管部门认可的中专以上（含中专，下同）会计类专业学历（或学位）的，自毕业之日起2年内（含2年），免试会计基础、初级会计电算化（或者珠算五级）。

前款所称会计类专业包括：

（一）会计学；

（二）会计电算化；

（三）注册会计师专门化；

（四）审计学；

（五）财务管理；

（六）理财学。

第十一条 省、自治区、直辖市、计划单列市财政厅（局），新疆生产建设兵团财务局，中共中央直属机关事务管理局、国务院机关事务管理局、铁道部、中国人民武装警察部队后勤部和中国人民解放军总后勤部（以下简称中央主管单位），按照本办法第四条、第五条、第六条规定的管理范围负责组织实施会计从业资格考试的下列事项：

（一）制定会计从业资格考试考务规则；

（二）组织会计从业资格考试命题；

（三）实施考试考务工作；

（四）监督检查会计从业资格考试考风、考纪。

省、自治区、直辖市、计划单列市财政厅（局），新疆生产建设兵团财务局和中央主管单位应当公布会计从业资格考试的报名条件、报考办法、考试科目、考务规则及考试相关要求，并将会计从业资格考试试题于考试结束后30日内报财政部备案。

第十二条 会计从业资格考试收费标准按照国家物价管理部门的有关规定执行。

第十三条 会计从业资格考试全科合格的申请人，可以向会计从业资格考试所在地的县级以上地方财政部门、新疆生产建设兵团财务局和中央主管单位（以下简称"会计从业资格管理机构"）申请会计从业资格证书。县级以上地方财政部门会计从业资格证书的颁发权限由各省、自治区、直辖市、计划单列市财政部门确定。

申请会计从业资格证书时，应当填写《会计从业资格证书申请表》，并持下列材料：

（一）考试成绩合格证明；

（二）有效身份证件原件；

（三）近期同一底片一寸免冠证件照两张。

符合本办法第十条规定条件，且财经法规与会计职业道德考试成绩合格的申请人，还需持学历或学位证书原件（香港特别行政区、澳门特别行政区、台湾地区居民及外国居民的学历或学位须经中华人民共和国教育行政主管部门认可）。

第十四条 申请人可以通过委托代理人申请会计从业资格证书。

申请人应当对其申请材料实质内容的真实性负责。

第十五条 申请人的申请材料齐全、符合规定形式的，会计从业资格管理机构应当当场受理；申请材料不齐全或者不符合规定形式的，会计从业资格管理机构应当当场或者5日内一次告知申请人需要补正的全部内容，逾期不告知的，自收到申请材料之日起即为受理。

会计从业资格管理机构受理或者不予受理会计从业资格证书申请，应当出具书面证明，同时注明日期，并加盖本机构专用印章。

第十六条 会计从业资格管理机构能够当场作出决定的，应当当场作出颁发会计从业资格证书的书面决定；不能当场作出决定的，应当自受理之日起20日内对申请人提交的申请材料进行审查，并作出是否颁发会计从业资格证书的决定；20日内不能作出决定的，经会计从业资格管理机构负责人批准，可以延长10日，并应当将延长期限的理由告知申请人。

第十七条　会计从业资格管理机构作出准予颁发会计从业资格证书的决定，应当自作出决定之日起10日内向申请人颁发会计从业资格证书。

会计从业资格管理机构作出不予颁发会计从业资格证书的决定，应当说明理由，并告知申请人享有依法申请行政复议或者提起行政诉讼的权利。

第十八条　财政部统一规定会计从业资格证书样式和编号规则。

省、自治区、直辖市、计划单列市财政厅(局)和新疆生产建设兵团财务局、中央主管单位负责会计从业资格证书的印制、编号和颁发，并于年度终了后30日内将上年度会计从业资格证书颁发情况报财政部备案。

第十九条　会计从业资格证书是具备会计从业资格的证明文件，在全国范围内有效。持有会计从业资格证书的人员(以下简称“持证人员”)不得涂改、转让会计从业资格证书。

第三章　会计从业资格管理

第二十条　持证人员应当接受继续教育，提高业务素质和会计职业道德水平。

持证人员每年参加继续教育不得少于24小时。

第二十一条　财政部负责制定并公布持证人员继续教育大纲。

省、自治区、直辖市、计划单列市财政厅(局)和新疆生产建设兵团财务局、中央主管单位负责制定持证人员继续教育培训规划并组织实施。

第二十二条　会计从业资格管理机构应当加强对持证人员继续教育工作的监督、指导。

各单位应鼓励持证人员参加继续教育，保证学习时间，提供必要的学习条件。

第二十三条　会计从业资格证书实行注册登记制度。

持证人员从事会计工作，应当自从事会计工作之日起90日内，填写注册登记表，并持会计从业资格证书和所在单位出具的从事会计工作的证明，向单位所在地或所属部门、系统的会计从业资格管理机构办理注册登记。持证人员离开会计工作岗位超过6个月的，应当填写注册登记表，并持会计从业资格证书，向原注册登记的会计从业资格管理机构备案。

第二十四条　持证人员在同一会计从业资格管理机构管辖范围内调转工作单位，且继续从事会计工作的，应当自离开原工作单位之日起90日内，填写调转登记表，持会计从业资格证书及调入单位开具的从事会计工作的证明，办理调转登记。

持证人员在不同会计从业资格管理机构管辖范围调转工作单位，且继续从事会计工作的，应当填写调转登记表，持会计从业资格证书，及时向原注册登记的会计从业资格管理机构办理调出手续；并自办理调出手续之日起90日内，持会计从业资格证书、调转登记表和调入单位开具的从事会计工作证明，向调入单位所在地区的会计从业资格管理机构办理调入手续。

第二十五条 会计从业资格管理机构应当建立持证人员从业档案信息系统，及时记载、更新持证人员下列信息：

（一）持证人员相关基础信息和注册、变更、调转登记情况；

（二）持证人员从事会计工作情况；

（三）持证人员接受继续教育情况；

（四）持证人员受到表彰奖励情况；

（五）持证人员因违反会计法律、法规、规章和会计职业道德被处罚情况。

持证人员的学历或学位、会计专业技术职务资格以及前款第（一）至第（五）项内容发生变更的，可以持相关有效证明和会计从业资格证书，向所属会计从业资格管理机构办理从业档案信息变更。

第二十六条 会计从业资格管理机构应当将申请会计从业资格证书和办理会计从业资格证书注册、变更、调转登记的条件、程序、期限以及需要提交的材料和相关申请登记表格示范文本等在办公场所公示。相关申请登记表格应当置放于会计从业资格管理机构办公场所，免费提供。申请人也可以从会计从业资格管理机构指定网站下载。

第二十七条 会计从业资格管理机构应当对下列情况实施监督检查：

（一）从事会计工作的人员持有会计从业资格证书并注册登记情况；

（二）持证人员从事会计工作和执行国家统一的会计制度情况；

（三）持证人员遵守会计职业道德情况；

（四）持证人员接受继续教育情况。

会计从业资格管理机构在实施监督检查时，持证人员应当如实提供有关情况和材料，各有关单位应当予以配合。

第二十八条 会计从业资格管理机构应当对开展会计人员继续教育培训单位进行监督和指导，规范培训市场，确保培训质量。

第二十九条 单位和个人对违反本办法规定的行为有权检举，会计从业资格管理机构应当及时核实、处理，并为检举人保密。

第四章 法律责任

第三十条 参加会计从业资格考试舞弊的，由会计从业资格管理机构取消其该科目的考试成绩；情节严重的，取消其全部考试成绩。

第三十一条 用假学历、假证书等手段得以免试考试科目并取得会计从业资格证书的，由会计从业资格管理部门撤销其会计从业资格。

第三十二条 持证人员未按照本办法规定办理注册、调转登记的,会计从业资格管理机构责令其限期改正;逾期不改正的,予以公告。

第三十三条 持证人员有《会计法》第四十二条、第四十三条、第四十四条所列违法违纪情形之一,由会计从业资格管理机构按照《会计法》的规定予以处理并向社会公告。

第三十四条 会计从业资格管理机构发现单位任用(聘用)未经注册、调转登记的人员从事会计工作的,应责令其限期改正;逾期不改正的,予以公告。

单位任用(聘用)没有会计从业资格证书人员从事会计工作的,由会计从业资格管理机构依据《会计法》第四十二条的规定处理。

第三十五条 会计从业资格管理机构及其工作人员在实施会计从业资格管理中滥用职权、玩忽职守、徇私舞弊的,依法给予行政处分。

第三十六条 会计从业资格管理机构工作人员违反本办法第二十九条规定,将检举人姓名和检举材料转给被检举单位和被检举人个人的,由所在单位或者有关单位依法给予行政处分。

第五章 附 则

第三十七条 省、自治区、直辖市、计划单列市财政厅(局)、新疆生产建设兵团财务局和中央主管单位可以根据本办法制定具体实施办法,报财政部备案。

第三十八条 香港特别行政区、澳门特别行政区、台湾地区居民及外国居民申请取得会计从业资格证书,适用本办法。

第三十九条 农村集体经济组织会计从业资格的管理可参照本办法执行。

第四十条 本办法自2005年3月1日起施行。财政部2000年5月8日发布的《会计从业资格管理办法》(财会字[2000]5号)、2000年9月13日发布的《〈会计从业资格管理办法〉若干问题解答(一)》(财会[2000]13号)、2002年7月25日发布的《〈会计从业资格管理办法〉若干问题解答(二)》(财办会[2002]28号)同时废止。

附表一:中华人民共和国会计从业资格证书申请表(略)

附表二:中华人民共和国会计从业资格注册、变更、调整登记表(略)